福建省社科规划基础研究后期资助项目（重大项目）
"超越比较优势、多维度距离与服务外包"（FJ2017JHQZ001）

超越比较优势、
多维度距离与服务外包

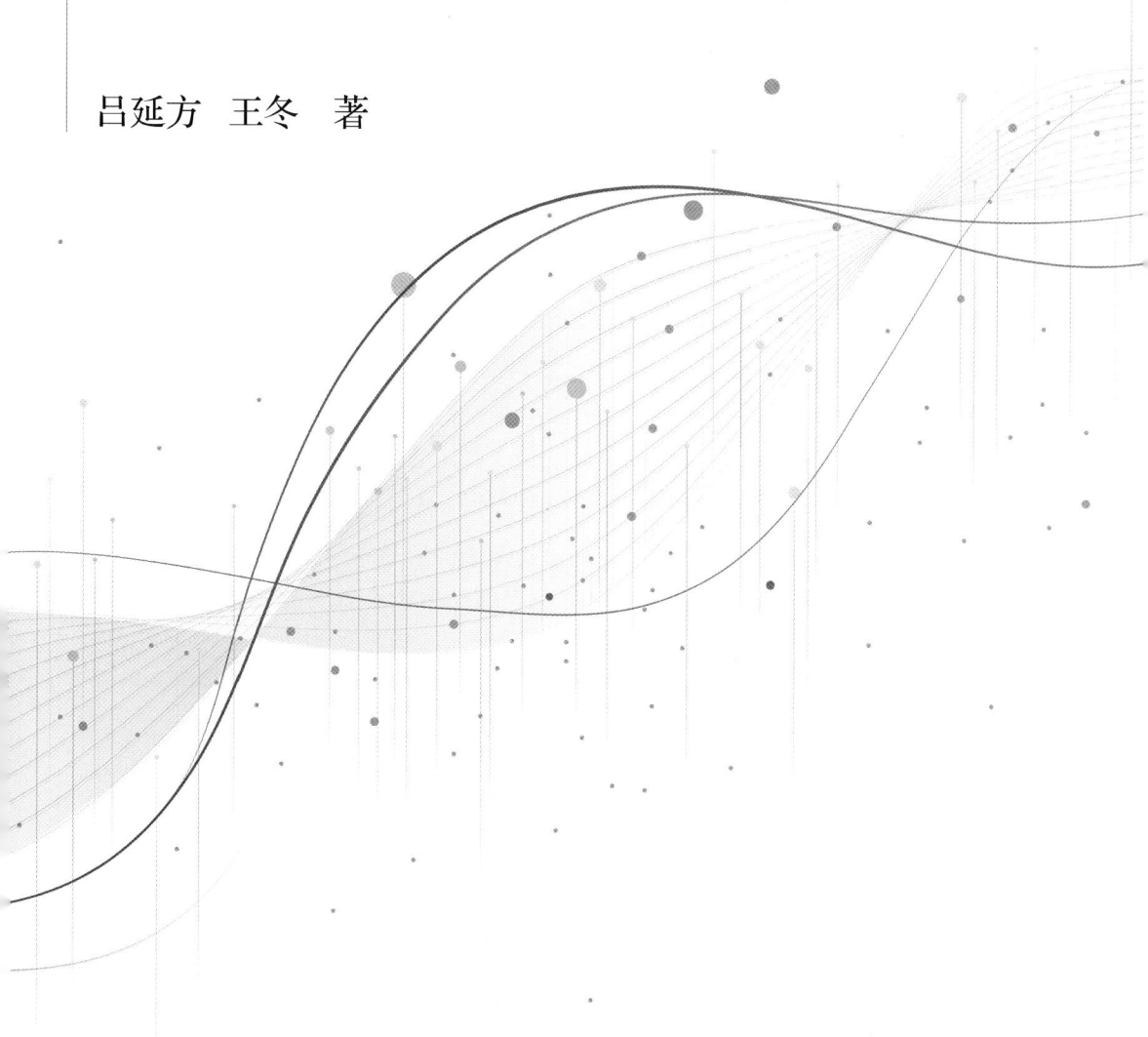

吕延方 王冬 著

中国社会科学出版社

图书在版编目(CIP)数据

超越比较优势、多维度距离与服务外包/吕延方，王冬著.—北京：中国社会科学出版社，2019.4
ISBN 978-7-5203-4184-4

Ⅰ.①超… Ⅱ.①吕…②王… Ⅲ.①服务业—对外承包—研究 Ⅳ.①F719

中国版本图书馆 CIP 数据核字(2019)第 048233 号

出 版 人	赵剑英
责任编辑	周晓慧
责任校对	无 介
责任印制	戴 宽

出　　版	中国社会科学出版社
社　　址	北京鼓楼西大街甲 158 号
邮　　编	100720
网　　址	http://www.csspw.cn
发 行 部	010-84083685
门 市 部	010-84029450
经　　销	新华书店及其他书店
印　　刷	北京明恒达印务有限公司
装　　订	廊坊市广阳区广增装订厂
版　　次	2019 年 4 月第 1 版
印　　次	2019 年 4 月第 1 次印刷
开　　本	710×1000 1/16
印　　张	14.5
插　　页	2
字　　数	216 千字
定　　价	58.00 元

凡购买中国社会科学出版社图书，如有质量问题请与本社营销中心联系调换
电话：010-84083683
版权所有　侵权必究

目 录

前言 ……………………………………………………………… (1)

第一章 引言 ……………………………………………………… (1)
第一节 选题背景和意义 ……………………………………… (1)
  一 选题背景和问题提出 ………………………………… (1)
  二 研究目的和意义 ……………………………………… (3)
第二节 国内外研究动态 ……………………………………… (5)
  一 服务外包概念界定、分类和测量 …………………… (5)
  二 服务外包承接能力和机制的理论范式文献 ………… (8)
  三 距离、交易成本应用的技术范式文献 ……………… (9)
第三节 结构安排和研究方法 ………………………………… (11)
  一 研究思路 ……………………………………………… (11)
  二 主要研究方法和分析架构 …………………………… (12)

第二章 概念界定、统计测算及趋势 …………………………… (15)
第一节 服务外包概念界定 …………………………………… (15)
  一 离岸外包 ……………………………………………… (15)
  二 离岸服务外包 ………………………………………… (17)
第二节 承接服务外包统计测算 ……………………………… (18)
  一 离岸外包的几种测算方法 …………………………… (18)

二　承接服务外包流量测算方法 …………………………… (18)

　第三节　服务外包趋势分析 ………………………………………… (20)

　　一　世界服务外包发展趋势 ………………………………… (20)

　　二　发展中国家承接服务外包的发展趋势 ………………… (21)

　　三　中国承接服务外包发展趋势 …………………………… (23)

　第四节　中印承接服务外包趋势对比 ……………………………… (24)

　　一　中国承接服务外包的趋势 ……………………………… (24)

　　二　印度承接服务外包的趋势 ……………………………… (25)

　第五节　小结 ………………………………………………………… (26)

第三章　服务外包驱动因素：一个超越比较优势框架 ………… (28)

　第一节　服务贸易竞争力指数：一个比较优势框架 …………… (28)

　　一　中国、印度服务外包主要产业发展现状 ……………… (29)

　　二　竞争力与比较优势指标 ………………………………… (34)

　　三　中国、印度服务外包项目的国际竞争力 ……………… (35)

　　四　中国、印度服务外包项目的显性比较优势 …………… (38)

　第二节　新新贸易理论 ……………………………………………… (42)

　　一　Feenstra 新新贸易理论 ………………………………… (42)

　　二　承接外包模型 …………………………………………… (43)

　　三　新新贸易理论基本框架——比较优势理论 …………… (45)

　第三节　超越比较优势框架 ………………………………………… (46)

　　一　比较优势理论假说 ……………………………………… (46)

　　二　交易成本假说：超越比较优势理论 …………………… (48)

　第四节　服务外包驱动因素模型设计 ……………………………… (49)

　　一　研究设计 ………………………………………………… (49)

　　二　变量和数据选取 ………………………………………… (50)

　第五节　服务外包驱动因素分析 …………………………………… (52)

　　一　单位根检验 ……………………………………………… (52)

　　二　估计结果分析 …………………………………………… (54)

　　三　模型稳健性检验 ………………………………………… (57)

第六节　小结……………………………………………………（58）

第四章　交易成本与服务外包立地选择：一个理论框架…………（60）
　　第一节　交易成本模型介绍……………………………………（61）
　　第二节　交易成本假说的提出…………………………………（63）
　　　一　业务复杂性………………………………………………（63）
　　　二　资产专用性………………………………………………（64）
　　　三　不确定性…………………………………………………（65）
　　　四　产权保护制度……………………………………………（66）
　　　五　基础设施…………………………………………………（67）
　　　六　人才建设…………………………………………………（68）
　　第三节　小结……………………………………………………（69）

第五章　交易成本各维度解释效力：发包国视角…………………（70）
　　第一节　经验模型构建…………………………………………（70）
　　　一　业务复杂性和服务外包…………………………………（70）
　　　二　资产专用性和服务外包…………………………………（71）
　　　三　不确定性和服务外包……………………………………（71）
　　　四　产权保护制度和服务外包………………………………（72）
　　　五　基础设施和服务外包……………………………………（72）
　　　六　人才建设和服务外包……………………………………（73）
　　第二节　指标选取方法…………………………………………（73）
　　　一　服务外包指标……………………………………………（73）
　　　二　业务复杂性指标…………………………………………（74）
　　　三　资产专用性指标…………………………………………（75）
　　　四　不确定性指标……………………………………………（77）
　　　五　产权保护制度指标………………………………………（77）
　　　六　基础设施指标……………………………………………（78）
　　　七　人才建设指标……………………………………………（78）
　　　八　经济发展水平指标………………………………………（79）

第三节　估计方法和检验 ……………………………………(79)
  一　动态面板估计方法 …………………………………(79)
  二　工具变量有效性检验和模型选择 …………………(83)
  三　面板数据单位根检验 ………………………………(84)
第四节　实证分析 ………………………………………………(87)
  一　业务复杂性 …………………………………………(87)
  二　资产专用性 …………………………………………(91)
  三　交易不确定性 ………………………………………(95)
  四　知识产权保护 ………………………………………(99)
  五　基础设施 ……………………………………………(102)
  六　人才建设 ……………………………………………(105)
第五节　小结 ……………………………………………………(108)

第六章　服务外包承接能力：多维度距离解释 ………………(110)
第一节　引力模型理论缘起 ……………………………………(110)
  一　社会科学领域引力模型缘起 ………………………(111)
  二　国际贸易学科引力模型的发展 ……………………(111)
  三　服务贸易引力模型的提出 …………………………(112)
  四　研究动态分析 ………………………………………(113)
第二节　服务外包引力模型推导 ………………………………(114)
第三节　多维度距离假说归纳 …………………………………(117)
  一　地理距离 ……………………………………………(118)
  二　时区距离 ……………………………………………(118)
  三　经济距离 ……………………………………………(119)
  四　文化距离 ……………………………………………(119)
  五　技术距离 ……………………………………………(120)
  六　开放距离 ……………………………………………(120)
  七　制度距离 ……………………………………………(120)
第四节　小结 ……………………………………………………(121)

第七章　多维度距离解释效力：以中国和印度为例 …………… (123)
第一节　动态面板计量方法 ……………………………… (123)
　　一　一阶差分 GMM ………………………………… (124)
　　二　系统 GMM ……………………………………… (126)
第二节　主要变量选取方法 ……………………………… (127)
　　一　主要距离变量 …………………………………… (127)
　　二　其他变量选取说明 ……………………………… (129)
第三节　实证设计和结果分析 …………………………… (129)
　　一　检验过程 ………………………………………… (129)
　　二　实证结果分析 …………………………………… (133)
第四节　小结 ……………………………………………… (147)

第八章　全球价值链与我国服务外包发展 ……………………… (149)
第一节　价值链升级与服务外包 ………………………… (150)
　　一　服务业集聚与价值链升级、服务创新 ………… (150)
　　二　服务外包与价值链升级 ………………………… (152)
第二节　服务业创新与价值链攀升 ……………………… (154)
　　一　生产性服务与制造业结构升级 ………………… (154)
　　二　制造业价值链攀升需要融入服务要素 ………… (158)
　　三　服务业与制造业互动发展的价值链创新 ……… (161)
第三节　中国服务业在全球价值链中的位置 …………… (163)
　　一　服务价值链管理的内涵和外延 ………………… (163)
　　二　我国服务业发展结构 …………………………… (164)
　　三　我国服务业参与全球价值链的程度及特征 …… (167)
　　四　我国服务业在全球价值链中的位置 …………… (170)
第四节　全球价值链、服务外包与我国服务业发展 …… (173)
　　一　全球服务价值链的双面效应 …………………… (173)
　　二　负面清单与服务业全球价值链、我国服务业发展 …… (178)
　　三　服务外包与服务业全球价值链、我国服务业发展 …… (183)
　　四　制造业服务化与价值链升级 …………………… (184)

五　服务型制造到价值链创新 …………………………………… (190)
　第五节　小结 ……………………………………………………………… (191)

第九章　结论和政策推演 …………………………………………………… (194)
　第一节　主要结论 ………………………………………………………… (194)
　　一　交易成本对服务外包的影响机制 …………………………… (194)
　　二　多维度距离对服务外包的影响机制 ………………………… (196)
　　三　基于全球价值链视角的我国服务外包发展 ………………… (198)
　第二节　政策内涵和建议 ………………………………………………… (199)
　　一　在多边贸易框架下发展多边关系 …………………………… (200)
　　二　东部为主、中西部为辅的梯田辐射 ………………………… (200)
　　三　构筑发展战略服务外包软实力 ……………………………… (201)
　　四　模仿中坚持创新，培育发展前沿技术 ……………………… (201)
　　五　辅以同步开放的市场环境和自由透明的交易环境 ………… (201)
　　六　完善制度体系，缩小交易制度差距 ………………………… (202)
　　七　推动服务业从简单粗放型向价值创新型跨越式转变 ……… (202)
　　八　变交易套牢为互利 …………………………………………… (202)
　第三节　本书主要创新之处 ……………………………………………… (203)
　　一　创建并完善了服务外包指标，整合不同数据源 …………… (203)
　　二　构建了一个超越比较优势的框架 …………………………… (204)
　　三　构建了内含多维度距离的双边服务贸易引力模型 ………… (205)
　　四　强调面板理论和技术方法在外包领域的应用 ……………… (205)
　第四节　本书不足和进一步研究之处 …………………………………… (206)

参考文献 ………………………………………………………………………… (208)

前　言

　　20世纪90年代以来，伴随着新科技革命的驱动及全球市场、产业一体化的发展与深化，传统上不能移动、被拒绝在贸易边界外的服务逐渐突破国家界限，呈现出离岸化和国际化趋势。离岸服务外包不仅成为发展服务贸易的主要形式，而且成为当代经济国际化和全球化的新常态。

　　世界已形成以发达国家跨国公司为主导的向发展中国家转移的全球离岸服务外包生产体系。当前蓬勃发展的离岸服务外包业务主要集中在美欧日等发达国家与教育水平较高而工资水平较低的中国、印度、菲律宾和俄罗斯等国家之间。中国发展服务外包业务虽然晚于印度，但稳定的经济环境呈现出其发展离岸服务外包的独特优势。近年来，中国电信技术的飞速发展加强了服务贸易的交易环境，营商环境的改善进一步降低了服务交易的成本，于是，在国际市场上重要的服务外包目的国之中，中国已经占有一席之地。

　　即使对于中国而言，面对快速发展的服务外包市场，中国已不再满足于只是成为国际制造业的外包中心，而是要努力探索改变低成本的"世界工厂"形象的新途径。承接离岸服务外包正是促进中国产业结构调整与优化，转变"洋打工厂"形象的有力手段。发展服务外包已经成为中国在经济发展新常态时期实施区域发展总体战略，完善开放格局的一项重要规划。

　　基于此，从深层次探讨影响中国服务外包产业发展的机制理论尤为重要。多数研究认为，中国劳动力成本优势仍是吸引国外跨国企业向中国转移服务业务的关键因素，本书则基于已有研究，拟突破传统比较优势框架，以交易成本和多维度距离为两条研究主线解释服务外包的驱动机制。一方面，依托交易成本理论，基于异质业务属性和国家特征构建主要命题，并验证主要假说对服务外包驱动机制的解释效力，重点阐释以发包方为出发点的服务外包立地选择问题；另一方面，重点关注引力模型的核心要素——距离，构建了服务外包多维度距离引力模型，基于国内外前沿文献推理出有形距离和无形距离假说，并对距离假说做出系统论证，阐释地理、文化、体制等不同维度距离对服务外包的影响方向和大小。

中国服务外包的承接能力及其作用机制一直是近期国内学者关注的主题。本书基于已有研究文献，补充现有外包理论成果。一方面，重点考虑交易成本和距离对服务外包的解释作用，对中国服务外包的承接机制进行科学阐释，为中国可持续发展离岸服务外包承接业务提供理论支撑。另一方面，本书基于国内外复杂的经济背景，积极探寻中国提升服务外包承接能力，快速融入全球价值链并提升位置的新路径，不仅有助于深化沿海服务领域的对外开放，而且为加快中国经济发展方式转变、服务外包企业转型提出了有质量、有针对性、立足于长远的战略规划。

本书的主体内容是福建省社科规划基础研究后期资助重大项目"超越比较优势、多维度距离与服务外包"（项目批准号：FJ2017JHQZ001）的成果。

由于时间、掌握的信息和学识水平有限，书中难免有不妥之处，非常欢迎专家、读者对本书提出宝贵意见。

吕延方　王　冬

第一章　引言

伴随着全球价值链资源优化与整合的日趋深入，服务外包热潮席卷全世界各行业，正在成为一个发展势头强劲、潜力巨大的新兴产业。在微观上，外包已成为跨国公司发展的战略方向之一，是国际分工的产物，必将促进产业世界新格局的形成。在宏观上，发展现代服务业正成为许多国家寻求经济发展的战略选择。尤其是在经济发展新常态阶段，发展服务外包承接业务正是缓解中国经济发展对既有资源的依赖，解决工业化与资源消耗、环境保护之间的矛盾，缓解就业压力和提高利用外资效益的重要途径。

第一节　选题背景和意义

一　选题背景和问题提出

我国政府非常重视服务外包，对服务外包企业采取了诸多优惠措施。[1] 温家宝总理在十一届全国人大五次会议上着重强调，要大力发展服务贸易，承接服务外包。[2]《中华人民共和国国民经济和社会发展第十二个五年规划纲要》在"全面振兴东北地区等老工业基地"中指出，

---

[1] 李勇坚、夏杰长：《我国经济服务化的演变与判断——基于相关国际经验的分析》，《财贸经济》2009年第11期。

[2] 温家宝：《政府工作报告》，在第十一届全国人民代表大会第五次会议上，2012年。

"大力发展金融、物流、旅游以及软件和服务外包等服务业";在"扩大内陆开放"中指出,"积极承接国际产业和沿海产业转移,培育形成若干国际加工制造基地、服务外包基地";在"优化对外贸易结构、大力发展服务贸易"中强调,"大力发展服务外包,建设若干服务外包基地"。因此,发展服务外包现已成为实施区域发展总体战略(振兴老工业基地、大力促进中部地区崛起)以及完善区域开放格局(深化沿海开放、优化对外贸易结构)的一项重要规划。为适应经济发展新常态的要求,国务院于2014年12月31日印发《关于促进服务外包产业加快发展的意见》。我国政府首次对促进服务外包产业加快发展做出全面部署,这对于推进结构调整,形成产业升级新支撑、外贸增长新亮点、现代服务业发展新引擎和扩大就业新渠道具有重要意义。《中华人民共和国国民经济和社会发展第十三个五年规划纲要》继"十二五规划"之后,在其"实施创新驱动发展战略"的"拓展发展动力新空间"中,再次强调在培养出口新优势时,需要扩大服务出口,促进在岸、离岸服务外包协调发展。尤其是习近平总书记在中国共产党第十九次全国代表大会上做报告,指出应"支持传统产业优化升级,加快发展现代服务业,瞄准国际化标准提高水平"[1]。因此,发展服务外包是可以促进传统产业向中高端攀升,不断与国际先进产业接轨的重大举措。

服务外包不仅受到政府的大力支持,也受到媒体和学界的广泛关注。首先,在学术上,平新乔在评价江小涓等人的专著[2]时指出,服务外包就是服务经济的国际延伸。[3] 学者们也纷纷肯定了服务外包对中国经济发展方式转变的积极作用。例如,卢峰指出,服务外包及其国际化对于发展中国家经济战略选择具有重要意义。[4] 霍景东、夏杰

---

[1] 习近平:《决胜全面建成小康社会 夺取新时代中国特色社会主义伟大胜利——在中国共产党第十九次全国代表大会上的报告》,2017年。
[2] 江小涓等:《服务经济——理论演进与产业分析》,人民出版社2014年版。
[3] 平新乔:《重视对服务经济的理论研究——读江小涓等〈服务经济——理论演进与产业分析〉》,《经济研究》2015年第3期。
[4] 卢峰:《我国承接国际服务外包问题研究》,《经济研究》2007年第9期。

长[1]指出，发展服务外包是中国转向服务经济，推动产业结构转型的突破口，是转变发展方式的重要抓手。李惠娟、蔡伟宏[2]认为，离岸生产性服务外包可以促进交易双方国家的产业结构升级。在探索服务外包现象科学发展规律等方面，专家学者也做出了突出贡献。例如，吕延方深刻分析了国际跨国企业向中国转移服务业务的动因，认为发挥中国服务外包产业的比较优势，具有重要的理论价值和实践意义。[3]

服务外包现正成为全球经济最重要的现象之一。那么，何为中国承接发达国家跨国公司服务外包业务的主要影响因子？传统贸易理论中的比较优势假说对解释服务外包影响机制同样有效力吗？比较优势理论对货物贸易有重要的解释作用，但是，对于服务业，是否存在一个超越比较优势的理论框架，能够对服务外包的驱动机制加以科学阐释？作为一项特殊交易实践，服务外包就是服务交易的跨境转移，那么交易成本理论是否可以同样解释服务外包？除了比较优势、交易成本理论以外，作为贸易引力模型的重要因子，距离是否会对服务外包业务的跨境转移产生阻碍？由此，深入探讨国外跨国企业委托中国服务某一环节的动因，发展中国相关服务产业的动态比较优势，对于在新的形势下转变外贸增长方式，优化进出口贸易结构都具有重要的现实意义。

二 研究目的和意义

（一）研究目的

1. 基于我国在全球产业共生链条下所处的分工地位，科学界定服务外包概念，整合现有数据资料和不同来源数据的统计口径，比较、改进和完善指标测算方法，构建并健全承接服务外包统计指标体系，对我

---

[1] 霍景东、夏杰长：《离岸服务外包的影响因素：理论模型、实证研究与政策建议——基于20国面板数据的分析》，《财贸经济》2013年第1期。

[2] 李惠娟、蔡伟宏：《离岸生产性服务外包与东道国产业结构升级——基于跨国面板数据的中介效应实证分析》，《国际贸易问题》2018年第3期。

[3] 吕延方：《承接服务外包的驱动因素——基于2003—2013年行业面板数据的经验研究》，《经济管理》2015年第7期。

国细分服务行业的承接外包能力进行准确、全面的量化评估。

2. 务求实效地保证动态面板模型的实践应用。基于变量特征，拓宽动态面板模型的适用范围。立足我国经济现实问题，系统归纳、总结国内外动态面板模型的研究方法，有效地实现多种分析方法对面板模型在结构假设、参数估计以及统计检验等层面的系统比较，试图提供更高精度和更强稳健性的估计方法，改进和完善面板模型的分析技术，力求提高模型分析效率与精度。

3. 基于国内外最新研究成果，改进和完善适合中国国情的服务外包机制理论方法和模型体系。例如，关于交易成本理论，本书一方面超越传统比较优势理论，综合交易成本假说，分行业阐释中国承接服务外包的驱动机制；另一方面对交易成本理论的不同假说予以深入研究，尤其是基于异质业务属性和国家特征提出重要相关命题，在证据上，以主要服务发包国日本为例，阐释交易成本主要假说对服务外包立地选择问题的解释效果，从而提出中国吸引跨国企业服务外包的主要政策建议。

（二）研究意义

本书研究的深远意义主要包括：

1. 在宏观上，研究内容符合我国"十三五"及更长时期规划的战略要求，符合经济结构调整、发展方式转变的可持续发展理念，具有深刻的经济内涵和政策意义，并通过有力的理论支撑，有助于政府部门制定相关服务产业政策，尤其是有助于"坚持改革创新，面向全球市场，加快发展高技术、高附加值服务外包产业，促进大众创业、万众创新，推动从主要依靠低成本竞争向更多以智力投入取胜转变，对于推进结构调整，形成产业升级新支撑、外贸增长新亮点、现代服务业发展新引擎和扩大就业新渠道"[①]，最终为国家优化产业结构与实现资源整合战略的长远规划服务。

2. 在微观上，有助于整合与优化企业资源，为中国主要外向型服

---

① 国务院：《关于促进服务外包产业加快发展的意见》，2014年。

务企业采取有效力的承接外包战略提供理论和实践基础。本书研究内容有助于企业深入理解中国承接跨国企业服务外包业务的变动特征和演化趋势,有助于中国服务型企业从过去"被动接受型"向"主动拓展型"转变,使"外包"真正为"我"所用,有助于服务外包承接企业专业化、规模化、品牌化发展,减少交易成本,缩短与发包方的合作距离,力求在成本上升、外部竞争环境等多重条件制约下开辟新路径,获得未来竞争优势。

第二节 国内外研究动态

现阶段关于服务外包的研究成果颇为丰富,与本书密切相关的文献可归纳为三类:第一,服务外包界定、分类和测量的基础概念性文献;第二,服务外包承接能力和机制的理论范式文献;第三,引力模型、交易成本与服务贸易、与外包相关联的技术或应用性文献。

一 服务外包概念界定、分类和测量

(一)概念界定

外包和离岸外包是相互联系但不同的两个概念。外包(outsourcing)已成为来自不同行业的跨国企业最重要的战略行为之一。[1] 离岸外包(offshoring)则强调了外包的离岸趋势,因具有降低成本、强化核心能力、扩大经济规模等作用,越来越多的跨国公司将离岸外包作为国际化的重要战略选择。[2]

关于服务外包概念的界定,国内外研究基本获得了比较统一的认

---

[1] M. Corbett, 2004, "Dispelling the Myths about Outsourcing," *Fortune*, May 31; M. A. Hitt, R. D. Ireland, and R. E. Hoskisson, 2005, *Strategic Management: Competitiveness and Globalization (concepts and cases)*, South-Western, Thomson.

[2] 王晓红:《新一轮服务业离岸外包的理论分析》,《财贸经济》2007年第9期; F. J. Contractor, V. K. Kumar, K. Sumit and T. Pedersen, 2010, "Reconceptualizing the Firm in a World of Outsourcing and Offshoring: The Organizational and Geographical Relocation of High-Value Company Functions," *Journal of Management Studies*, Vol. 47, No. 8, pp. 1417–1433.

识。陈菲定义服务外包是，企业将原来在内部从事的服务活动转移给外部企业去执行的过程。[①] 随着技术进步和经济全球化的深入，发达国家的跨国公司在经历了大量转移制造业后，现在又开始将其非核心的服务职能向海外特别是新兴国家和地区转移。[②] 简单地说，离岸服务外包就是公司将其服务业务交给其他国家的独立企业来做的一种经营方式。[③] 吕延方则认为，服务外包就是某企业跨境向国外附属公司或国外非附属公司进行服务任务的转移，其中，离岸服务外包范围包括将以前在企业内部完成的任务转移到境外完成的活动，也包括将企业以前根本没有执行过的任务直接交由境外完成的活动，目的都是提高发包企业自身的竞争优势。[④]

（二）分类

服务外包可简单分为信息技术外包（ITO）和业务流程外包（BPO），信息技术外包主要涉及了计算机和信息技术服务业务的转移，而业务流程外包则涵盖了金融、财务、商业等领域，例如金融服务外包、房地产服务外包、营销服务外包等。朱智、赵德海 2010 年从商业流程外包概念里，进一步引申出知识流程外包（KPO）。知识流程外包涵盖风险管理、金融分析、科技研发、技术服务、生产管理等技术含量较高、附加值较大的服务业务。[⑤] 随着商品、金融、生产等全球联系的进一步加深，服务外包的其他业务形式如 IT 系统操作服务、IT 系统应用与技术支持管理服务、金融与财务分析服务、保险服务、呼叫中心、客户服务、采购与运输服务、市场调查与分析服务、旅游服务等不断增

[①] 陈菲：《服务外包动因机制分析及发展趋势预测——美国服务外包的验证》，《中国工业经济》2005 年第 6 期。
[②] 甄炳禧：《经济全球化背景下的国际服务外包》，《求是》2005 年第 9 期。
[③] 谭力文、田毕飞：《美日欧跨国公司离岸服务外包模式的比较研究及启示》，《中国软科学》2006 年第 5 期。
[④] 吕延方：《承接服务外包的驱动因素——基于 2003—2013 年行业面板数据的经验研究》，《经济管理》2015 年第 7 期。
[⑤] 朱智、赵德海：《基于生产性服务业视角的服务外包理论及实践演进》，《经济管理》2010 年第 3 期。

加[1]，服务外包几乎涵盖所有可移动的服务领域。

（三）服务外包测度

目前对外包进行直接量化的数据仍难以获得，既有国内外文献主要形成了两种间接度量外包的测度方法：一种是基于投入产出数据的量化，比如，Feenstra and Hanson 率先量化外包比例为：在某产业购买的所有非能源类中间材料和服务中，从国外进口的中间材料和服务的比例。[2] 这种文献一般被作为制造外包量化的应用基础，代表性文献有很多。[3] 另一种是基于贸易数据的量化，这种方法开始被作为服务外包量化的应用基础。[4] 例如，卢峰依据国际收支账户"居民"与"非居民"概念重新诠释服务贸易，他指出，一国企业与具有非居民身份的外国企业所发生的外包交易属于国际服务外包。[5] 卢峰定义的国际服务外包也是离岸服务外包（service offshoring），并侧重于国与国之间的贸易往来关系。吕延方、赵进文则使用"其他服务贸易出口额"作为反映服务外包项目的测度变量，他们认为，世界贸易组织的服务贸易统计中，"其他服务贸易"包括了通信服务、计算机和信息服务、金融和保险服务、咨询服务、会计服务和法律服务等类别，这些类别基本能反映服务外包项目，因此，作者认为，其他服务贸易出口额可以反映一个国家或地区承接服务外包所完成的实际金额。[6]

---

[1] 赵楠、李静：《中国发展服务外包的路径选择》，《经济学家》2007 年第 3 期。

[2] R. C. Feenstra, and G. H. Hanson, 1996, "Globalization, Outsourcing, and Wage Inequality," *American Economic Review*, Vol. 86, No. 2, pp. 240 – 245; R. C. Feenstra, and G. H. Hanson, 1999, "The Impact of Outsourcing and High-Technology Capital on Wages: Estimates for the United States, 1979 – 1990," *The Quarterly Journal of Economics*, Vol. 114, No. 8, pp. 907 – 940.

[3] 吕延方：《全球化背景下中国承接和对外外包趋势、成因及其效应的定量研究》，东北财经大学出版社 2011 年版；吕延方：《比较优势理论能否有效解释承接外包的产生机理——基于中国工业的经验研究》，《经济管理》2011 年第 10 期；吕延方、王冬：《基于中国经验的制造外包主要影响因子研究》，《资源科学》2012 年第 3 期。

[4] 张莉、鲍晓华：《外包量化方法的新进展：文献述评》，《财贸经济》2010 年第 2 期。

[5] 卢峰：《我国承接国际服务外包问题研究》，《经济研究》2007 年第 9 期。

[6] 吕延方、赵进文：《中国承接服务外包影响因素分析——基于多国面板数据的实证检验》，《财贸经济》2010 年第 7 期。

二 服务外包承接能力和机制的理论范式文献

已有研究过多关注了以发包方为主体的转移服务业务的驱动因素，近几年国内外逐渐开始关注以新兴国家为主体的服务业务承接能力和承接服务外包的影响机制。相关内容可以总结为三个研究范式框架。

（一）比较优势能否解释服务外包的理论范式

随着市场竞争的加剧和经济全球化的不断加速，为获取利润，缓解成本压力，维持竞争优势，发达国家通常在世界范围内寻找低成本的物资和人才，把部分制造业和服务业转移到发展中国家。因此，外包转移成本的大小是重要的决定因素。Feenstra 构建了外包模型，他的模型体现了外包双方所承担的不同工序内容，认为对于不同工序，如果发包国相对于承接国的比较成本大于1，那么这一工序需要外包到承接国，否则，这一工序会继续在国内进行。[①] 由于 Feenstra 没有进一步指出造成外包测度指标发生变化的具体因素，近来，国内作者综合国际贸易比较优势假说，进一步阐述了外包影响因素。他们认为，资源禀赋的动态变动可以正向影响我国承接外包的水平，而劳动力投入、劳动生产率的正向改善无法促进我国承接外包能力的提高。[②]

（二）赫克歇尔—俄林的要素修正范式

鉴于资源禀赋是影响外包的重要变量，下面继续深入探讨关于赫克歇尔—俄林理论范式的应用文献。国外学者近期形成了修正赫克歇尔—俄林理论范式的较为完整的讨论架构。赫克歇尔—俄林理论范式（即 H-O 理论）强调了各国可以依据不同的要素禀赋安排生产和贸易模式。Baldwin and Robert-Nicoud 修正了以研究商品贸易行为为目的的 H-O 理论，并增加了对离岸外包（即中间产品或服务的贸易实践行为）的讨

---

① R. C. Feenstra, 2010, *Offshoring in the Global Economy: Theory and Evidence*, MIT Press.

② 吕延方：《比较优势理论能否有效解释承接外包的产生机理——基于中国工业的经验研究》，《经济管理》2011年第10期；吕延方、王冬：《基于中国经验的制造外包主要影响因子研究》，《资源科学》2012年第3期。

论，最终在对已有文献学加以理性梳理的基础上，提出了有效分析离岸外包机制的数理模型和框架。①

国内学者侧重展开 H－O 理论模型对服务外包承接机制的应用研究。吕延方、赵进文运用面板模型实证分析了世界主要服务贸易出口国承接服务外包业务的主要因素，分析结果显示，对于非发达国家，人力资源禀赋、经济自由度、真实汇率等因素显著影响承接服务外包业务的变化。②

（三）超越比较优势的其他范式文献

主流国际经济学界一直认为，成本因素是发达国家离岸外包的主要动因。但是，除了比较优势理论中最重要的劳动要素成本以外，交易成本开始被部分专家认为是决定服务外包的重要决定性力量。曾铮、熊晓琳的经验结果证明，生产要素成本和外包交易成本是影响美国对外离岸外包决策的主要因素。③ 张会清、唐海燕认为，节约劳动成本固然是发达国家对我国、印度等新兴发展中国家实施外包的主要动因，但是，不是唯一的决定因素，例如，交易成本的大小对外包决策也具有很重要的影响力，甚至可能是决定发展中国家能否有机会承接国际制造和服务外包的前提条件。④

三 距离、交易成本应用的技术范式文献

（一）投入—产出分析范式

投入—产出分析的范式文献最早可以追溯到 Feenstra and Hanson，他们构建了外包比例测度，认为外包可以用产业层次中间投入的进口部

---

① R. Baldwin, and F. Robert-Nicoud, "Trade-in-Goods and Trade-in-Tasks: An Integrating Framework," *Journal of International Economics*, 2014, Vol. 92, No. 1, pp. 51–62.

② 吕延方、赵进文：《中国承接服务外包影响因素分析——基于多国面板数据的实证检验》，《财贸经济》2010 年第 7 期。

③ 曾铮、熊晓琳：《生产"零散化"、生产成本和离岸外包：一般理论和美、中、印三国的经验研究》，《世界经济》2008 年第 12 期。

④ 张会清、唐海燕：《发展中国家承接国际外包的决定因素——兼论中国的比较优势》，《国际贸易问题》2010 年第 8 期。

分来衡量。① 基于 Feenstra and Hanson 的研究，Amity and Wei 在创建离岸外包测量方法时进一步考虑了服务因素，并综合了贸易测量方法和投入产出表的中间系数测度方法，将离岸服务外包测度定义为产业层次的进口中间服务相对于非能源总投入的比例。②

国内研究则更多地考虑以我国为本位的承接服务外包行为。霍景东、夏杰长利用国际投入—产出表中的金融、设备租赁和商务服务活动（包含计算机及相关服务、研究与开发服务、人力资源服务、法律服务等）的国际中间使用来衡量服务外包规模，并基于投入—产出的统计方法，重点考察了影响离岸服务外包的因素。研究显示，人力资本水平比成本对服务外包更重要，商务环境对于服务外包具有重要作用，而信息基础设施、资金成本、汇率等因素对服务外包具有一定的推动作用。③

（二）考量双边距离的引力模型范式

引力模型被广泛应用到各个学科领域中，近期最为常见的是引力模型对国际贸易活动的解释。那么，作为引力模型的核心要素，地理距离是否会影响服务外包业务的承接效果？或者，服务业是否可以不受限制地进行跨国界转移？关于这些问题，学者们意见分歧。弗里德曼在《世界是平的——一部二十一世纪简史》中描述了当代世界发生的重大变化，科技和通信领域空前进步，使全世界的人可以空前地彼此接近。④ Abramovsky and Griffith 指出，信息和通信技术的发展会对企业选择组织形式产生决定性影响，这主要因为信息和通信技术降低了企业向外部转

---

① R. C. Feenstra, and G. H. Hanson, 1996, "Globalization, Outsourcing, and Wage Inequality," *American Economic Review*, Vol. 86, No. 2, pp. 240 – 245; R. C. Feenstra, and G. H. Hanson, 1999, "The Impact of Outsourcing and High-Technology Capital on Wages: Estimates for the United States, 1979 – 1990," *The Quarterly Journal of Economics*, Vol. 114, No. 8, pp. 907 – 940.

② M. Amiti, and S. J. Wei, "Service Offshoring and Productivity: Evidence from the US," *World Economy*, 2009, Vol. 32, No. 2, pp. 203 – 220.

③ 霍景东、夏杰长：《离岸服务外包的影响因素：理论模型、实证研究与政策建议——基于20国面板数据的分析》，《财贸经济》2013年第1期。

④ [美] 托马斯·弗里德曼：《世界是平的：一部二十一世纪简史》，何帆等译，湖南科学技术出版社2006年版。

移活动的交易和调整成本,有时候,技术进步会使这种转移跨越较大的地理距离。[①] Head et al.、Gooris and Peeters 通过构建引力模型发现,与货物贸易一样,服务贸易也会受到距离的影响,远程服务的提供能力会受限,经验结果显示,距离对于离岸的服务业务的影响效应,不仅在统计上,而且在经济意义上都非常重要。[②]

第三节 结构安排和研究方法

一 研究思路

本书系统梳理了国内外关于外包和服务外包的研究文献,首先界定服务外包等基本概念,提出服务外包的测度方法,并基于这一测度,描绘中国、印度承接服务外包的发展趋势;提出一个超越比较优势的分析框架,演绎或归纳比较优势和交易成本假说,构建服务外包的驱动因素模型,并运用面板数据实证分析了中国承接世界服务外包的影响因素。其次,延伸交易成本理论,基于异质业务属性和国家特征提出重要假设,科学地阐释了发达国家向发展中国家离岸服务外包业务的立地选择问题。再次,从距离出发探讨离岸服务外包的影响机理,本书的研究思路是:通过构建服务外包引力模型,推理出"有形距离"和"无形距离"假说,对距离假说进行系统论证。最后,总结了主要理论成果,为中国可持续发展离岸服务外包业务提供了合理化建议。

[①] L. Abramovsky, and R. Griffith, "Outsourcing and Offshoring of Business Services: How Important is ICT?" *Journal of the European Economic Association*, 2006, Vol. 4, No. 2 – 3, pp. 594 – 601.

[②] K. Head, T. Mayer, and J. Ries, 2009, "How Remote is the Offshoring Threat?" *European Economic Review*, Vol. 53, pp. 429 – 444; J. Gooris, and C. Peeters, 2014, "Home-Host Country Distance in Offshore Governance Choices," *Journal of International Management*, Vol. 20, No. 1, pp. 73 – 86.

二　主要研究方法和分析架构

（一）规范分析和实证分析相结合

规范分析：利用数理模型和经济理论，结合现代动态面板分析方法和技术，通过归纳、建模、演绎等手段深入分析和合理解释交易成本、多维度距离对服务外包的影响作用。

实证分析：应用动态面板和分析技术对交易成本主要核心变量、多维度距离与服务外包之间的动态关联特征进行经验检验，从中归纳出重要的典型化事实，以此作为规律发现和理论升华的基础。

（二）理论研究和实践研究相结合

本书一方面凝练出服务外包的经济内涵特征，借鉴相关理论（国际经济学、服务贸易学、经济地理学、产业经济学、数量经济学），并通过访谈国内外专家，演绎主要理论观点；另一方面，借助资料收集、实证模型统计方法，深入理解服务外包承接等主要变量的演进趋势，着力分析服务业全球跨境转移的趋势特征，并根据典型化数据事实，提出在新时代中国特色社会主义思想指引下我国主要产业参与全球价值链分工的变动特征。在理论研究和实践研究的基础上，综合判定交易成本、距离等对我国服务外包的影响，并最终提出中国的有效应对方案。

（三）资料采集和调查研究相结合

一方面，基于已有研究基础，通过图书馆、互联网、媒体等多种途径，收集和补充信息资料，按照出版年份、文献类型、研究内容、研究方法、研究目标等进行归类整理，形成有影响、有价值的国内外相关文献资料、数据资料和报告，并运用内容分析法精读文献资料，提炼科学问题；另一方面，广泛深入地开展专项调研（主要包括采用影响分析FMEA方法设计问卷调查、深度访谈和专家咨询等）与收集资料，对调研资料进行科学分类、分析和评价，以确保研究的科学性，掌握现实情况。

（四）整合不同的实证分析方法

综合运用模拟分析、比较分析、稳健分析方法，确保分析结果的科

第一章 引言

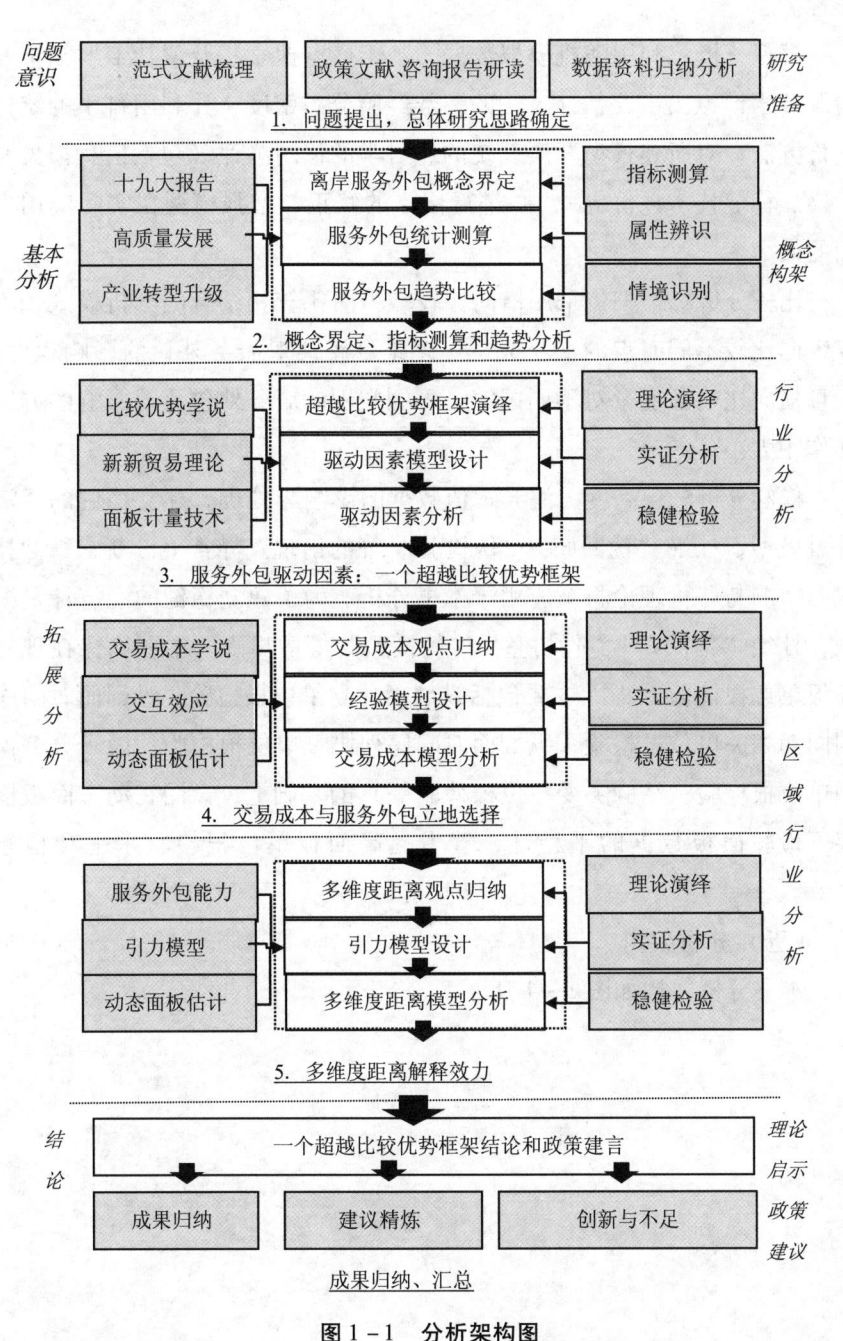

| 问题意识 | 范式文献梳理 | 政策文献、咨询报告研读 | 数据资料归纳分析 | 研究准备 |

1. 问题提出，总体研究思路确定

| 基本分析 | 十九大报告
高质量发展
产业转型升级 | 离岸服务外包概念界定
服务外包统计测算
服务外包趋势比较 | 指标测算
属性辨识
情境识别 | 概念构架 |

2. 概念界定、指标测算和趋势分析

| | 比较优势学说
新新贸易理论
面板计量技术 | 超越比较优势框架演绎
驱动因素模型设计
驱动因素分析 | 理论演绎
实证分析
稳健检验 | 行业分析 |

3. 服务外包驱动因素：一个超越比较优势框架

| 拓展分析 | 交易成本学说
交互效应
动态面板估计 | 交易成本观点归纳
经验模型设计
交易成本模型分析 | 理论演绎
实证分析
稳健检验 | |

4. 交易成本与服务外包立地选择

| | 服务外包能力
引力模型
动态面板估计 | 多维度距离观点归纳
引力模型设计
多维度距离模型分析 | 理论演绎
实证分析
稳健检验 | 区域行业分析 |

5. 多维度距离解释效力

| 结论 | 一个超越比较优势框架结论和政策建言 | | | 理论启示 |
| | 成果归纳 | 建议精炼 | 创新与不足 | 政策建议 |

成果归纳、汇总

图 1-1 分析架构图

学性。

模拟分析：利用随机模拟数据，基于格点搜索法及蒙特卡罗模拟实验等技术模拟出主要估计方法的参数经验分布密度，并利用科学的统计评价方法，对所建模型开展系统的、科学的诊断测评（包括信息损失和污染、稳健技术评价等），并进行恰当的修正，增强模型在实际应用方面的效力。

比较分析：本书将采用横向比较和纵向比较相结合的分析模式，不仅纵向比较不同时点的交易成本、多维度距离对服务外包的影响程度，而且横向比较各变量对不同国家、不同类别的服务外包活动影响的方向和作用大小。

稳健分析法：高度关注异常值数据的影响与处理，建立稳健的经济计量模型，杜绝"伪回归""伪检验"等的出现。异常值诊断、稳健技术等影响与评价理论将被应用于本书分析。为了建立稳健的经济计量模型，杜绝"伪回归""伪协整""伪检验"等的出现，本书确保在现有面板单位根检验方法（主要包括纵剖面独立单位根检验；纵剖面时间序列同期相关单位根检验；纵剖面时间序列协整单位根检验；因子分解模型单位根检验；结构突变单位根检验等）的基础上，试图在动态面板框架下检验面板数据的平稳性，着力提高面板单位根检验水平和检验功效。

（五）分析架构

本书分析架构如图 1-1 所示。

第二章 概念界定、统计测算及趋势

国际服务贸易发展和以外包为媒介的全球服务产业转移已经形成互动发展的新态势。[①] 据世界贸易组织（WTO）的最新服务贸易统计，2013 年我国服务进出口总额为 5365.1 亿美元，仅次于美国和德国，稳居世界第三位，占世界服务进出口总额的比重从 1982 年的 0.6% 攀升到 2013 年的 6%。其中，其他服务贸易出口额为 1154.6 亿美元，占我国服务贸易出口额的 56%，是我国服务贸易出口项目中最重要的类别。鉴于其他服务贸易出口额基本涵盖了包括通信服务、计算机和信息软件服务、金融服务、咨询服务、会计服务等主要服务外包项目[②]，服务外包作为一种新兴贸易媒介，在我国进出口贸易中的地位愈来愈重要。

第一节 服务外包概念界定

一 离岸外包

图 2-1 提供了离岸外包概念的图示说明。企业活动决策一般被界定为两种范畴的选择决策：企业内还是企业外？境内发生还是跨境（或

[①] 郑吉昌、朱旭光：《全球服务产业转移与国际服务贸易发展趋势》，《财贸经济》2009 年第 8 期。

[②] 吕延方、赵进文：《中国承接服务外包影响因素分析——基于多国面板数据的实证检验》，《财贸经济》2010 年第 7 期。

称离岸)发生?

基于此思路,图2-1显示了四种活动形式:

第1种是境内企业内部由其他分支机构提供的生产或服务活动。

第2种是境内企业外部的其他企业提供的生产或服务活动。

第3种是境外企业内部由其他分支机构提供的生产或服务活动。

第4种是境外企业外部的其他企业提供的生产或服务活动。

本书研究的主题是离岸外包,因此第3种和第4种是本书研究的主要方向,也就是说,离岸外包(简称"离岸")是指企业把制造工序或服务的整体或部分转移至境外的附属公司(图2-1中的3),或通过分包合同转移给境外其他非附属公司(图2-1中的4)。

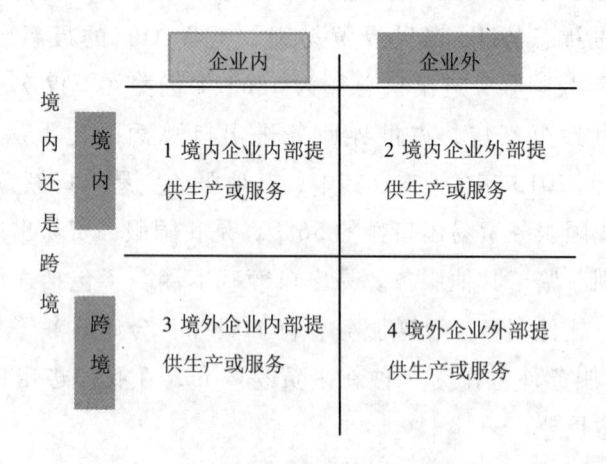

	企业内	企业外
境内	1 境内企业内部提供生产或服务	2 境内企业外部提供生产或服务
跨境	3 境外企业内部提供生产或服务	4 境外企业外部提供生产或服务

图2-1 离岸外包概念界定图解

资料来源:吕延方《全球化背景下中国承接和对外外包趋势、成因及其效应的定量研究》,东北财经大学出版社2011年版。吕延方、王冬《中国承接跨国外包的演化机理及其动态效应》,中国社会科学出版社2013年版。

总之,离岸无须区别供应商是不是外部供应商或附属企业,只要区别其工作或流程是否发生跨境转移即可。[①] 在当前经济全球化背景下离

---

① 吕延方:《全球化背景下中国承接和对外外包趋势、成因及其效应的定量研究》,东北财经大学出版社2011年版。

岸已变得越来越普遍，它作为贸易最重要的实践活动和主要形式被国内外学者所关注。①

二 离岸服务外包

本书为行文方便，基本上会省略"离岸"二字，但研究对象主要是"离岸服务外包"（service offshoring）。本书在综述国内外文献的基础上，界定与离岸服务外包相关的主要概念。

离岸服务外包是指某企业将服务任务（service task）进行跨境转移，转移行为分为两类（图2-1中的3和4）：

第一类行为是由国外附属公司提供服务（offshoring in-house），即转移发生在企业内（国外附属公司），文献多称国外附属公司是跨国企业在海外的"俘获中心"（captive center）。

第二类行为是由企业外部供应商提供服务（offshoring outsourcing），即转移发生在企业外（国外非附属公司），文献多用当地服务供应商（local service vender）代指国外非附属公司。

因此，离岸服务外包指某企业跨境向国外附属公司或国外非附属公司进行服务任务的转移。

离岸外包范围不仅包括将以前在企业内部完成的任务转移到境外完成的活动，也包括将企业以前根本没有执行过的任务直接交由境外完成的活动，最终目的都是提高发包企业自身的竞争优势。

我国服务外包承接企业，一般是指以承接国外跨国企业转移的服务任务为主营业务并在我国注册的企业，但是，因为比较优势的原因，我国服务外包企业经常会将自家没有优势的服务环节委托给外方服务商提供，因此，我国服务外包企业一方面会从外方企业承接机会成本较低、

---

① A. Fleury, and M. T. L. Fleury, 2009, "The Brazilian Multinationals: Surfing the Waves of Internationalization," In *Emerging Multinationals: From Emerging Countries*, edited by R. Ramamurti, and J. Singh, Cambridge University Press; M. Zorzini, M. Stevenson, and L. C. Hendry. Coordinating Offshored Operations in Emerging Economies: A Contingency-Based Study, *International Journal of Production Economics*, 2014, Vol. 153, No. 0, pp. 323 – 339; 吕延方：《承接服务外包的驱动因素——基于2003—2013年行业面板数据的经验研究》，《经济管理》2015年第7期。

比较优势较高的服务环节，另一方面会将机会成本较高、比较优势较低的服务环节委托给境外服务商。

第二节 承接服务外包统计测算

在揭示服务外包概念的基础上，需要科学度量能够反映服务外包特征变化量的统计指标。

一 离岸外包的几种测算方法

首先关注离岸外包的度量方法。基于外包的概念不统一、外包直接量化的数据难以获得等度量问题，国内外文献根据研究的不同侧重点，形成了几种直接或间接度量外包的测度方法。①

第一种也是最普遍的应用方法，即投入产出法，它是用投入产出表的数据近似地度量外包，此类方法大致可以归为两大类型。第一类为以离岸转移指标作为外包的量化工具。第二类为以垂直专业化指标作为外包量化的工具。

第二种是利用加工贸易进出口数据来度量外包，但是这种方法主要应用在制造业加工贸易方面

第三种是基于企业微观数据来量化外包。

二 承接服务外包流量测算方法

吕延方和赵进文曾选取世界贸易组织服务贸易统计中"其他服务贸易出口额"来衡量服务外包②，但是世界贸易组织服务贸易统计库仅提供了一个国家对世界其他国家的服务贸易出口额，没有提供中国对世界某一国家或地区的双边贸易出口额。近期，联合国统计委员会基于其构建货物贸易统计数据库（UN Comtrade Database）的经验，按照不同服

---

① 张莉、鲍晓华：《外包量化方法的新进展：文献述评》，《财贸经济》2010年第2期。
② 吕延方、赵进文：《中国承接服务外包影响因素分析——基于多面板数据的实证检验》，《财贸经济》2010年第7期。

务类别和合作伙伴国家构建了服务贸易数据库。

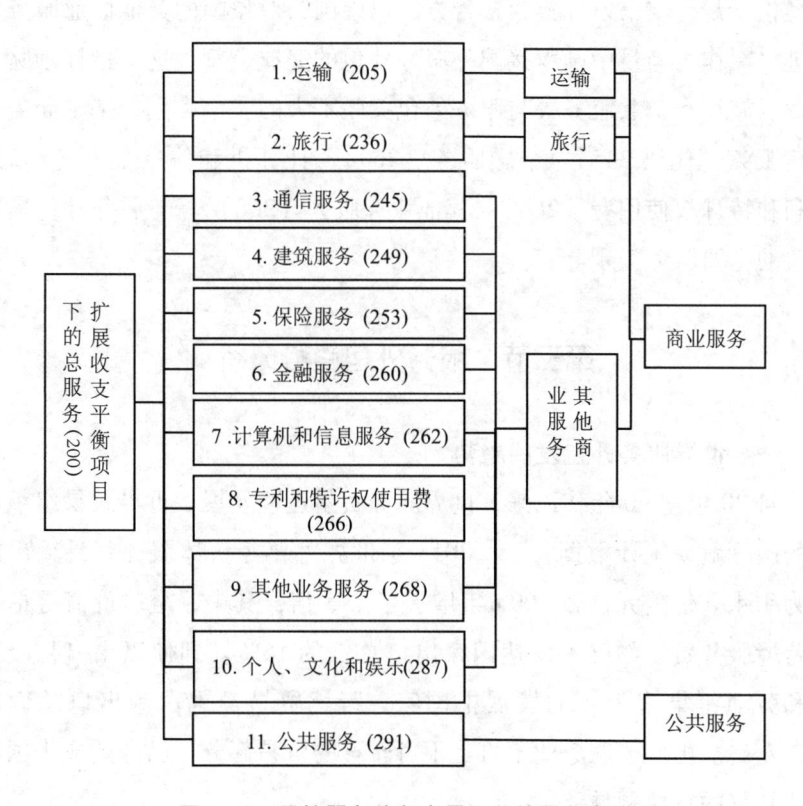

```
下扩  ┌─ 1. 运输 (205) ──────┬─ 运输
的展                          │
总收  ├─ 2. 旅行 (236) ──────┼─ 旅行
服支                          │
务平  ├─ 3. 通信服务 (245) ──┐
(200) │                      │
衡   ├─ 4. 建筑服务 (249) ──┤
项                            │
目   ├─ 5. 保险服务 (253) ──┤
                              │
     ├─ 6. 金融服务 (260) ──┼─ 其他商业服务 ── 商业服务
                              │
     ├─ 7. 计算机和信息服务 (262) ──┤
                              │
     ├─ 8. 专利和特许权使用费 (266) ──┤
                              │
     ├─ 9. 其他业务服务 (268) ──┤
                              │
     ├─ 10. 个人、文化和娱乐 (287) ──┘
                              
     └─ 11. 公共服务 (291) ── 公共服务
```

图 2 - 2　承接服务外包变量涵盖的服务类别

注：括号内是服务类别代码。

资料来源：UN Service Trade Database.

以中国为例加以说明。从联合国的服务贸易数据库里，可以获取中国对世界某一国家或地区的服务贸易出口额。这里在吕延方和赵进文研究[①]的基础上，基于联合国服务贸易数据库的服务类别解释，首先在扩展收支平衡项目总服务（代码200）中，剔除公共服务（代码291）数据，获得了商业服务数据，再接着剔除运输（代码205）和旅行（代码236）数据，最终获得其他商业服务贸易数据（见图2-2）。因为以外

---

① 吕延方、赵进文：《中国承接服务外包影响因素分析——基于多国面板数据的实证检验》，《财贸经济》2010年第7期。

方为报告方的进口数据容易获得,而以中国为报告方的出口数据则难以获得,于是,本书以外方为报告方,以中国为对象国的其他商业服务贸易进口额作为衡量中国承接国外服务外包的完成金额。这一指标剔除了运输、旅行和公共服务等与服务外包关联不大的三个类别,基本涵盖了通信服务(代码245)、金融服务(260)、计算机和信息服务(262)、专利和特许权使用费(266)、其他业务服务(268)等与服务外包紧密相关的主要服务类别。

第三节　服务外包趋势分析

一　世界服务外包发展趋势

自20世纪90年代以来,世界服务贸易迅速发展。世界贸易组织出具的国际贸易统计数据显示,2013年世界主要经济体服务贸易输出额约为46450亿美元,较2003年增加了1.5倍,其中,全球价值链框架下跨境服务贸易额已占发达国家出口总额的16%。即使以出口初级产品和劳动密集型为主的发展中国家,跨境贸易额也占到出口总额的10%左右。由此,服务业不再是不可转移的贸易部分,已开始成为国际产业转移的重要领域。

表2-1　　2013年世界服务贸易出口及变化情况

	金额 (10亿美元)	年变化百分比(%)				占服务贸易的份额(%)			
	2013	1990—1995	1995—2000	2000—2005	2005—2010	2000	2011	2012	2013
服务出口	4645	8	5	11	9	100.0	100.0	100.0	100.0
运输	905	7	2	10	7	23.2	20.5	20.2	19.5
旅行	1185	9	4	8	6	32.0	24.8	25.1	25.5
其他服务贸易	2550	9	8	13	11	44.8	54.5	54.5	54.9

资料来源:原始数据取自世界贸易组织(WTO)的服务贸易分类别统计(2014年)。

全球服务贸易中贸易额最大、增长最快的部分是以服务外包为主要形式的"其他服务贸易出口额"（见表2-1）。在2013年的服务贸易统计中，以通信服务、计算机和信息服务、金融和保险服务、咨询服务、会计服务和法律服务等为代表的"其他服务贸易出口额"（基本为服务外包项目）为2.55万亿美元，增长6%，已占全球服务贸易出口总额的54.9%，自2000年以来继续成为全球服务贸易中贸易额最大的类别。而且，2005—2010年"其他服务贸易出口额"年平均增长11%，在美国金融危机前的2000—2005年更是达到了13%的增幅，1990年至今一直是服务贸易中增长最快的类别。

二 发展中国家承接服务外包的发展趋势

发展中国家和亚洲承接服务外包业务呈现迅速发展势头。表2-2显示了不同区域"服务外包完成金额"的增长情况。"其他服务贸易出口额"反映的主要部分是服务外包项目从接包方向发包方的服务输出，尽管它的统计口径略高于服务外包项目，这里用WTO统计的"其他服务贸易出口额"来作为一个国家或地区服务外包完成金额的代替指标。

2005—2010年以发达国家为主体的北美和欧洲地区服务贸易增长均低于世界的平均增幅，而以发展中国家为主体的亚洲、非洲和中南美地区的增幅均高于世界的平均水平，分别为13%、11%和15%，这显示出发展中国家是服务外包业务的主要承接国家。

表2-2　　　　服务外包完成金额分地区变化情况　　　　（%）

年份	世界	北美地区	中南美地区	欧洲	非洲	中东	亚洲
1990—1995	9	11	10	—	5	—	16
1995—2000	8	10	9	7	6		5
2000—2005	13	8	11	15	6	12	14
2005—2010	11	10	15	10	11	6	13
2012	2	3	9	-1	7	16	8
2013	6	4	-1	7	2	6	7

资料来源：原始数据取自世界贸易组织（WTO）的服务贸易分类别统计。

表 2-3 进一步显示了 2013 年完成服务外包业务金额排在世界前 15 位的国家和地区。其中，排在前两位的是欧盟 28 国和美国，欧盟包括了最近服务外包发展趋势比较强劲的匈牙利和捷克等东欧国家，同时可以注意到，2013 年，欧盟和美国占世界外包总金额的比值均不同程度地下降，欧盟从 2005 年的 50.3% 下降到 47.1%，美国从 16.5% 下降到 15.8%。中国列第二位，2005—2013 年的年平均增长速度在所有国家中居首（19%），远远超出了大多数国家，2013 年实现的服务外包金额占世界外包总额的比值从 2005 年的 2.4% 大幅度提高到 4.5%。发展中国家最近几年的服务外包迅速兴起并快速发展，印度、巴西等国的发展也令人瞩目。样本数据显示，除了美国、西欧和日本主要发达国家和地

表 2-3　　服务外包完成金额分国别（地区）变化情况

	金额（10亿美元）	份额（%）		年变化（%）		
	2013	2005	2013	2005—2013	2011	2012	2013
欧盟 28 国	1200.8	50.3	47.1	9	14	-1	7
美国	403.0	16.5	15.8	9	10	4	4
中国	115.5	2.4	4.5	19	13	11	14
印度	113.6	3.1	4.5	14	15	10	7
日本	90.7	4.8	3.6	5	8	-6	3
瑞士	70.5	2.8	2.8	9	14	-4	6
中国香港	63.4	2.7	2.5	8	9	4	5
韩国	60.8	1.5	2.4	16	20	24	10
新加坡	58.9	—	2.3	—	19	12	8
加拿大	48.0	2.5	1.9	6	11	-3	-1
俄罗斯	32.2	0.8	1.3	16	24	10	13
中国台北	28.6	1.2	1.1	9	15	9	6
巴西	25.3	0.6	1.0	16	24	8	-3
以色列	20.9	0.7	0.8	11	16	16	7
挪威	19.3	0.8	0.8	8	2	4	-5
前 15 位	2351.5	90.7	92.4	—	—	—	—

资料来源：原始数据取自世界贸易组织（WTO）的服务贸易分类别统计。

区仍然是发展外包的主体外,中国、印度、俄罗斯和东欧国家等地区高速发展了承接服务外包业务,并在世界上占有一席之地。

三 中国承接服务外包发展趋势

本书依托 WTO 统计的"其他服务贸易出口额"整理出中国承接服务外包各类别完成金额及变化情况(见表 2-4)。商业服务外包和信息技术外包是中国承接服务外包最大的两个类别,商业服务和信息技术服务也是中国新兴服务贸易行业,增长趋势明显。2013 年中国商业服务完成金额为 795 亿美元,同比增长 19%,2012 年在主要经济体中仅次于欧盟和美国,居第三位,占比为 6.8%,2005—2012 年的年平均增长速度为 16%。2013 年计算机和信息服务完成金额为 154 亿美元,同比增长 6%,2012 年尽管在主要经济体中居第四位,次于欧盟、印度和美国,占比为 6%,但是 2005—2012 年取得飞速发展,年平均增长速度为 34%。通信服务和特许权使用服务也是服务行业中输出完成金额增长较快的两个部门,其中通信服务出口 17 亿美元,在主要经济体中居第五位,2005—2012 年的平均增长速度为 21%;特许权使用服务增长趋势更为明显,2005—2012 年的平均增长速度为 31%,2013 年完成金额 9 亿美元。

表 2-4　中国承接服务外包分类别完成金额及变化情况

	金额 (10 亿美元)		占 10 个主要 经济体比重(%)	年变化 (%)		
	2012	2013	2012	2005—2012	2011	2012	2013
商业服务	66.6	79.5	6.8	16	12	14	19
计算机和 信息服务	14.5	15.4	6.0	34	32	19	7
通信服务	1.8	1.7	2.0	21	41	4	-7
特许权 使用服务	1.0	0.9	0.4	31	-10	40	-14

资料来源:原始数据取自世界贸易组织(WTO)的服务贸易分类别统计。

2008年金融危机后，中国传统服务贸易行业比重进一步下降，以保险、计算机和信息服务、咨询为代表的高附加值服务贸易行业受危机影响较小，出口同比增长率占服务贸易整体出口同比增长率的两倍以上，且出口增幅回落较小。值得强调的是，新兴服务贸易行业增长较快的主要原因是，中国侧重发展以经济发达国家为主要对象的信息技术和商业服务外包产业，服务的国际化促使中国不断承接国外的服务外包业务，同时不断发展的服务外包产业也有利于中国快速地实现服务国际化。

第四节　中印承接服务外包趋势对比

本节选取主要发达国家作为发包国，这16个国家是美国（US）、日本（JP）、英国（GB）、德国（DE）、法国（FR）、意大利（IT）、荷兰（NL）、芬兰（FI）、瑞典（SE）、奥地利（AT）、比利时（BE）、丹麦（DK）、捷克（CS）、卢森堡（LU）、希腊（GR）和新加坡（SG）。部分发达国家因为数据缺失严重，故不予统计，例如澳大利亚仅涵盖了2000—2008年的服务贸易数据，新西兰涵盖2006—2011年的数据，挪威涵盖2004—2012年的数据，以色列涵盖2005—2012年的数据，与中国贸易往来密切的韩国涵盖2000—2005年的数据以及加拿大仅涵盖了总服务（200）和旅行（236）服务贸易数据。

一　中国承接服务外包的趋势

图2-3显示了2000—2012年中国承接16个主要发达国家或地区的服务外包额的动态变化图。根据图2-3可以看出，中国承接服务外包趋势呈多极化特征：中国服务外包业务以美国、欧盟、日本和新加坡为四个主要市场。从国家来看，2012年中国承建服务外包额最大的对象国是美国，2000年美国虽然弱于日本和德国，对中国转移服务外包业务暂居第三位，但近年来对中国服务业务转移增势明显，2000—2012年的年均增幅超过25%。其次是日本，因为与日本紧邻，中国一直是日本非常重要的服务外包业务对象国，2000年超过了美国和德国的总

和，居首位，这个位置一直保持到2006年，2000—2012年一直保持年均11%的增幅。德国2012年对中国转移服务外包完成金额仅次于美国和日本，德国虽然地理位置距离中国较远，但一直都是中国重要的服务贸易对象国，2000年曾仅次于日本，是中国服务外包业务承接最为重要的对象国，2000—2012年保持年均17%的增幅。新加坡2012年对中国转移服务外包完成金额仅次于德国，因为文化和地理位置距离中国较近，新加坡一直是中国重要的服务外包业务对象国，2000—2012年保持年均29%的增幅。

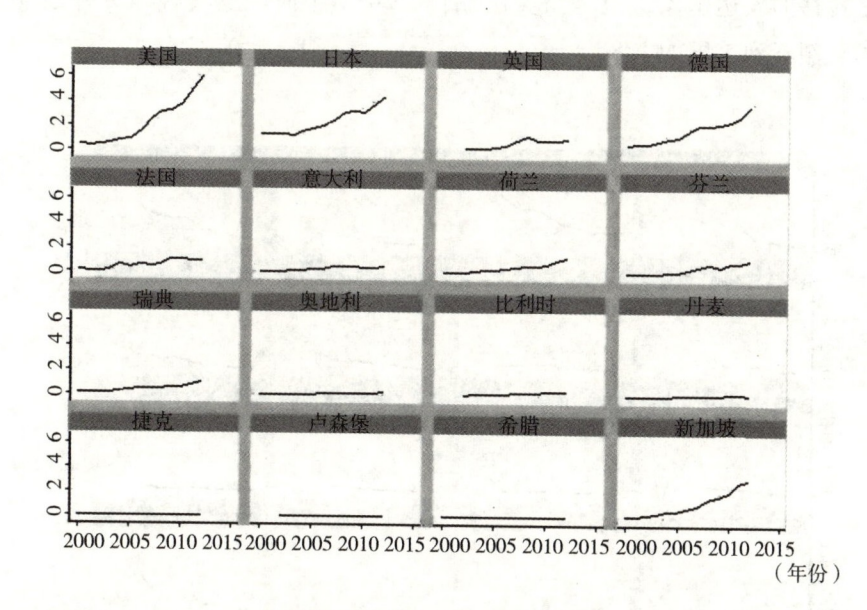

图2-3 中国承接16国服务外包额趋势（10亿美元）

注：由STATA软件生成。

资料来源：UN Service Trade Database.

二 印度承接服务外包的趋势

印度一直是中国在国际市场上竞争发达国家服务外包业务的主要对手。这里选取印度进行横向比较。图2-4显示了2000—2012年印度承接16个主要发达国家或地区的服务外包额变化的趋势。根据图2-4可以看出，印度明显不同于中国的单极承接特征：它主要以承接美国服务外包业务为主，其他国家与美国相比，服务外包转移金额较小，增长趋势也不明显。由图2-4的趋势可知，2000—2012年美国一直是向印度转移服务外包业务最大的对象国，2000—2012年增幅平均约为28%。因为地理和文化距离较远，不同于中国，印度一直都不是日本最为重要的服务外包业务转移对象国。英国、德国等欧洲国家则一直是仅次于美国的向印度转移服务外包业务的重要对象国，相对于其他国家增长趋势虽较明显，但相对于美国，欧洲国家向印度转移的服务外包业务仍然较小。因为地理位置较近，新加坡也是一个比较重要的服务外包业务向印度转移的发达国家，但是与美国相比，2012年向印度转移服务外包完成金额不到美国的1/8。

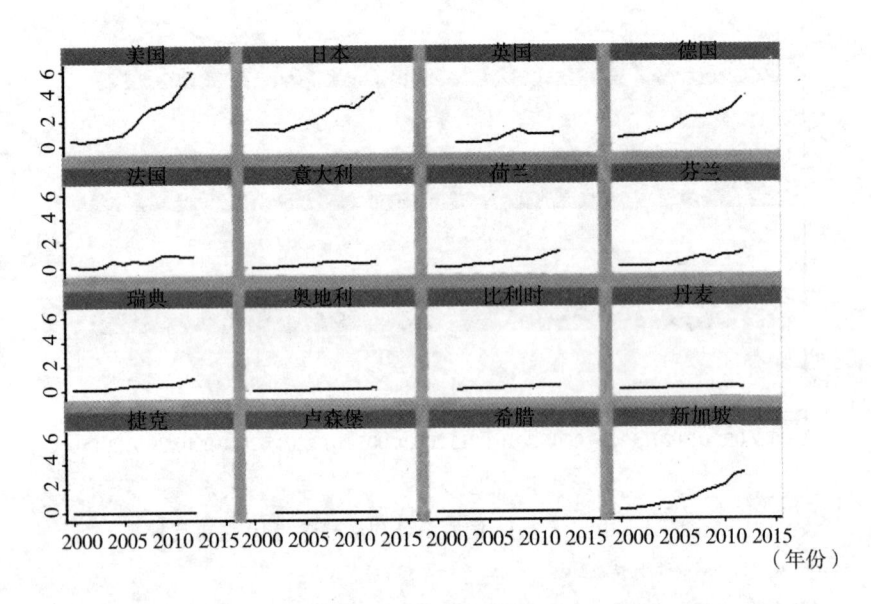

图2-4 印度承接16国服务外包额趋势（10亿美元）

注：由STATA软件生成。

资料来源：UN Service Trade Database.

第五节 小结

本章在界定服务外包概念的基础上，延伸国内外关于外包指标的不同测定方法，尤其是完善了由吕延方、赵进文在《中国承接服务外包影响因素分析——基于多国面板数据的实证检验》一文中所构建的承接服务外包指标，以精确、合理地测算我国承接服务外包变动趋势。

根据指标测算的结果，研究发现，美国、日本、欧洲主要国家和新加坡是中国承接离岸服务外包业务的主要对象国家，而美国、新加坡和欧洲主要国家是印度承接离岸服务外包业务的主要对象国家。

近期，学者研究发现，我国虽在政策环境、基础设施以及低成本的高技能人才等方面存在明显优势，但是，仍然无法确立发展国际服务外包的重要战略位置，在人员素质、客户资源、服务交付、品牌建设等关键能力上均存在较大差距。例如，我国在全球软件与服务外包价值链中处于微笑曲线底部，主要参与设计、程序开发、系统测试及数据处理等低端业务，缺乏从事下游行业咨询、解决方案设计等高端外包服务能力，更加难以在基础性软件产品领域进行原始性自主创新。[①]

本书后面将提出一个超越比较优势框架，基于交易成本和多维度距离对服务外包驱动机制进行深入剖析，并通过与其他发展中国家尤其是印度进行横向比较，以探寻我国提升服务外包承接能力的可持续发展路径。

[①] 殷国鹏、杨波：《我国服务外包企业承接能力评估模型研究——基于北京的实证调查与分析》，《科学学研究》2010年第3期。

第三章　服务外包驱动因素：一个超越比较优势框架

伴随着新科技革命的步伐，以及全球经济一体化的发展趋势，离岸服务外包在世界上迅猛发展，并逐渐成为发展服务贸易的重要形式。

本章基于国内外已有研究，在传统比较优势框架下增加了交易成本假说，构建服务外包的驱动因素模型，并以中国承接世界服务外包为例，构建行业面板模型验证主要理论假说。分析结果显示，行业开放水平、行业发展水平和劳动生产率是正向影响承接服务外包水平的主要因子，而资本相对于劳动的丰裕程度和行业规模对承接服务外包水平会产生负向影响。

第一节　服务贸易竞争力指数：一个比较优势框架

随着科学技术的快速发展，服务贸易在经济中的重要性与日俱增，中国自2001年加入WTO之后，与世界的关系越来越密切，在世界潮流的影响下，中国服务贸易的开放程度越来越大，服务外包业务也迅速增长。尽管中国和印度都是发达国家向发展中国家转移服务业务的主要目的国，但是，相对于印度，中国仍是服务贸易逆差国，部分产业仍然在国际市场上缺乏竞争优势，因此，有必要利用主要竞争力指标分析中国、印度的服务外包产业在国际市场上的比较优势。

一 中国、印度服务外包主要产业发展现状

中国和印度同属亚洲，地理位置相近，并且有着相似的人口结构和历史渊源，都属于新兴经济体中的服务贸易发展潜力国，同时，两个国家也是世界上最重要的服务外包目的地。

（一）其他商业服务

表 3-1 显示了中国、印度其他商业服务进出口各年数据。由于其他商业服务囊括了主要服务外包项目，出口额可以视为服务外包的承接能力，进口额可以反映服务向外转移的程度。从中国的数据可以看出，2005—2013 年中国的其他商业服务贸易额一直呈逆差状态，2005 年为 -131.90 亿美元，2008 年达到高峰值（-268.90 亿美元）以后开始下降，2010 年甚至降低到 -18.89 亿美元，2014 年数据发生反转，开始呈顺差状态。这种状况显示出中国其他商业服务项目逐渐从国际上的劣势转变为优势，中国逐渐成为世界主要服务外包承接的目的国。印度的数据则证明，从 2005 年至今，印度都是服务外包的主要承接国，并且顺差金额不断扩大，从 2005 年的 168.48 亿美元大幅增加到 2017 年的 613.84 亿美元。

如果单独看出口数据，也就是两个国家服务外包的完成指标，中国从 2005 年的 199.41 亿美元增加到 2017 年的 1264.93 亿美元，增长了 534%，印度则从 2005 年的 378.21 亿美元增加到 2017 年的 1386.81 亿美元，增长了 267%，因此，尽管至今印度仍然是世界上最大的发达国家向发展中国家转移服务业务的目的地，但是这种优势正开始被中国缩小，中国的承接业务完成金额仅次于印度，差距约 120 亿美元左右，而且中国的增长趋势非常明显。按照这一趋势发展，中国将会取代印度成为世界上服务外包最大的目的国。

但是，中国的服务贸易出口以及服务外包完成离不开国外先进服务的输入，中国在不断增加出口业务的同时，进口业务也大幅度增加，中国的其他商业服务进口从 2005 年的 331.31 亿美元增加到 2017 年的 1139.52 亿美元，增长了 244%，因此，中国的服务外包业务基本上依托产业内贸易来发展，也就是说，中国承接国外中低端成本较高的服务

外包业务的同时,由于本国服务产业的劣势,也向国外转移高端的服务业务。这一特征基本与印度相同,印度从2005年的209.73亿美元增加到2017年的772.97亿美元,增长了269%。从这些数据来看,中国的进口增长幅度要小于印度的增长幅度,中国的服务产业出口竞争力不断增长导致了对国外服务产业依赖的不断减弱。

表3-1 中国、印度其他商业服务进出口现状 （亿美元）

其他商业服务	中国			印度		
	出口	进口	差额	出口	进口	差额
2005	199.41	331.31	-131.90	378.21	209.73	168.48
2006	240.79	416.36	-175.57	518.80	277.02	241.78
2007	364.08	551.94	-187.86	652.95	323.57	329.38
2008	420.76	689.66	-268.90	810.32	344.66	465.66
2009	368.06	548.00	-179.94	701.16	346.61	354.55
2010	721.48	740.37	-18.89	888.18	570.31	317.87
2011	897.31	935.60	-38.29	1025.26	525.93	499.33
2012	859.01	923.01	-64.00	1094.18	558.48	535.70
2013	932.11	1064.40	-132.29	1131.35	565.10	566.25
2014	1143.79	1072.39	71.40	1179.34	536.64	642.70
2015	1099.66	963.25	136.41	1200.61	552.60	648.01
2016	1063.94	1053.36	10.58	1233.55	681.45	552.10
2017	1264.93	1139.52	125.41	1386.81	772.97	613.84

资料来源:原始数据取自世界贸易组织(WTO)的服务贸易类别"其他商业服务"(other commercial services)统计。

(二)其他业务服务

表3-2显示了中国、印度其他业务服务进出口各年数据。由于其他业务服务囊括了主要的商业流程服务外包项目(Business Process Outsourcing, BPO)。用这些数据可以比较中国、印度在商业流程服务外包方面的发展情况。从我国其他业务服务差额数据中可以看出,尽管一开始其他业务服务与其他商业服务数据相似,呈现逆差状态,但是逆差状

态不断收窄,到了2011年中国已经成为其他业务服务的顺差国,而且2014年达到了顺差的高峰值,即281.56亿美元。差额数据显示,中国商业流程外包承接服务项目逐渐从国际上的劣势项目转变为国际上的优势项目,成为世界主要商业流程服务外包承接目的国。印度的数据则证明,从2005年至今,印度都是世界上主要的BPO服务外包承接国,并且顺差金额不断扩大,从2005年的46.38亿美元大幅增加到2017年的235.69亿美元。中国则从2010年开始缩小与印度的差距,并且在2013年甚至超越了印度,成为最大的BPO承接目的地。

表3-2　　　　　中国、印度其他业务服务进出口现状　　　　　（亿美元）

其他业务服务	中国			印度		
	出口	进口	差额	出口	进口	差额
2005	140.36	164.54	-24.18	182.12	135.74	46.38
2006	165.88	206.05	-40.17	249.71	174.12	75.59
2007	237.19	294.27	-57.08	303.36	177.74	125.62
2008	212.40	360.45	-148.05	363.77	197.00	166.77
2009	171.48	211.95	-40.47	275.94	168.76	107.18
2010	-	-	-	345.29	254.96	90.33
2011	563.65	492.06	71.59	385.49	251.34	134.15
2012	510.23	423.54	86.69	470.91	299.00	171.91
2013	572.35	473.25	99.10	466.51	280.66	185.85
2014	688.95	407.39	281.56	484.61	268.73	215.88
2015	584.03	395.42	188.61	500.97	298.10	202.87
2016	578.95	434.25	144.70	542.98	327.41	215.57
2017	615.38	428.54	186.84	589.68	353.99	235.69

资料来源:原始数据取自世界贸易组织(WTO)的服务贸易类别"其他业务服务"(other business services)统计。

如果单独看出口数据,也就是两个国家BPO服务外包的完成指标,中国在2011年已经超过了印度,成为世界上最大的BPO业务承接国。从增长速度来看,中国从2005年的140.36亿美元增加到2017年的615.38亿美元,增长了338%,印度则从2005年的182.12亿美元增加到 2017 年的 589.68 亿美元，增长了 224%，因此，印度 2010 年以前是世界上发达国家向发展中国家转移商业服务业务的最大目的国，但是这种优势在 2011 年就被中国超越，中国目前是世界上最大的 BPO 服务外包承接目的国。

但是，进口数据显示，中国 BPO 服务外包完成仍然离不开国外先进服务的输入，中国在不断增加出口其他业务服务的同时，进口业务也大幅度增加，中国的其他业务服务进口从 2005 年的 164.54 亿美元增加到 2017 年的 428.54 亿美元，增长了 160%，因此，中国的商业流程服务外包业务基本上依托国外的产业内贸易来发展，也就是说，中国承接国外中低端成本较高的商务服务外包业务的同时，由于中国本土服务产业的劣势，国外的高端商业服务仍然具有明显的优势，中国服务外包产业离不开这些高端服务的输入。这一特征基本与印度相同，印度从 2005 年的 135.74 亿美元增加到 2017 年的 353.99 亿美元，增长了 161%。从以上数据来看，中国的进口增长幅度与印度幅度相同，中国的服务产业出口竞争力不断增长，驱动了本土服务业务输出的大幅度增长。

（三）计算机、通信和信息服务

表 3-3 显示了中国、印度计算机、通信和信息服务进出口各年数据。这些服务囊括了主要的信息技术服务外包项目（Information Technology Outsourcing，ITO），从这些数据中可以比较中国、印度在信息技术服务外包方面的发展情况。从中国这一项服务差额数据可以看出，一开始中国计算机、通信和信息的贸易项目呈现顺差状态，并且顺差不断扩大，从 2005 年的微弱顺差（1.02 亿美元）增加到现在的大幅顺差（85.91 亿美元），其中，2015 年达到了顺差的高峰值，即 145.54 亿美元。差额数据显示，中国信息技术外包承接服务项目已经成为国际上的优势项目，中国也成为世界主要信息技术服务外包承接目的国。印度的数据则证明，从 2005 年至今，印度都是世界上最大的 ITO 服务外包承接国，并且顺差金额不断扩大，从 2005 年的 153.87 亿美元大幅增加到 2017 年的 487.95 亿美元。在这一项目上，我国与印度的差距明显。

如果单独看出口数据，也就是两个国家 ITO 服务外包的完成指标，中国与印度的差距不断缩小，从2005年不到印度的1/7，2017年已经超过了印度的1/2，中国也成为仅次于印度的主要ITO业务承接国。从增长速度来看，中国从2005年的23.25亿美元增加到2017年的277.67亿美元，增长了1094%，即10倍多，而印度则从2005年的168.62亿美元增加到2017年的548.63亿美元，增长了225%。因此，按照这一速度发展，20年之内，中国将会超过印度，成为世界上最大的ITO服务外包承接目的国。

表3-3　　　　　中国、印度计算机和信息服务进出口现状　　　　　（亿美元）

计算机和信息服务	中国 出口	中国 进口	中国 差额	印度 出口	印度 进口	印度 差额
2005	23.25	22.23	1.02	168.62	14.75	153.87
2006	36.96	25.03	11.93	224.53	22.60	201.93
2007	55.19	32.90	22.29	286.49	40.15	246.34
2008	78.22	46.75	31.47	371.07	43.09	327.98
2009	77.10	44.42	32.68	340.31	32.40	307.91
2010	104.76	41.03	63.73	405.08	36.17	368.91
2011	139.08	50.35	88.73	471.13	31.96	439.17
2012	162.47	54.90	107.57	488.01	34.82	453.19
2013	170.98	76.24	94.74	538.05	37.43	500.62
2014	201.73	107.48	94.25	545.35	43.18	502.17
2015	257.84	112.30	145.54	550.46	37.98	512.48
2016	265.31	125.79	139.52	541.61	47.52	494.09
2017	277.67	191.76	85.91	548.63	60.68	487.95

资料来源：原始数据取自世界贸易组织（WTO）的服务贸易类别"计算机、通信和信息服务"（telecommunications, computer and information services）统计。

进口数据同样显示，中国ITO服务外包完成离不开国外先进技术和服务的输入，中国在不断增加外包服务的同时，进口输入业务也大幅度增加，中国的信息技术服务进口从2005年的22.23亿美元增加到2017年的191.76亿美元，增长了763%，即七倍多，因此，中国的信息技术服务外包业务也离不开国外的同产业输入,也就是说,中国承接国外中低端成本较高的信息技术服务,由于中国本土产业的劣势,国外的高端信息技术服务需要输入,以提升业务的发展。这一特征基本与印度相同,印度从 2005 年的 14.75 亿美元增长到 2017 年的 60.68 亿美元,增长了 311%。从以上数据来看,中国的信息技术出口增幅明显大于进口增幅,而印度近年来的进口增幅明显大于出口增幅,这彰显了中国国内信息技术产业的竞争力大幅度增强,驱动了出口超越进口的净增长。

二 竞争力与比较优势指标

为了更好地比较世界上最主要服务外包目的国的相关产业竞争力,下面提出两个指标测算方法:贸易竞争力指数(TC)和显性比较优势指数(RCA)。

(一)贸易竞争力指数

贸易竞争力指数(Trade Coefficient, TC)是指一个国家或地区的某个行业出口与进口的差额与该行业进出口总额的比值,TC 指数主要反映这个国家或地区该行业对外贸易的比较优势状况,是衡量一国或地区该行业国际竞争力的重要指标。

$$TC_i = (EXP_i - IMP_i) / (EXP_i + IMP_i) \quad (3.1)$$

其中,TC_i 表示某行业的贸易竞争力指数,EXP_i 表示某行业的出口额,IMP_i 表示某行业的进口额。

TC 取值范围是 [-1, 1],如果 $TC > 0$,表明该行业具有较强的国际竞争力,越接近于 1,竞争力越强;如果 $TC < 0$,表明该行业具有较弱的国际竞争力,越接近于 -1,竞争力就越弱;如果 $TC = 0$,表明该行业的国际竞争力与国际平均水平相当。

(二)显性比较优势指数

为了剔除总量指标的影响,显性比较优势指数(Revealed Comparative Advantage, RCA)能较好地反映一个国家或地区某一产业的出口与世界平均出口水平的相对优势,也是出口优势显性指数,它是通过某一产业在该国或地区出口中所占的份额与该产业世界贸易额占世界贸易总额的比值来反映的。由于剔除了总量指标的影响,它更能相对科学地衡量一国或地区该行业的国际竞争力。

$$RCA_{ij} = (EXP_{ij}/EXP_{it}) / (EXP_{wj}/EXP_{wt}) \quad (3.2)$$

其中，RCA_{ij}表示i国j行业的显性比较优势指数，EXP_{ij}表示i国j行业的出口额，EXP_{it}表示i国的出口总额，因此（EXP_{ij}/EXP_{it}）表示j行业在i国出口中所占的份额；EXP_{wj}表示世界j行业的出口额，EXP_{wt}表示世界出口总额，因此（EXP_{wj}/EXP_{wt}）表示j行业在世界出口中所占的份额。

RCA 取值一定是正数，如果 $RCA \geqslant 2.5$，表明该国该行业具有极强的比较优势；如果 $1.25 \leqslant RCA < 2.5$，表明该国该行业具有较强的比较优势；如果 $0.8 \leqslant RCA < 1.25$，表明该国该行业具有微弱的比较优势；如果 $0.4 \leqslant RCA < 0.8$，表明该国该行业具有微弱的比较劣势；如果 $0 < RCA < 0.4$，表明该国该行业具有较强的比较劣势。

三 中国、印度服务外包项目的国际竞争力

（一）总体比较分析

表 3-4 显示了中国、印度的其他商业服务贸易竞争力各年数据。这一数据也可以反映两个国家承接国外服务外包项目的总体竞争力，因此可以比较两个国家的竞争力情况。从中国的总体竞争力数据可以看出，2005—2013 年中国的竞争力指数小于零，反映出中国服务外包在国际市场上的总体竞争力较弱，但是这一指标从 2005 年的 -0.25 逐渐上升到 2013 年 -0.07，尤其是 2014 年这一竞争力指数开始为正，甚至在 2015 年达到阶段的峰值（0.07），中国的服务外包竞争力开始与国际水平相当，竞争力由弱转强。从 2005 年至今，印度的国际竞争力指数一直为正数，并且指数范围基本在 0.30 和 0.40 之间。因此，如果单独从 TC 指数来看，在服务外包项目方面，印度相对于中国的总体国际竞争力较强可以被证明。但是如果从变化趋势来看，中国相对于印度的上升趋势较明显，2005 年至今，从 -0.25 上升到 0.05，而印度近年来的竞争力状况基本未发生变化，其中部分区间有明显下降的趋势（2008—2012 年，从 0.40 下降到 0.32；2014—2017 年，从 0.37 下降到 0.28）。

表3-4　　　　　中国、印度服务外包项目总体竞争力　　　　（单位：比值）

年份	中国	印度
2005	-0.25	0.29
2006	-0.27	0.30
2007	-0.21	0.34
2008	-0.24	0.40
2009	-0.20	0.34
2010	-0.01	0.22
2011	-0.02	0.32
2012	-0.04	0.32
2013	-0.07	0.33
2014	0.03	0.37
2015	0.07	0.37
2016	0.00	0.29
2017	0.05	0.28

资料来源：原始数据取自世界贸易组织（WTO）的服务贸易类别"其他商业服务"（other commercial services）统计。

（二）BPO比较分析

表3-5显示了中国、印度的其他业务服务贸易竞争力各年数据。这一数据也可以反映两个国家承接国外商业流程服务外包项目的竞争力，因此可以比较两个国家的BPO竞争力情况。从中国竞争力数据可以看出，2005—2009年中国的竞争力指数都小于零，反映中国BPO服务外包在国际市场上竞争力较弱，但是指标从2011年开始由负转为正，2014年达到阶段高峰值（0.26），并接近当年印度的竞争力指标（0.29），因此，中国BPO服务外包竞争力已经超过国际水平，并接近服务外包强国印度的竞争力水平。从2005年至今，印度的国际竞争力指数一直为正数，并且指数范围基本在0.25和0.30之间。因此，如果单独从TC指数来看，在BPO服务外包项目方面，印度相对于中国的BPO国际竞争力较强可以被证明。但是，从变化趋势来看，与服务外包

竞争力总体水平一样，中国相对于印度BPO竞争力上升趋势较明显，2005年至今，从-0.08上升到0.18，而印度近年的竞争力状况基本未发生变化，其中部分区间有明显下降的趋势，例如，2008—2010年，从0.30下降到0.15；2014—2015年，从0.29下降到0.5。

表3-5　　　　中国、印度商业流程服务外包项目竞争力　　　　（比值）

年份	中国	印度
2005	-0.08	0.15
2006	-0.11	0.18
2007	-0.11	0.26
2008	-0.26	0.30
2009	-0.11	0.24
2010		0.15
2011	0.07	0.21
2012	0.09	0.22
2013	0.09	0.25
2014	0.26	0.29
2015	0.19	0.25
2016	0.14	0.25
2017	0.18	0.25

资料来源：原始数据取自世界贸易组织（WTO）的服务贸易类别"其他业务服务"（other business services）统计。

（三）ITO比较分析

表3-6显示了中国、印度的计算机、通信和信息服务贸易竞争力各年数据。这一数据也可以反映两个国家承接国外信息技术服务外包项目的竞争力，因此可以比较两个国家的ITO竞争力情况。从中国的信息技术服务竞争力数据可以看出，2005年至今，中国的信息技术竞争力指数都大于零，反映出中国ITO服务外包在国际市场上的竞争力较强，2012年达到阶段高峰值（0.49），中国ITO服务外包竞争力已经超过国际水平，但是与信息技术服务外包强国印度的竞争力水平相比，中国还

有不小的差距，尤其是近年来有下降的趋势，从2015年的0.39下降到2017年的0.18。从2005年至今，印度的国际竞争力指数也一直为正数，并且指标范围在0.75和0.87之间，接近于1。因此，如果单独从TC指数来看，在ITO服务外包项目方面，印度相对于中国的国际竞争力较强可以被证明。但是，从变化趋势来看，中国上升趋势较明显，从2005年至今，从0.02上升到0.18，2012年甚至上升到0.49，而印度竞争力状况基本未发生变化，近年有下降的趋势，2015—2017年，从0.87下降到0.80。

表3-6　　　　中国、印度信息技术服务外包项目竞争力　　　　（比值）

年份	中国	印度
2005	0.02	0.84
2006	0.19	0.82
2007	0.25	0.75
2008	0.25	0.79
2009	0.27	0.83
2010	0.44	0.84
2011	0.47	0.87
2012	0.49	0.87
2013	0.38	0.87
2014	0.30	0.85
2015	0.39	0.87
2016	0.36	0.84
2017	0.18	0.80

资料来源：原始数据取自世界贸易组织（WTO）的服务贸易类别"计算机、通信和信息服务"（telecommunications, computer and information services）统计。

四　中国、印度服务外包项目的显性比较优势

（一）总体比较分析

表3-7显示了中国、印度的其他商业服务贸易显性比较优势各年数据。这一数据也可以反映两个国家承接国外服务外包项目的比较优

势。从中国服务外包总体比较优势数据可以看出，2005—2009 年中国服务外包总体上显性比较优势指数位于 0.4 和 0.8 之间，反映中国服务外包在国际上处于比较劣势位置，但是指标从 2010 年开始超过 0.8，缓慢上升到 2017 年的 1.03，中国的服务外包开始具有微弱的比较优势。从 2005 年至今，印度服务外包总体的显性比较优势一直大于 1.25，指数范围基本在 1.40 和 1.56 之间。因此，如果单独从 RCA 指数来看，在服务外包项目方面，印度相对于中国具有较强的比较优势可以被证明。但是，如果从变化趋势来看，中国相对于印度的上升趋势较明显，2005 年至今，从 0.54 上升到 1.03，而印度则缓慢下降，从 1.54 下降到 1.40，因此，从动态上来看，中国动态比较优势逐渐增加，而印度比较优势的强势正逐渐减弱。

表 3-7　　中国、印度服务外包项目总体显性比较优势　　（比值）

服务外包总体项目	中国	印度
2005	0.54	1.54
2006	0.53	1.53
2007	0.59	1.53
2008	0.59	1.56
2009	0.59	1.48
2010	0.81	1.52
2011	0.88	1.46
2012	0.84	1.48
2013	0.88	1.47
2014	0.99	1.43
2015	0.94	1.44
2016	0.94	1.41
2017	1.03	1.40

资料来源：原始数据取自世界贸易组织（WTO）的服务贸易类别"其他商业服务"（other commercial services）统计。

（二）BPO 比较分析

表 3-8 显示了中国、印度的其他业务服务贸易显性比较优势各年

数据。这一数据也可以反映出两个国家承接国外 BPO 项目的比较优势。从中国商业流程服务外包项目的比较优势数据可以看出，除了 2008 年和 2009 年的 RCA 指数小于 0.8 之外，其他各年数据基本上位于 0.8 和 1.25 之间，甚至 2011 年、2013 年、2014 年的数据超过了 1.25，分别为 1.35、1.30、1.43，这反映出中国 BPO 服务外包在国际上呈微弱的比较优势，并且少数年份的 BPO 指标呈现出较强的比较优势。从 2005 年至今，印度服务外包总体的显性比较优势一直大于 1.25，指数范围基本在 1.34 和 1.80 之间。因此，如果单独从 RCA 指数来看，在 BPO 服务外包项目方面，印度相对于中国具有较强的比较优势可以被证明。

表 3-8　　　中国、印度 BPO 服务外包项目显性比较优势　　　（比值）

年份	中国	印度
2005	0.92	1.79
2006	0.89	1.80
2007	0.95	1.75
2008	0.73	1.72
2009	0.68	1.44
2010	—	1.44
2011	1.35	1.34
2012	1.21	1.54
2013	1.30	1.47
2014	1.43	1.40
2015	1.22	1.46
2016	1.24	1.50
2017	1.21	1.43

资料来源：原始数据取自世界贸易组织（WTO）的服务贸易类别"其他业务服务"（other business services）统计。

从变化趋势来看，中国相对于印度的上升趋势仍较明显，2005 年至今，从 0.92 上升到 1.21，而印度则缓慢下降，从 1.79 下降到 1.43，因此，从动态上来看，中国 BPO 项目的动态比较优势逐渐接近于印度。

(三) ITO 比较分析

表 3-9 显示了中国、印度的计算机、通信和信息服务贸易显性比较优势各年数据，这一数据也可以反映两个国家承接国外 ITO 项目的比较优势。

表 3-9　　　中国、印度 ITO 服务外包项目显性比较优势　　　（比值）

年份	中国	印度
2005	0.38	4.17
2006	0.49	4.03
2007	0.55	4.12
2008	0.64	4.16
2009	0.70	4.06
2010	0.69	4.04
2011	0.78	3.84
2012	0.88	3.66
2013	0.89	3.88
2014	0.98	3.69
2015	1.21	3.60
2016	1.27	3.35
2017	1.23	3.00

资料来源：原始数据取自世界贸易组织（WTO）的服务贸易类别"计算机、通信和信息服务"（telecommunications, computer and information services）统计。

从中国信息技术服务外包项目的比较优势数据可以看出，2005 年中国最初在 ITO 项目上具有较强的比较劣势，2006 年至 2011 年劣势逐渐转弱，呈现出较弱的比较劣势，2012 年至 2017 年其比值开始位于 0.8 和 1.25 之间，甚至 2016 年略微超过了 1.25，这一期间呈微弱的比较优势，这反映出中国 ITO 服务外包在国际上呈微弱的比较优势，在动态上逐渐从劣势转为优势。从 2005 年至今，印度服务外包总体的显性比较优势一直大于 2.5，指数范围基本在 3.00 和 4.17 之间，因此，如果单独从 RCA 指数来看，在 ITO 服务外包项目方面，印度相对于中国具有极强的比较优势可以被证明,但是,从变化趋势来看,印度的 RCA 指标呈现缓慢下降趋势,从这一区间的最高点(4.17)逐渐下降到区间的最低点(3.00)。但是,中国在 ITO 承接项目上与印度相比仍有较大的差距。

由于我国的服务外包基本隶属于产业内贸易活动的特殊形式,因此除了采用比较优势理论分析以外,本书还构建了超越比较优势的理论框架来解析服务外包的主要驱动因素。

第二节 新新贸易理论

一 Feenstra 新新贸易理论

Feenstra 为一个包括各种生产环节的产业构建了外包模型(图3-1),在其中,他侧重体现发包国和承接国所承担的不同的中间工序(材料生产或服务提供),横轴 $O—Z$ 的工序是按照需要技能高低的比例不同进行排序的,从 O 开始愈向 Z 延伸,愈需要更高的技能。[①]

新新贸易理论有两个假设条件:

(1)一个活动的单位成本主要由技术 B、使用劳动的成本和资本的租金 r 所决定。使用劳动的成本包括要求高技能的劳动成本为 $qa_H(Z)$ 和低技能的劳动成本为 $wa_L(Z)$。生产函数为 Cobb-Douglas 形式,于是任何一个活动的单位成本的公式为:

$$c(w,q,r,Z) = B[wa_L(Z) + qa_H(Z)]^{\theta} r^{r-\theta} \qquad (3.3)$$

(2)发包国技能高的劳动相对于技能低的工资比例低于承接外包国[②],发包国相对于承接国的资本租金比例小于1,即:

$$q/w < q^*/w^*, r/r^* < 1 \qquad (3.4)$$

所以 c/c^* 是一个向右下方倾斜的抛物线。发包国将会更专注于要求技能高的工序生产,而承接国则更专注于要求技能低的工序生产。基于此,他提出了一个问题:如何划分具体什么工序需要外包到国外,什么

[①] R. C. Feenstra, 2010, *Offshoring in the Global Economy: Theory and Evidence*, MIT Press.
[②] 反映承接外包国的各变量用 * 标识,以便与发包国的变量进行区分。

仍然留在国内进行。他最后指出，可以在 c/c^* 曲线上找到 A 点使得两个国家的工序相对单位成本为1，即：

$$c(w,q,r,z)/c(w^*,q^*,r^*,z) = 1 \tag{3.5}$$

从而 A 点垂直于 y 轴的交点 z 点左侧的活动，因为发包国相对于承接国的成本大于1，所以需要外包到承接国，而右侧的活动因为相对成本小于1，则需留在国内进行。Feenstra 模型揭示了生产成本是决定外包决策的主要影响因素。[①] 如果任何因素促使某活动的国内对于国外的相对成本上升，则曲线 c/c^* 将上移到 $c/c^{*'}$，以前此活动相对成本为1的均衡点也从 z 右移至 z'，发包国的指定产业将有更多的活动（zz'）再转移到承接国，致使承接外包比率上升；如果成本下降，成本相等的平衡点会从 z 左移到 z''，以前外包到承接国的工序 zz'' 将再回到发包国。

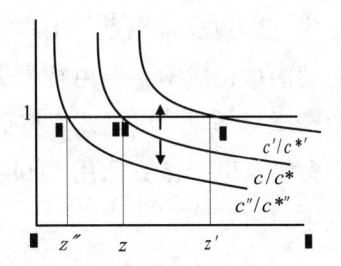

图 3-1　外包产生机理模型

资料来源：R. C. Feenstra, 2010, *Offshoring in the Global Economy: Theory and Evidence*, MIT Press.

二　承接外包模型

成本一般被认为是影响离岸落地选择的最主要驱动因素。Hanson et al.[②] 分析了影响公司外包业务的主要动因，他们利用美国跨国公司数据分析中间品贸易发展情况，并得出贸易成本会影响中间品贸易的规模。Olsen 认为，降低成本、提高生产效率的竞争压力等促使了外包的产生

[①] R. C. Feenstra, 2010, *Offshoring in the Global Economy: Theory and Evidence*, MIT Press.

[②] G. H. Hanson, R. J. Mataloni and M. J. Slaughter, 2005, "Vertical Production Networks in Multinational Firms," *Review of Economics & Statistics*, Vol. 87, No. 4, pp. 664–678.

与发展。[1] OECD 根据世界著名商业资讯公司 Kearney 2003 年对 100 家国际著名跨国企业进行离岸外包动因调查的报告，证明降低成本是离岸活动的主要动因，这里的成本包括雇员的工资、融资成本、管理成本、广告费用、通信和交通等在生产环节所发生的一系列成本。[2] 国内学者陈咏梅认为，企业在进行离岸落地选择时考虑的因素主要有：离岸落地生产成本的低廉；离岸落地所在国在体制或政策方面的完善；离岸交易成本低于企业自身生产的管理成本等。[3] 吕延方认为，发达国家的跨国企业主要是考虑到成本竞争的压力，将缺乏比较优势的生产环节转移到发展中国家，以便集中本国的既有资源发展优势产业，提高国际竞争力。[4]

吕延方、王冬基于 Feenstra 的离岸外包机理模型[5]，构建了承接离岸外包的成本模型。[6] 如图 3-2 所示，沿横轴 $O-Z$ 方向依次按照需要技能高低的比例排列工序，即愈靠近原点，工序需要技能愈低。

首先，一个生产活动的单位成本主要由技术 B、所使用的劳动成本 [包括高技能所要求的劳动成本为 $qa_H(Z)$ 与低技能劳动成本为 $wa_L(Z)$] 和资本租金 r 所决定。生产函数采用 Cobb-Douglas 形式，则任何一个生产活动的单位成本可表示为：

$$c(w, q, r, Z) = B(wa_L(Z) + qa_H(Z))^\theta r^{1-\theta} \qquad (3.6)$$

离岸落地企业相对于发包企业的工序成本小于 1，所以横轴 z 点左边的工序需由承接企业完成，相对成本大于 1 的工序，即 z 点右侧的工序仍由发包企业完成。如果相对成本下降，即曲线 c/c^* 右移至 $c'/c^{*'}$，导致均衡点 z 右移至 z'，发包企业会将更多工序（zz'）离岸转移到国外附属企业或外部供应商，发包方视角的国内工序（中间材料或服务）

---

[1] K. B. Olsen, Productivity Impacts of Offshoring and Outsourcing: A Review, Sti Working Paper, No. 2006/1, 2006.
[2] OECD, 2007, Offshoring and Employment: Trends and Impacts, OECD Publishing.
[3] 陈咏梅：《企业外包决策及模型——一个文献综述》，《财贸经济》2009 年第 6 期。
[4] 吕延方：《比较优势理论能否有效解释承接外包的产生机理——基于中国工业的经验研究》，《经济管理》2011 年第 10 期。
[5] R. C. Feenstra, 2010, Offshoring in the Global Economy: Theory and Evidence, MIT Press.
[6] 吕延方、王冬：《基于中国经验的制造外包主要影响因子研究》，《资源科学》2012 年第 3 期。

会减少，承接方视角的承接离岸工序会增加。

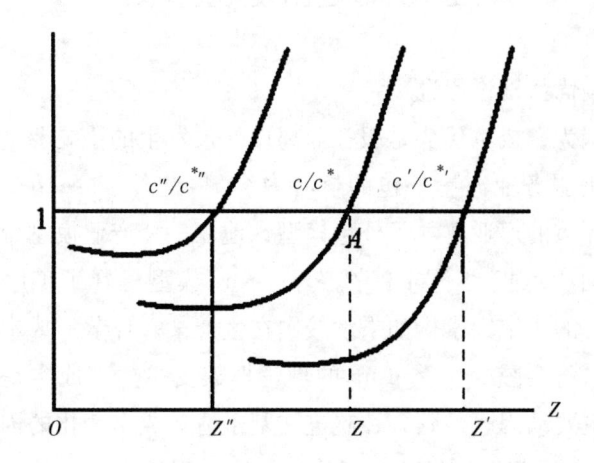

图 3-2 承接外包驱动因素模型

资料来源：吕延方、王冬《基于中国经验的制造外包主要影响因子研究》，《资源科学》2012 年第 3 期。

三 新新贸易理论基本框架——比较优势理论

尽管 Feenstra 的理论模型证明了成本是决定发包国家向承接国转移生产工序的动因，但他没有进一步指出哪些具体因素能够促使外包比例发生变化。

本书认为，比较优势理论不仅能解释发达国家和发展中国家出口结构的变化，也可以解释外包的变化。按照传统比较优势原理，成本越低，可利用的廉价资源越丰富，企业越能从贸易中得到利益。同时，对于一个跨国企业，它还须考虑到是否能接近市场的需要，是否能从规模经济中提升自身的竞争能力。比如，IBM 公司通过将一部分没有竞争力的产业外包或者出售，着重发展 IT 解决方案和服务业，提高了自身的竞争优势。在此情况下，关注承接外包国家各产业出口比较优势的影响机制是十分必要的。下面几种比较优势假说无疑是典型代表。

所以，下一节拟综合已有的比较优势假说，并融合交易成本理论，进一步阐述外包的驱动因素，以便形成更具体的理论分析基础。

第三节 超越比较优势框架

一 比较优势理论假说

王晓红认为,成本优势是服务业离岸外包发生的主要驱动因素,降低人力成本是服务业离岸外包的核心内容。① 此外,Feenstra 为一个包括各种生产环节的产业建立了外包模型,他在一个产业模型中体现了发包国和承接国所承担的不同工序。② Feenstra 模型解释了工序生产成本的大小是重要的决定因素,如果承接国在生产某一环节的成本高于发包国,则外包量将会减少。Feenstra 的理论框架支持生产成本是企业采取外包决策的主要动因。吕延方、赵进文基于造成成本变化的因素进一步阐述外包的影响因素。③ 吕延方则认为,贸易理论中的比较优势学说可以很好地解释国际贸易产生的原因,对于国际贸易新型发展模式外包同样有重要的理论参考价值。④ 因此,劳动生产率、要素禀赋以及规模经济先后被国内外贸易领域专家认为是最主要的影响贸易产生的根本原因。

(一)劳动生产率

斯密最早提出的绝对优势学说对国际贸易模式的研究具有重要的影响。绝对优势学说从劳动分工原理出发,在人类认识史上第一次论证了贸易互利性原理,克服了重商主义者所认为的国际贸易只是对单方面有利的片面看法。这种贸易分工互利的双赢思想,即使现在仍然是当代各国扩大对外开放,积极参与国际贸易的指导思想。根据斯密的绝对优势贸易模型,各国应该专门生产并出口其具有"绝对优势"的产品,不生产但进口其不具有"绝对优势"的产品。绝对优势可以有两种衡量办法:

---

① 王晓红:《新一轮服务业离岸外包的理论分析》,《财贸经济》2007 年第 9 期。
② R. C. Feenstra, 2010, *Offshoring in the Global Economy: Theory and Evidence*, MIT Press.
③ 吕延方、赵进文:《中国承接服务外包影响因素分析——基于多国面板数据的实证检验》,《财贸经济》2010 年第 7 期。
④ 吕延方:《比较优势理论能否有效解释承接外包的产生机理——基于中国工业的经验研究》,《经济管理》2011 年第 10 期。

(1) 劳动生产率即单位要素投入的产出率（$1/a_{Lj} = Q_j/L$）。

(2) 生产成本即单位产品的要素投入量（$a_{Lj} = L/Q_j$）。

所以本国在 j 产品上具有绝对优势，意味着 j 产品的本国劳动生产率高于外国或者可以说是 j 产品的本国生产成本低于外国，即：

$$1/\alpha_{Lj} > 1/\alpha_{Lj}^* \text{ 或者 } \alpha_{Lj} < \alpha_{Lj}^* \tag{3.7}$$

作为英国古典经济学派的另一著名代表人物，大卫·李嘉图创立了比较优势学说，它是对绝对优势学说的继承和发展，进一步完善了古典学派的国际贸易理论。他认为，绝对优势虽然是产生贸易好处的充分条件，但却不是必要条件；国际贸易产生的基础并不限于生产技术的绝对差别，只要各国之间存在着生产技术上的相对差别，就会出现生产成本和产品价格的相对差别，从而使各国在不同的产品上具有比较优势，使国际分工和国际贸易成为可能，进而获得比较利益。李嘉图认为，即使一国没有绝对优势，也可以集中力量生产劣势较小的商品，而处于绝对优势的国家则生产优势较大的商品。

$$\alpha_{L1}/\alpha_{L2} < \alpha_{L1}^*/\alpha_{L2}^* (\alpha_{L1} > \alpha_{L1}^*, \alpha_{L2} > \alpha_{L2}^*) \tag{3.8}$$

即使本国产品 1，2 的劳动生产率或生产成本都劣于外国，但因为产品 1 相对产品 2 的本国相对生产率比例优于外国，所以本国仍然有机会出口产品 1。所以比较优势决定了一国的生产模式，即一个国家应该输出劳动生产率相对高的产品，而输入劳动生产率相对低的产品。目前中国与发达国家的主要贸易形式是以承接外包为主的中间贸易形式。所以基于李嘉图的学说，本章提出假说 1。

假说 1：行业的劳动生产率与服务外包程度正相关。

（二）要素禀赋

比较优势理论自大卫·李嘉图提出至今已 200 多年。它提出后得到了不断发展，20 世纪初，瑞典经济学家赫克歇尔和俄林继承和发展了李嘉图的古典比较优势理论，提出了"资源配置"或"资源禀赋"的贸易学说（即 H-O 定理）。他们认为，在缺乏李嘉图外生技术比较优势时，只要国家之间存在着外生禀赋差别，也可能会产生分工经济，由此发展了贸易。Helpman 也认为，在各国间要素禀赋存在差异的情况下，跨国公司出于追逐最大利润的目的，使得跨国公司把原本部分在国内的生产外包到国外。① 大部分学者聚焦于中国是否仍主要依赖廉价劳动力吸引外包业务展开争论,所以本书将验证主要要素禀赋(资本与劳动)的相对变化是否会影响承接外包水平,本章提出假说2。

假说2:要素禀赋与服务外包程度正相关。

(三)规模经济

H-O定理强调了每种商品的规模收益不变,但 Krugman 提出了规模经济比较利益学说,他认为,国际贸易主要发生在先天条件相近的发达国家之间,而比较利益较多的发达国家与落后国家之间的贸易,反而大大小于条件互相类似的发达国家之间的贸易。② 这种源自规模经济的比较利益被称为后天获得的比较利益。他的规模经济模型能解释生产力和贸易依存度同时提高以及贸易量比收入增长更快等现象。Markusen and Venables 也认为,两个国家在各方面都很相似,当贸易的成本较大,企业层次规模经济比工厂层次规模经济更为重要时,跨国公司就会在本土以外安排属于同一企业的工厂层次的生产。③ 那么行业规模是否也会影响中国主要产业的承接外包活动?基于这个问题,本章提出假说3。

假说3:行业规模与服务外包程度正相关。

二 交易成本假说:超越比较优势理论

迄今为止,在劳动力成本方面,中国是世界上劳动力成本最低的国家之一。那么,产生的问题是,为什么从20世纪末开始,服务外包逐渐成为推动服务业生产方式变革和经济全球化新浪潮的重要力量,离岸服务外包才开始在中国快速发展?除了生产成本因素外,是否还有其他因素在起作用?近来随着服务外包在中国的迅速发展,单纯研究影响生产成本的因素已不符合实际,愈来愈多的学者开始探讨其他因素对承接外包业务的影响。例如,事先评估外包可能出现的谈判成本和机会主义

---

① E. Helpman, 1984, "A Simple Theory of International Trade with Multinational Corporations," *Journal of Political Economy*, Vol. 92, No. 3, pp. 451–471.

② P. R. Krugman, 1979, "Increasing Returns, Monopolistic Competition, and International Trade," *Journal of International Economics*, Vol. 9, No. 4, pp. 469–479.

③ J. R. Markusen, and A. J. Venables, 1999, "Foreign Direct Investment as a Catalyst for Industrial Development," *European Economic Review*, Vol. 43, No. 3, pp. 335–356.

成本、政府的各项政策措施、制度环境和政治环境、基础设施和经济发展水平等，这里将它们统一归类为影响交易成本变化的因素。

（一）行业发展水平

中国自加入 WTO 以来采取了更为积极的产业发展政策，一些具体的优惠政策直接促进了部分服务行业的扩张和发展，并间接促使交易成本降低，最终导致中国中间产品或服务的离岸价格明显低于发包国内部生产的中间产品或服务的价格。由于我们无法直接衡量各种政策的优惠力度和支持水平，这里使用行业发展水平作为中国通过各项扶持政策来降低交易成本水平的代理指标，以反映政府的支持力度。因为政府支持力度越大，行业发展速度越快，获得国外发包国家的订单就越有可能。同时，随着我国政策扶持下的主要服务行业的快速发展，该行业会更积极地引入优化和升级产业结构的先进技术、服务和管理手段，相应地会采取不断降低承接国外包业务交易成本的各种措施和先进技术。

假说 4：行业发展水平与服务外包程度正相关。

（二）行业开放程度

某行业的全球化开放程度可以考核这一行业融入全球服务体系的水平，某行业全球化开放程度越大，则这一行业越有可能采取积极措施，不断降低外包业务转移的交易成本，以便利于外商将部分环节转移到中国。总之，更自由和开放的市场环境会吸引外商转移中间业务。贸易全球化程度可以作为反映行业开放水平的指标。

假说 5：行业开放程度与服务外包程度正相关。

第四节　服务外包驱动因素模型设计

一　研究设计

基于以上的因素分析，这里构建模型1，以验证它们影响中国承接国际服务外包业务变化的有效性。模型的被解释变量为中国主要服务行业 i 在 t 期的承接外包水平（off），同期同行业的劳动生产率（lpr）、资本与劳动之比（end）和行业规模（sca）为解释变量，ε 表示随机误差项。

$$\ln off = \alpha_0 + \alpha_1 \ln lpr + \alpha_2 \ln end + \alpha_3 \ln sca + \varepsilon \quad (3.9)$$

基于交易成本因素讨论，本章构建模型 2。在模型 2 中，行业发展水平（dev）和行业开放水平（opn）被用来解释中国主要产业 i 在 t 期的承接外包水平。

$$\ln off = \alpha_0 + \alpha_1 \ln dev + \alpha_2 \ln opn + \varepsilon \quad (3.10)$$

模型 3 则综合考虑以上所有因素的影响作用。

$$\ln off = \alpha_0 + \alpha_1 \ln lpr + \alpha_2 \ln end + \alpha_3 \ln sca + \alpha_4 \ln dev + \alpha_5 \ln opn + \varepsilon \quad (3.11)$$

二 变量和数据选取

世界贸易组织的服务贸易统计数据库中与外包有关联的服务类别主要包括运输服务业、通信服务业、建筑服务业、保险服务业、金融服务业、计算机和信息服务业以及其他商业服务业 7 大类别，但中国从 2004 年以后才开始按照国际标准统计服务业，所以统计年鉴中服务产业划分类别有所差别，而且部分年代数据缺失，最终整合主要统计数据源，形成 6 个服务行业面板数据（见表 3 - 10）。

表 3 - 10 不同数据源的行业分类整理

数据整理后类别	世界贸易组织统计行业	中国统计年鉴行业
1. 运输和通信业	运输、通信	交通运输、仓储和邮政业
2. 计算机和信息传输业	计算机和信息传输	信息传输、计算机服务和软件业
3. 金融服务业	保险 金融	金融业 房地产业
4. 建筑服务业	建筑	建筑业
5. 商业服务业	特许权使用服务 其他商业服务	租赁和商业服务业 科学研究、技术服务和地质勘查业
6. 其他服务业	个人、文化和娱乐服务 旅游	居民服务和其他服务业 批发和零售业 住宿和餐饮业 教育 文化、体育和娱乐业

资料来源：根据世界贸易组织（WTO）统计的行业分类和中国各统计年鉴的行业分类汇总整理而成。

这6个服务部门分别是运输和通信业，计算机和信息传输业，金融服务业，建筑服务业，商业服务业和其他服务业。整理后的数据基本涵盖物流外包、信息外包、金融外包、商业流程外包以及专业服务外包等领域。

2003年以前部分因数据缺失而无法统计，最终本书选取2003—2013年共6个行业的面板数据。

本章在第二章的基础上，进一步考虑一个相对指标，这一指标延续并发展吕延方提出的承接外包比率测度，创建承接服务外包比率新测度以测算中国主要服务业行业承接外包的水平。[①] 中国 i 产业的承接外包水平变量（off）的测算方法是该行业向国外所有行业出口的中间品除以它的产出，产出中的中间品出口比例越多，则承接外包水平相对越高。

$$off_i = \sum_{j=1}^{n} exp_{ij}/oup_i \tag{3.12}$$

承接服务外包比率（off）是出口中间服务与增加值的比值。增加值名义数据可以直接从各年中国统计年鉴中获取，这里需要转换成不变价增加值（单位：亿元）：本书采用缩减法计算，服务业各部门的缩减指数为相对应的第三产业不变价增加值（1978=100）。服务外包出口中间品数据不能直接获得，可以从世界贸易组织的服务贸易数据库中删除不是承接外包主体的服务类别（例如公共服务业），再利用服务贸易金额来代替出口中间品的金额，以上的美元单位将通过当年的实际有效汇率折算成人民币金额（单位：百万元）。

劳动生产率（lpr）。劳动生产率可定义为所选定的服务行业部门提供服务的效率，即单位劳动者单位时间创造的增加值（单位：万元/人）。因为统计资料的局限性，无法获取各部门的劳动时间，所以不得不假设各部门劳动者有相同的平均作业时间，忽略部门间的差别。于是，以单位劳动者的行业增加值来表示劳动生产率，中国人口和就业统

[①] 吕延方：《全球化背景下中国承接和对外外包趋势、成因及其效应的定量研究》，东北财经大学出版社2011年版。

计年鉴中按行业分城镇单位就业人员年底数（单位：万人）作为分母，分子为前面计算的各行业当年不变价增加值。

资本劳动比（end）。本书暂定产业主要存在两个要素禀赋：资本和劳动。各行业资本与劳动者人数的比值将能反映行业的要素条件。资本原始数据来源于各年中国固定资产投资年鉴的分行业新增固定资产，需要转换成不变价增加值（单位：亿元）：采用缩减法计算，缩减指数为固定资产投资价格指数（1978 = 100）。劳动者人数为前面统计的各行业部门城镇单位就业人员年底数。

行业规模（sca）。本书借助单位企业创造的增加值反映行业内企业平均规模大小（单位：万元/个）。规模较大的企业往往会采用更先进的技术手段和方法促使生产成本不断降低。服务业企业数取自中国基本单位统计年鉴。

行业发展水平（dev）。我国服务行业增加值占世界相应行业增加值的比重可以作为中国产业政策实施有效性的代理变量，这个指标不仅可以大致反映中国服务行业的发展水平，而且能反映中国服务行业在世界上的发展位置。因为统计资料的限制，我们这里无法获取世界各行业的增加值，但我们可以用向中国转移外包业务最主要的国家美国的增加值来代表。而且需要将美元金额通过名义汇率 ER 转换成人民币金额。有效汇率计算公式为名义汇率乘以美国对中国的 GDP 缩减指数比值，即 $REER = ER \times (US\ deflator/CHN\ deflator)$。最终，分子选取前面计算过的各行业不变价增加值，分母则选取最大发包国美国相应行业的增加值，并通过当年的实际有效汇率折算成人民币金额。

行业开放程度（opn）。中国服务行业的贸易开放程度，用贸易额（含进口和出口）占增加值的比重来表示，进出口数据来自世界贸易组织统计数据库，并将单位美元除以实际有效汇率折合成人民币。

第五节 服务外包驱动因素分析

一 单位根检验

现代国际计量经济学界研究认为，利用非平稳变量进行回归分析将产生"虚假"现象,导致模型估计结果失效。相对于常规时间序列单位根检验方法,面板单位根检验方法更为复杂,难度更大。目前面板模型下的单位根检验方法仍未形成统一的研究框架进行检验。为准确设定模型和有效估计参数,对各个面板数据序列进行单位根检验是必要的。为此,本书同时应用 LLC、IPS 以及 Fisher-ADF 和 Fisher-PP,进行面板数据序列的平稳性检验[1],并对各检验方法进行比较、核对、确认,以加强检验结果的稳健性。Levin-Lin-Chu(LLC)认为,各截面存在同质单位根过程,其余三种检验允许各截面存在异质单位根过程。如果在给定的显著性水平上拒绝了原假设,则表明面板数据序列是平稳的,反之,则表明面板数据序列是非平稳的。

表 3-11 给出了各个面板数据单位根检验的结果。

表 3-11　　　　　　　　面板数据单位根检验结果

检验变量	LLC	IPS	Fisher-ADF	Fisher-PP
lnoff	-2.84 (0.0023)	-1.51 (0.0660)	4.16 (0.0000)	10.38 (0.0000)
lnlpr	-2.00 (0.0226)	-3.00 (0.0014)		19.42 (0.0000)
lnend	-4.02 (0.0000)	-2.17 (0.0151)	2.63 (0.0043)	1.83 (0.0335)
lnsca	-7.11 (0.0000)	-2.86 (0.0021)	2.31 (0.0105)	23.72 (0.0000)
lndev	-4.19 (0.0000)	-2.26 (0.0118)	2.34 (0.0097)	17.04 (0.0000)
lnopn	-3.13 (0.0009)		2.37 (0.0090)	4.63 (0.0000)

注:(1)括号内为估计量的伴随概率;(2)LLC 检验为 common unit root 检验,IPS、Fisher-ADF、Fisher-PP 检验为 individual unit root 检验;(3)LLC、IPS、Fisher-ADF、Fisher-PP 零假设为存在单位根。

---

[1] 检验方法的解释详见吕延方、陈磊《面板单位根检验方法及稳定性的探讨》,《数学的实践与认识》2010 年第 40 卷第 21 期。

模型估计方法。在模型选择上将通过冗余固定效应似然比检验（Redundant fixed effects likelihood test，LR）和 Hausman 检验来选择最佳的估计方法。冗余固定效应检验是先估计出固定效应时的系数，然后根据 LR 检验判断固定效应是否冗余，它的原假设是固定效应是冗余的。如果 LR 检验拒绝原假设，认为应选择变截距模型进行回归。而 Hausman 检验是以模型随机效应为原假设，基于 Wald 检验来判别采用固定效应获取的系数是否显著不同于随机效应时的系数。若统计量的值大于临界值，则接受固定效应模型，反之则接受随机效应模型。

可以看出，除个别情形外，无论是针对同质面板假设的检验，还是针对异质面板假设的其他三种检验，承接服务外包比率（lnoff）及劳动生产率（lnlpr）、资本劳动比（lnend）、行业规模（lnsca）、行业发展水平（lndev）、产业开放水平（lnopn）等解释变量均是平稳变量。其中，承接服务外包比率、资本劳动比、行业规模和产业发展水平变量不仅通过同质面板假设的检验，还通过针对异质面板假设的其他三种检验；劳动生产率和产业开放水平则通过了三种检验。因为所有的回归变量均平稳，可以分别将这些变量纳入不同的回归模型进行因素分析。

二 估计结果分析

依据前面介绍的模型估计方法，在对面板数据模型进行估计之前，需要先选择模型形式进行假设检验。固定效应模型和随机效应模型又区分为个体、时间以及双向的固定效应与随机效应模型，在本书的估计中，时间以及双向效应模型的估计结果无法通过假设检验。依据 F 检验及 Hausman 检验结果，模型 1、模型 2、模型 3 均选择个体随机效应，估计结果见表 3-12。

以模型 1 为例。先分别对模型 1 进行固定效应和随机效应估计，然后使用 Hausman 检验选择固定效应还是随机效应。Hausman 检验原假设是随机效应，模型 1 的最终 P 值为 0.98，表明 Hausman 统计量在 10% 的水平上也不显著，因此接受原假设，随机效应模型优于固定效应模型。Hausman 统计量为：

$$W = 87.10, W > \chi^2(3)$$

模型1最终选择随机效应模型。模型1主要考察了劳动生产率、要素禀赋（资本劳动比）和行业规模对承接服务外包的影响效应。劳动生产率的系数为负值，不符合预期，并且在10%水平上也不显著，所以，基于模型1的经验结果，无法说明劳动生产率对承接外包水平的影响方向和大小。要素禀赋的代表指标——资本劳动之比的系数为正值，虽符合预期，但在10%水平上不显著，因此也不能说明要素禀赋对承接服务外包的影响方向和大小。比较优势最后一个指标——行业规模的影响系数为负，不符合预期，且系数在1%水平上显著。系数结果显示，某行业规模每增加1%，则该服务行业承接外包的水平不仅没有提高，反而会降低1.37%。因此，模型1回归结果仅显示出要素禀赋的影响系数符号与预期一致，其他两个结果（劳动生产率和行业规模）的符号与预期不一致，并且模型1拟合度仅为0.41，弱于其他两个模型的拟合度结果（分别是0.81和0.94），因此如果仅仅考虑比较优势，将不能充分解释我国近期承接服务外包的主要变动趋势。

模型2从行业发展水平和开放程度两个方面考虑交易成本对承接服务外包的解释作用。行业发展水平和开放程度变量的影响系数为正数，相关系数分别为0.02、1.21，均符合预期，基本可以证明交易成本假说对我国现阶段承接服务外包水平变动的解释。行业发展水平影响系数没有通过10%显著性水平检验，因此依据模型2的检验结果，还不能充分判别行业发展水平对承接服务外包的影响方向和大小。行业开放程度通过了1%显著性水平检验，结果证明了某行业开放程度每增加1个百分点，该行业承接服务外包水平会相应增加1.21个百分点。事实上，随着我国不断融入全球服务体系，各项更积极、透明开放的行业政策支持主要行业在国际市场上不断拓展，最终促进了承接国外先进国家跨国公司的服务中间业务的发展。值得注意的是，行业开放水平的影响系数，明显高于行业发展水平的影响系数，这说明一个更开放的外向型产业比一个快速发展的产业更易于吸引国外跨国企业的服务外包业务转移。我们需要继续贯彻更为开放的行业发展战略以支持承接服务外包业务的持续发展。

承接服务外包模型3的拟合优度R^2及显著性水平等各项指标比模型

1、模型2较优。模型3的拟合优度 R^2 为0.94,显著高于另外两个模型(分别是0.41和0.81),接近1的拟合程度说明回归结果对观测值的拟合结果最好。模型3回归结果显示,行业发展水平和开放程度对承接服务外包水平在几个变量中正向影响较大并高度显著,行业开放程度每提高1%,承接服务外包水平会提高1.19%,这进一步说明,进入21世纪,我国服务业因为加入WTO所兑现的开放承诺对国外跨国企业转移服务环节产生了强有力的激励作用;行业发展水平每提高1%,承接服务外包水平会提高0.44%,因此检验结果验证了交易成本的另一个假说:行业发展水平与服务外包程度正相关。因此,现阶段我国积极开放

表3-12　　　　　　　　承接服务外包模型回归结果

	模型1	模型2	模型3
随机/混合/固定	随机	随机	随机
常数项	6.43***	-0.71*	0.15
	(5.30)	(0.17)	(0.19)
劳动生产率	-0.13		0.98***
(lnlpr)	(-0.45)		(4.95)
要素禀赋	0.03		-0.52***
(lnend)	(0.23)		(-8.12)
行业规模	-1.37***		-0.24***
(lnsca)	(-6.04)		(-2.26)
lndev		0.02	0.44***
		(0.17)	(4.15)
lnopn		1.21***	1.19***
		(17.33)	(19.66)
Hausman检验	87.10	380.89	886.75
F检验	104.37	108.84	39.21
R^2	0.41	0.81	0.94
观测值	66	66	60

注:表中括号内为估计系数的 t 统计量,星号***,**,*分别表示在1%、5%、10%水平上显著。

的产业发展政策直接促进了服务行业在全球市场的扩张和发展，并通过系列优惠政策营造了低交易成本的制度环境，积极推动了我国主要服务行业承接外包业务的发展。

在比较优势三个实验指标中，仅有劳动生产率一个指标的检验结果符号预期，劳动生产率的影响系数在1%水平上高度显著，劳动生产率每提高1%，承接服务外包水平将提高0.98%，这验证了假说1：行业的劳动生产率与服务外包程度正相关，因此我国服务行业不断提高的劳动生产率也是承接服务外包水平的主要正向影响因子。要素禀赋指标——资本劳动之比的影响系数为负号并在1%水平上高度显著，资本相对于劳动的丰裕度每增加1%，承接外包水平将降低0.52%，这说明，现阶段相对于劳动力存量，不断增加的资本存量还不是促进承接外包水平提高的主要影响因素，相反会在一定程度上阻碍承接服务外包业务的发展。

在模型3中，比较优势最后一个指标行业规模对承接服务外包水平的影响系数继续为负，不符合预期，且系数在1%水平上显著，系数结果显示，某行业规模每增加1%，则该服务行业承接外包的水平不仅没有提高，相反会降低0.24%。因此，可以指出的是，目前承接服务外包的主体产业仍是我国的新兴行业，相对于传统服务行业，这些服务型企业规模较小。因此，样本数据证明，行业规模的扩大不会对承接服务外包水平产生正向影响。

三　模型稳健性检验

为进一步评价模型估计结果，本书对上文估计的模型1、模型2、模型3进行诊断检验，表3-13给出了模型面板残差检验的诊断结果。

主要检验所估计模型的面板残差的平稳性是否符合要求。如果残差序列是非平稳的，则说明因变量除了能被自变量解释的部分外，其余部分的变化仍不符合等方差或相互独立的假设。此时，即使拟合优度与显著性水平等各项指标都很好，仍然存在虚假回归问题。为此，本书应用Levin, Lin and Chu 的 t 统计量、Im, Pesaran and Shin 的 w 统计量以及Fisher-ADF Chi-square 统计量、Fisher-PP Chi-square 统计量，进行面板残差的平稳性检验。从表 3-13 可知，所估计的模型 1、模型 2、模型 3 的面板残差在 1% 的高度显著性水平下具有平稳性。

表 3-13　　　　　　模型面板残差的平稳性检验结果

	LLC	IPS	Fisher-ADF	Fisher-PP
模型 1	-7.34	-3.17	7.19	27.29
(c, 0)	(0.0000)	(0.0008)	(0.0000)	(0.0000)
模型 2	-1.95		8.47	4.45
(0, 0)	(0.0257)		(0.0000)	(0.0000)
模型 3	-3.86		3.55	3.36
(c, t)	(0.0001)		(0.0002)	(0.0004)

注：(1) 括号内为估计量的伴随概率；(2) (0, 0) 表示检验回归式中包括趋势项，(c, 0) 表示检验回归式中包括常数项，(c, t) 表示检验回归式中同时包括常数项和趋势项；(3) LLC、IPS、Fisher-ADF、Fisher-PP 零假设为存在单位根。

第六节　小结

目前服务外包是经济全球化的一种新标志和国际产业转移的新兴主流方式。承接国际外包与产业发展战略调整相结合，能够对一国的管理模式和分工形态产生深远意义。在我国当前着重强调发展低碳经济与绿色产业、优化产业发展布局的大环境下，深入探讨我国吸引跨国企业服务外包的主要因素至关重要。

基于此，本书首先梳理国内外研究文献，介绍了国际服务外包发展趋势，基于国内外的前沿学说提出影响外包的模型，最后从国际产业分工视角出发，运用 Panel Data 模型实证分析了中国承接服务外包的主要影响因素，检验结果和启示如下：

第一，产业的开放水平对承接服务外包影响最大，并高度显著，这说明随着我国不断融入全球服务体系，各项更为积极、开放的产业政策支持了主要产业不断发展，进而降低了服务外包转移的交易成本。尤其是自 2001 年中国加入 WTO 后，顺应国际服务外包的发展潮流，对服务贸易做出更为开放、自由的基本承诺，相应地开放了银行、保险、电信

第三章 服务外包驱动因素：一个超越比较优势框架

运输等服务领域，同时在知识产权保护等方面取得了巨大进步，加强与改善了服务贸易的交易环境，显著促进了承接国外先进国家跨国公司的服务中间业务的发展。

第二，产业发展水平对承接外包有正向影响，并且高度显著，但明显低于产业开放水平的影响系数，这说明一个更开放的外向型产业比一个发展快速的产业更易于吸引国外跨国企业的服务外包业务转移。

第三，另一个主要影响因素是劳动生产率，尽管我国在绝对值上仍是一个廉价劳动力丰富的大国，但近年来劳动力增量有下降的趋势，而不断增加的劳动生产率可以弥补劳动力增量不足的局面，并逐渐成为吸引国外转移业务的主要优势。但是，由于我国各地区的产业发展不一致，资源禀赋也不同，所以需要因地制宜、有针对性地发展不同类型的承接服务外包业务。

第四，要素禀赋和行业规模的系数均为负，可以指出的是，目前承接服务外包的主体产业仍是我国的新兴行业，与传统服务型行业相比，资本优势不足，但现阶段不会阻碍承接服务外包上升的趋势，相反可以通过劳动生产率的提高弥补比较优势的差距。另外，行业规模的影响系数在模型1和模型3中估计结果均为负数，且在模型3中的影响显著，因此样本的回归结果不能证明扩大的企业规模对承接外包水平有正向影响。

离岸外包为发展中国家融入全球生产分工体系和经济发展战略选择提供了新的机遇。不可否认，作为主要服务外包承接国的中国，受惠于外包，吸引了外资、优秀的管理人才和先进的技术，对中国经济体制转型起到了重要的推动作用。我国应抓住国际资本向服务业和高技术产业转移的历史契机，贯彻更为积极开放的产业发展战略，引导中国的经济向产业链中的高附加值部分进一步拓展，实现我国服务业整体水平的提升和结构优化。

基于行业面板数据，本章验证了除比较优势这一主要影响因子以外，交易成本对服务外包的影响也非常显著。下一章将扩展交易成本理论，针对不同国家属性的服务外包落地选择原理进行理论阐释。

第四章　交易成本与服务外包立地选择：一个理论框架

20世纪80年代中期以来，服务外包的扩展和深化渐渐成为推动当代服务业变革和经济全球化新浪潮的重要力量。学者指出，关于服务外包，国内外文献主要聚焦了三个学术问题[①]：为什么外包？外包有什么作用？如何进行外包？近期，随着服务外包转移的深化，由第三个问题引申出一个新的问题：为什么发达国家会离岸分包不同服务环节到不同的国家？这是一个离岸服务外包的立地选择问题。

已有研究部分解决了服务外包多边转移机制问题，这部分研究分别侧重于两种视角。第一种是以服务发包国为本位的多边机制研究，例如，陈菲认为，发包国的人均GDP、R&D经费开支、总成本、贸易全球化程度、生产全球化程度、信息技术发展和金融全球化等因素与服务外包指标存在显著正相关关系。[②] 与第一种相对照的是以服务外包承接国为本位的多边机制研究，例如，吕延方、赵进文的研究表明，对于非发达国家，人力资源禀赋、经济自由度、真实汇率等因素显著地影响承接服务外包业务的变化。[③] 这些文献可以解释基于一国对多国情形下的

[①] 王朝阳：《服务经济研究的动态与热点——基于25位经济类重要学术杂志的统计分析》，《经济学动态》2012年第9期。

[②] 陈菲：《服务外包动因机制分析及发展趋势预测——美国服务外包的验证》，《中国工业经济》2005年第6期。

[③] 吕延方、赵进文：《中国承接服务外包影响因素分析——基于多国面板数据的实证检验》，《财贸经济》2010年第7期。

服务外包立地选择问题，但无法深入阐释从多国择一国的具体服务外包业务决策问题。现在，我国无可争议的是发达国家转移服务的重要目的国，但如何避免将来服务业务从中国转移到其他国家或回包到发包国的可能性？例如，近期部分美国企业的外包业务有回包到美国的趋势。①

在学术范式上，成本驱动理论认为，人力薪金成本和服务业务的运营成本是影响服务外包决策的主要影响因素，也就是说，在决定一个国家的跨国企业转移服务外包业务时，最主要考虑的方程是新古典经济学框架下不同资源投入组成的成本函数。但是，这个成本函数仅能回答服务留在国内还是离岸外包这一问题，却不能回答何种服务可以外包到哪个国家的问题。尤其是，如果人力成本可以解释服务外包的所有问题，那么，为什么人力成本比中国更低的其他发展中国家，却没有成为发达国家跨国企业服务转移的目的地。

基于已有的研究，本章的学术贡献主要体现在：在理论建构上，本章拟构建一个新的服务外包理论范式——依托新制度经济学的交易成本理论，引入服务外包立地选择问题，建立比较主义视角，有针对性地考虑业务的异质特征和国家间的异质特征，强调从特殊性向一般性的归纳原则，从学术上梳理主要假设。

第一节 交易成本模型介绍

近来，愈来愈多的学者认为，交易成本才是影响服务外包决策的最主要因素。② 服务外包专家认为，新制度经济学框架下的交易成本理论

---

① W. L. Tate, 2014, "Offshoring and Reshoring: US Insights and Research Challenges," *Journal of Purchasing and Supply Management*, Vol. 20, No. 1, pp. 66-68.

② O. Bertrand, 2011, "What Goes Around, Comes Around: Effects of Offshore Outsourcing on the Export Performance of Firms," *Journal of International Business Studies*, Vol. 42, No. 2, pp. 334-344；吕延方：《承接服务外包的驱动因素——基于2003—2013年行业面板数据的经验研究》，《经济管理》2015年第7期。

能够为服务外包的影响机制提供一个科学的参照系。[①] 交易成本理论最早可以追溯到科斯的经典文章[②]，他质疑了古典经济学理论框架，认为古典经济学忽视了市场存在交易成本，即它认为市场的交易成本为零，但事实是现实世界的交易成本不可能为零。因此，交易成本决定了企业经营的边界。进一步讲，交易成本的提高可以让发包国跨国企业改变服务外包的立地选择，外包到其他国家，或者回包到国内。因此，服务发包国与承接国之间交易成本的提高会减少服务外包业务的转移。

首先，按照交易成本的离散结构模式研究交易成本与服务外包的关系。离散结构模式强调了二元组织结构的交易成本比较，这种方法的操作原理是：交易者会选择一种能使其预期治理某种交易关系的整体成本最小化的组织安排。[③] 于是，基于存在两种可选择的交易安排的假定条件，构建模型：

$$OFF_{ij} = \begin{cases} OFF_{ik}, 若\ C_K < C_h \\ OFF_{ih}, 若\ C_K < C_h \end{cases} \quad (4.1)$$

其中，C_k 是一项服务业务外包从 i 国到 k 国所涉及的交易成本，C_h 是服务业务外包到 h 国所涉及的交易成本，OFF_{ik} 意味着服务业务从 i 国离岸外包到 k 国的制度安排，OFF_{ih} 意味着服务业务从 i 国离岸外包到 h 国的制度安排。(4.1) 式表示，当服务外包到 i 国所涉及的交易成本小于 h 国时，企业会决定外包服务业务到 k 国，反之，企业会做出外包到 h 国的决策。

在现实世界里很难准确测量交易成本的大小，鉴于交易主体特征、交易属性影响交易成本，进而影响服务外包行为的决策，于是，构建下面的模型：

$$off = \beta X + \mu \quad (4.2)$$

其中，off 表示服务外包变量，X 是一系列反映交易主体特征或交易

[①] J. Dibbern, J. Winkler, and A. Heinzl, 2008, "Explaining Variations in Client Extra Costs between Software Projects Offshored to India," *Mis. Quarterly*, Vol. 32, No. 2, pp. 333 – 366.

[②] R. H. Coase, 1937, "The Nature of the Firm," *Economica*, No. 4, pp. 386 – 405.

[③] 王冬、吕延方：《交易环境属性、主体特征与纵向一体化》，《中国工业经济》2012 年第 1 期。

属性的向量集，μ 是其他所有影响服务外包的干扰指标。

因为服务外包决策是一个持续性的制度安排，当前的决策行为会受到过去行为的影响。于是，本章构建反映服务外包与交易行为属性、国家特征的关联性的动态面板模型：

$$off_{ij,t} = poff_{ij,t-1} + \chi'_{ij,t}\beta + z'_{ij}\delta + \varpi_{ij} + \varepsilon_{ij,t} \tag{4.3}$$

其中，$off_{ij,t}$ 表示 t 期从 i 国到 j 国转移的服务外包变量，$off_{ij,t-1}$ 表示 $t-1$ 期从 i 国到 j 国转移的服务外包变量，即 t 期滞后一期的服务外包变量，$\chi'_{ij,t}$ 表示随交易双方个体及时间而变化的解释变量集，z'_{ij} 表示随个体变化但不随时间变化的解释变量集，ϖ_{ij} 表示个体异质性的截距项，$\varepsilon_{ij,t}$ 表示随个体和时间变化的扰动项。

第二节 交易成本假说的提出

鉴于交易成本不能直接被计算，本节将基于交易成本理论对交易本体和交易对象的异质特征做出诠释，形成服务外包立地选择的主要假说。

一 业务复杂性

一般认为，发包国企业为了集中优势发展较复杂的核心业务，会把简单的服务业务外包给发展中国家的服务供应商。例如，Farrell et al.[①] 研究发现，借助于 IT 工具和通信设备，一个有资格的承接国作业员可以从事相应的离岸服务外包工作，但是，这种服务环节一般不要求具备当地（发包国所在地）知识，也不要求员工间、员工和客户间复杂的双向协商互动关系。Handley and Benton 进一步指出，服务业务自身的复杂性紧密联系高水平的信息传输、业务的多样和不确定特征，最终导

[①] D. Farrell, M. A. Laboissiere, and J. Rosenfeld, 2006, "Sizing the Emerging Global Labor Market: Rational Behavior from Both Companies and Countries Can Help It Work more Efficiently," *Academy of Management Perspectives*, Vol. 20, No. 4, pp. 23–34.

致服务外包业务的管理困难。① 较复杂的服务业务外包会导致较多的交易成本。例如，相对于其他服务业务，金融服务需要更专业的人员去花费更多的时间从事评估、判断及解决问题等复杂业务，因此，相对于其他简单服务业务，金融服务一般被离岸外包到发展中国家的可能性比较小。国内学者从技术复杂度揭示了不同国家不同行业的服务贸易出口类型和特征，例如，马鹏、肖宇研究认为，美、英、法等发达国家具有较高的服务贸易出口技术复杂度，中国、印尼等发展中国家则具有较低的出口技术复杂度。② 因此，发达国家专业生产并出口其具有相对比较优势的复杂的服务业务，发展中国家专业生产并出口其具有成本相对比较优势的简单服务业务。因此，本章提出如下假说。

假说1：业务复杂性与服务外包呈负向关联，并且，随着一个国家经济发展水平的提高，承接复杂服务外包业务的可能性会增加。

二 资产专用性

专用资产指那些专用于一项特定交易或特定用户的资产，此类资产不容易转变用途或变卖给其他客户。交易成本经济学界一般支持这一假说：如果一项交易对资产专用水平的要求愈高，交易双方的成本会增加，企业外包此项交易的可能性就越小，企业内部纵向一体化的可能性则较大。③ Williamson指出了资产专用影响交易成本的路径：以固定资产投资即具有交易专用性的资产投资为依托，各种交易就产生了"锁定"效应。④ 针对强烈依赖专用资产投资的服务业务，如果离岸外包到其他国家，企业强烈依赖国外服务业务供应商，这种套牢的关系容易导

---

① S. M. Handley, and W. C. Benton, 2013, "The Influence of Task-and Location-Specific Complexity on the Control and Coordination Costs in Global Outsourcing Relationships," *Journal of Operations Management*, Vol. 31, No. 3, pp. 109 – 128.

② 马鹏、肖宇:《服务贸易出口技术复杂度与产业转型升级——基于G20国家面板数据的比较分析》,《财贸经济》2014年第5期。

③ O. E. Williamson, *Markets and Hierarchies: Analysis and Antitrust Implications*, New York: Free Press, 1975; O. E. Williamson, *The Economic Institutions of Capitalism*, New York: Free Press, 1985; S. Masten, J. Meehan, and E. Snyder, 1991, "The Costs of Organization," *Journal of Law, Economics & Organization*, No. 7, pp. 1 – 25.

④ O. E. Williamson, *The Economic Institutions of Capitalism*, New York: Free Press, 1985.

致国外服务供应商的机会投机：降低服务水平，随意提高服务价格，延误服务的提供。[1]于是，"锁定"效应最终限制了依赖专用资产的服务业务的外包。早期研究认为，以语音服务为基础的商务流程外包一般绑定的是低水平的固定资产投资。[2]国内学者吴刚等认为，当服务需要的资产的专用性越高，企业越趋向于自营。[3]杨治、张俊以研发外包为例说明，当企业拥有研发资源的情况下，若企业的专用性投资弹性高，内部研发就是最优的。相反地，当研发机构拥有研发资源时，若研发机构的专用性投资弹性高，研发外包就是最优的策略。[4]因此，本章提出如下假说。

假说2：对于发包国企业来说，资产专用程度较高的服务业务，因为资产套牢的风险，核心业务被离岸外包的可能性较小。

三　不确定性

交易风险一般包括可以计算的风险和不可预期的风险。后者往往意味着交易的不确定性。不确定性是 Williamson 提出的影响交易成本的关键维度。[5] Williamson 认为，不确定性在一定条件下会对组织交易行为产生影响，针对部分资产专用性交易，因为不确定性的逐渐增大，迫使交易双方必须设计某种机制来解决问题，这个机制或者是长期契约或者是纵向一体化的内部组织。[6] Jayaraman et al. 研究发现，跨境外包经常会涉及相当大比例的客户专有和机密工序，于是，跨境转移会因为影响

---

[1] L. M. Ellram, W. L. Tate, and C. Billington, 2008, "Offshore Outsourcing of Professional Services: A Transaction Cost Economics Perspective," *Journal of Operations Management*, Vol. 26, No. 2, pp. 148 – 163.

[2] G. Bristow, M. Munday, and P. Gripaios, 2000, "Call Centre Growth and Location: Corporate Strategy and the Spatial Division of Labour," *Environment and Planning A*, Vol. 32, No. 3, pp. 519 – 538.

[3] 吴刚、晏启鹏、游宗君：《基于交易费用的反向物流外包机理研究》，《中国软科学》2008年第3期。

[4] 杨治、张俊：《相互投资与人力资本投资对研发外包决策影响研究》，《管理工程学报》2011年第4期。

[5] O. E. Williamson, *The Economic Institutions of Capitalism*, New York: Free Press, 1985.

[6] Ibid.

整个工序的完整性进而造成交易的不确定性。① 国内学者针对企业经营的风险（不确定性）存在两种不同的见解。寇宗来从需求的不确定性对外包原因提出新的解释，他认为，外包是一种风险分散机制。如果需求的实现值很小，厂商将因大量的生产能力闲置而损失惨重，作者认为，为了降低风险损失，如果存在外包机会，厂商将会策略性地缩减生产能力。② 另一种见解认为，不确定性会导致服务成本的不确定性。张宗明等认为，外包的业务环境、技术环境、需求的不确定性往往会引起服务成本的不确定性，有可能导致额外的超出预期的交易成本。③ 因此可以理解，针对业务风险程度（不确定性）较高的行业，服务环节被外包的可能性较小。据此，这里构筑假说3。

假说3：不确定性会显著影响服务外包，但是方向无法确定，需要通过细分不确定性来深入理解影响方向和深度。

四 产权保护制度

产权经济学家巴泽尔认为，已有的理论文献之所以否定交易成本的存在，主要是因为他们的产权已充分界定了假定条件，但现实是，产权经常不被充分界定，因此，巴泽尔从产权视角定义了交易成本，即转让、获取和保护知识产权有关的成本。④ 因此，知识产权的保护程度应是影响交易风险的最主要维度向量。国内学者郭根龙、冯宗宪指出，发展中国家逐渐改善的知识产权保护体系为发达国家企业的服务外包活动从供给方面提供了可能。⑤ 最近的研究证明，承接国知识产权制度的改

---

① V. Jayaraman, S. Narayanan, Y. D. Luo, and J. M. Swaminathan, 2013, "Offshoring Business Process Services and Governance Control Mechanisms: An Examination of Service Providers from India," *Production and Operations Management*, Vol. 22, No. 2, pp. 314–334.

② 寇宗来：《需求不确定性、生产能力投资和外包》，《世界经济》2004年第9期。

③ 张宗明、刘树林、解慧慧、廖貅武：《不确定条件下的IT外包时机选择问题研究》，《管理科学》2012年第2期。

④ 巴泽尔：《产权的经济分析》，上海三联书店、上海人民出版社1997年版。

⑤ 郭根龙、冯宗宪：《过境交付服务贸易的发展及其影响》，《国际贸易问题》2006年第2期。

革措施与发包国的高技术产业的离岸外包活动呈正向联系。[①] 因此，在微观情形下，内部组织或纵向一体化可以消除因为产权没有得到充分界定时交易双方讨价还价的成本[②]，于是可以认为，组织外部的交易或跨境的交易必须构建在知识产权相对完善的基础之上，这里构筑假说4。

假说4：跨国企业倾向于向知识产权保护较完善的国家或地区转移服务外包业务，也就是说，承接国的知识产权保护体系愈完善，承接服务也愈多，尤其是针对部分高端的服务业务，跨国企业会更倾向于向知识产权保护较完善的国家或地区发包离岸业务。

五 基础设施

Jain et al. 认为，发包国企业的创新型市场行为（例如离岸外包）与承接国为吸引这些服务离岸外包业务行为所付出的专业化努力呈正向关联。[③] 这些专业化努力主要内含了通信基础设施等投资行为。一般也认为，跨国外包企业会倾向于将服务活动转移到与东道国的通信技术设施最接近的国家，这样，服务外包的承接国企业才能提供与其业务转移前相同质量的服务，否则，如果没有等价的通信技术，服务供应的质量很有可能会降低，于是，外包后的服务会对消费者失去吸引力，最终企业的整体竞争力会受到影响。[④] 国内学者宋丽丽证明了，一个地区的信息技术基础设施会显著影响信息技术国际服务外包的区位选择。[⑤] 在信息和通信基础设施投资方面，鉴于发包国企业倾向于将服务业务外包到

[①] C. Canals, and F. Sener, 2014, "Offshoring and Intellectual Property Rights Reform," *Journal of Development Economics*, Vol. 108, pp. 17–31.

[②] O. E. Williamson, *Markets and Hierarchies: Analysis and Antitrust Implications*, New York: Free Press, 1975.

[③] N. K. Jain, S. K. Kundu, and F. A. Niederman, 2008, "Offshoring Propensity in Information Technology Services: A Firm and Country Level Analysis," *Management International Review*, Vol. 48, pp. 447–461.

[④] K. Bunyaratavej, E. D. Hahn and J. P. Doh. 2007, "International Offshoring of Services: A Parity Study," *Journal of International Management*, Vol. 13, pp. 3–21.

[⑤] 宋丽丽：《信息技术国际服务外包东道国选择影响因素实证研究》，《国际贸易问题》2008年第4期。

与发包国具有类似水平的国家，于是，可以提出假说5。

假说5：跨国企业倾向于选择通信技术环境类似的国家或地区作为服务外包业务目的地，也就是说，承接国的通信技术环境愈接近发包国水平，承接服务也愈多。

六　人才建设

宋丽丽、薛求知提出了假设：服务承接企业所处地区人才供应满足需求的程度越高，其承接服务外包所产生的绩效也就越高，他们的经验研究也验证了这一假设，企业所在地区人才可供性越强，企业就越容易招聘到所需的操作性人才、高级管理人才，满足企业业务发展程度越高，服务承接企业的绩效水平就越好。[1] Lewin et al. 认为，因为短缺高技能科学和工程人才，跨国企业会倾向于在全球获取这方面的人才，这也是跨国企业创新活动跨境外包的最主要驱动因素。[2] Bunyaratavej et al. 反驳了流行的成本驱动范式，他们认为，服务外包不仅仅由成本因素驱动，服务外包的驱动因素还应包括获取符合资格的高素质人才，尤其是针对那些附加价值更大的服务环节，获得可依赖的人力资源是更重要的驱动因素。[3] Kleibert 以菲律宾两个城市为研究对象，证明了获取高技能人才是服务外包企业的主要立地选择因素。[4] 于是，可以提出假说6。

假说6：主要跨国企业倾向于向人才建设越发达的国家或地区转移服务外包业务，也就是说，承接国的人才基础设施愈好，承接服务

---

[1] 宋丽丽、薛求知：《国际服务外包供应商选择影响因素研究——基于在华服务承接企业的实证分析》，《财贸经济》2009年第8期。

[2] A. Y. Lewin, S. Massini, and C. Peeters. 2009, "Why Are Companies Offshoring Innovation? The Emerging Global Race for Talent," *Journal of International Business Studies*, Vol. 40, No. 6, pp. 901 – 925.

[3] K. Bunyaratavej, J. Doh, E. D. Hahn, A. Y. Lewin and S. Massini, 2011, "Conceptual Issues in Services Offshoring Research: A Multidisciplinary," *Group & Organization Management*, Vol. 36, No. 1, pp. 70 – 102.

[4] J. M. Kleibert, 2014, "Strategic Coupling in 'Next Wave Cities': Local Institutional Actors and the Offshore Service Sector in the Philippines," *Singapore Journal of Tropical Geography*, Vol. 35, No. 2, pp. 245 – 260.

也愈多。

第三节 小结

　　国内外对于服务外包的影响机制问题已有充分的研究，但是，至今的研究还没有充分回答为什么不同服务会离岸分包到不同国家。本章立足于离岸服务外包的立地选择这一科学问题，基于交易成本理论对交易本体和交易对象的异质特征进行辩证诠释，形成主要假说。下一章将基于交易成本经济学基本模型，从服务外包业务异质性视角，划分不同类别的样本数据，然后针对国家的异质属性，以中国紧邻日本为参照，构建日本对包括中国在内的 26 个异质国家分类别的动态面板模型，以验证主要假说的可信度。

第五章 交易成本各维度解释效力：发包国视角

服务外包的立地选择问题是一个崭新的学术问题。本章依托交易成本理论，基于异质业务属性和国家特征提出重要假设，将验证这些重要假设对服务外包立地选择问题的解释效果。在论证设计上，首先基于服务外包业务的主要特质，划分服务外包业务异质层面的样本数据；然后针对国家的异质特征，以中国紧邻日本为参照，构建日本对26国2000—2012年7个主要服务类别的动态面板经验模型；最后运用面板数据GMM分析技术，验证主要假说对服务外包立地选择问题的解释效力。

第一节 经验模型构建

一 业务复杂性和服务外包

为了验证某种类型的服务业务复杂程度对服务外包的影响作用，这里构建经验模型1-1：

$$off_{ij}^{ht} = \beta_0 + \beta_1 off_{ij}^{ht-1} + \beta_2 cmp^{ht} + \beta_3 gni_j^t + \varepsilon_{ij}^{ht} \tag{5.1}$$

其中，off_{ij}^{ht} 表示 t 期从 i 国向 j 国转移的 h 类别服务外包变量（i=日本①），off_{ij}^{ht-1} 表示 $t-1$ 期从 i 国向 j 国转移的 h 类别服务外包变量，

---

① 本章主要以日本为例考虑不同服务离岸外包对不同国家的立地选择问题，所以，后面的 i 国均是日本，也就是服务外包的发包国，而 j 国是服务外包业务的目的国，也就是服务外包对象国，或是服务外包业务的承接国。

cmp^{ht} 表示随时间变化和服务类别 h 改变但不随对象国变化的业务复杂性指标，gni_j^t 表示随服务外包对象国及时间变化但不随服务类别改变的经济发展水平指标，这个指标也将作为本书所有经验模型的控制变量，ε_{ij}^{ht} 表示随个体和时间变化的扰动项。

模型 1-2 增加了一个交互项：

$$off_{ij}^{ht} = \beta_0 + \beta_1 off_{ij}^{ht-1} + \beta_2 cmp^{ht} + \beta_3 gni_j^t + \beta_4 cmp^{ht} \times gni_j^i + \varepsilon_{ij}^{ht}$$
(5.2)

其中，交互项 $cmp^{ht} \times gni_j^i$ 反映了交易业务复杂性指标的变化对不同经济发展水平国家承接日本服务外包的影响机制，交互变量不仅随时间和交易对象国发生变化，而且随服务类别发生改变。

二 资产专用性和服务外包

为了验证某种业务类型的资产专用程度对服务外包的影响作用，这里构建经验模型 2-1：

$$off_{ij}^{ht} = \beta_0 + \beta_1 off_{ij}^{ht-1} + \beta_2 spe_i^{ht} + \beta_3 gni_j^t + \varepsilon_{ij}^{ht} \quad (5.3)$$

其中 spe_i^{ht} 表示随时间变化且随服务类别 h 改变的资产专用性指标。

为了消除不同类别间固定资本消耗的绝对差异，这里进一步构建经验模型 2-2：

$$off_{ij}^{ht} = \beta_0 + \beta_1 off_{ij}^{ht-1} + \beta_2 spe_i^{ht} + \beta_3 gni_j^t + \varepsilon_{ij}^{ht} \quad (5.4)$$

其中，$ispe_i^{ht} = spe_i^{ht}/spe_j^{ht}$，$spe_j^{ht}$ 表示随时间变化的服务发包国的全行业的资产专用性指标，于是 $ispe_i^{ht}$ 表示 t 期日本服务类别 h 相对于全行业的资产专用性比值。

三 不确定性和服务外包

为了验证某种业务类型的不确定性程度对服务外包的影响作用，这里构建经验模型 3-1：

$$off_{ij}^{ht} = \beta_0 + \beta_1 off_{ij}^{ht-1} + \beta_2 tris_{ij}^{ht} + \beta_3 gni_j^t + \varepsilon_{ij}^{ht} \quad (5.5)$$

其中 $tris_{ij}^{ht}$ 表示随时间变化且随服务类别 h 和对象国 j 国改变的跨国交易不确定性指标，这个交易不确定性指标指服务外包完成金额的不确定比率，测算公式是 $tris_{ij}^{ht} = (off_{ij}^{ht} - off_{ij}^{ht-1})^2/off_{ij}^{ht-1}$ ①。

另外，可以考虑日本服务类别 h 的国内交易的不确定性，于是，构建模型 3-2：

$$off_{ij}^{ht} = \beta_0 + \beta_1 off_{ij}^{ht-1} + \beta_2 dris_i^{ht} + \beta_3 gni_i^t + \varepsilon_{ij}^{ht} \tag{5.6}$$

其中 $dris_i^{ht} = (dout_i^{ht} - dout_i^{ht-1})^2/dout_i^{ht-1}$，表示随时间变化且随服务类别 h 改变的日本国内交易不确定性指标，国内交易不确定性指标是日本当年服务类别 h 的产出额与前一年产出额的差额再除以前一年产出额的比值。

四 产权保护制度和服务外包

为了验证服务外包承接国的产权保护程度对服务外包的影响作用，这里构建经验模型 4-1：

$$off_{ij}^{ht} = \beta_0 + \beta_1 off_{ij}^{ht-1} + \beta_2 pat_j^t + \beta_3 gni_j^t + \varepsilon_{ij}^{ht} \tag{5.7}$$

其中 pat_j^t 表示随时间变化且随对象国 j 国改变的产权保护程度指标。另外，可以考虑相对于服务外包发包国日本的产权保护程度指标，构建模型 4-2：

$$off_{ij}^{ht} = \beta_0 + \beta_1 off_{ij}^{ht-1} + \beta_2 pat_j^t + \beta_3 gni_j^t + \varepsilon_{ij}^{ht} \tag{5.8}$$

其中 $ipat_j^t = pat_j^t/pat_i^t$，$pat_i^t$ 表示随时间变化的发包国 i 国产权保护程度指标。

第四章假说 4 中还讨论了产权保护制度对高端服务外包的影响，在模型 4-2 的基础上，构建模型 4-3：

$$off_{ij}^{ht} = \beta_0 + \beta_1 off_{ij}^{ht-1} + \beta_2 ipat_j^t + \beta_3 cmp^{ht} \times ipat_j^t + \beta_4 gni_j^t + \varepsilon_{ij}^{ht} \tag{5.9}$$

其中交互项 $cmp^{ht} \times ipat_j^t$ 反映了交易业务复杂性指标的变化对产权保护程度异质型国家承接日本服务外包的影响机制。

五 基础设施和服务外包

为了验证服务外包承接国的基础设施对服务外包的影响作用，这里

---

① 分子的差额取平方值是为了消除负值的影响。

构建经验模型 5-1：

$$off_{ij}^{ht} = \beta_0 + \beta_1 off_{ij}^{ht-1} + \beta_2 fra_j^t + \beta_3 gni_j^t + \varepsilon_{ij}^{ht} \tag{5.10}$$

其中 fra_j^t 表示随时间变化且随对象国 j 国改变的基础设施指标。

另外，可以考虑相对于服务外包发包国日本的基础设施指标，于是构建模型 5-2：

$$off_{ij}^{ht} = \beta_0 + \beta_1 off_{ij}^{ht-1} + \beta_2 ifra_j^t + \beta_3 gni_j^t + \varepsilon_{ij}^{ht} \tag{5.11}$$

其中 $ifra_j^t = fra_j^t / fra_i^t$，$fra_i^t$ 表示随时间变化的发包国 i 国的基础设施指标。

六 人才建设和服务外包

为了验证服务外包承接国的人才建设基础对服务外包的影响作用，这里构建经验模型 6-1：

$$off_{ij}^{ht} = \beta_0 + \beta_1 off_{ij}^{ht-1} + \beta_2 res_j^t + \beta_3 gni_j^t + \varepsilon_{ij}^{ht} \tag{5.12}$$

其中 res_j^t 表示随时间变化且随对象国 j 国改变的人才建设基础指标。

另外，可以考虑相对于服务外包发包国日本的人才建设指标，于是构建模型 6-2：

$$off_{ij}^{ht} = \beta_0 + \beta_1 off_{ij}^{ht-1} + \beta_2 ires_j^t + \beta_3 gni_j^t + \varepsilon_{ij}^{ht} \tag{5.13}$$

其中 $ires_j^t = res_j^t / res_i^t$，$res_i^t$ 表示随时间变化的发包国 i 国的人才建设基础指标。

第二节 指标选取方法

一 服务外包指标

关于服务外包指标（off），吕延方、赵进文曾选取世界贸易组织服务贸易统计中"其他服务贸易额"来衡量服务外包，[1] 但是世界贸易组织服务贸易统计库仅提供多边服务贸易数据，无法直接获取双边服务贸易数据。近期，联合国统计委员会参照构建货物贸易统计数据库（UN

---

[1] 吕延方、赵进文：《中国承接服务外包影响因素分析——基于多国面板数据的实证检验》，《财贸经济》2010 年第 7 期。

Comtrade Database）的历史经验，按照服务类别和国别构建了服务贸易数据库（UN Service Trade Database）。

本章首先从联合国的服务贸易数据库里，获取以日本为数据报告国的服务贸易进口双边数据，然后剔除世界（World）、欧盟（不同年份分别是 EU15、EU25、EU27）、其他国家（Other）、亚洲其他国家和地区（Asia n. i. e.）等非国别对象数据，最终获取日本对 26 国或地区的分服务类别的 2000—2012 年的服务贸易进口额。j 类国家或地区包括亚洲的中国、中国香港、印度、印度尼西亚、马来西亚、菲律宾、韩国、新加坡、泰国，欧洲的德国、英国、比利时、法国、意大利、荷兰、俄罗斯、西班牙、瑞典、瑞士，北美洲的美国、加拿大、墨西哥，澳洲的澳大利亚、新西兰，南美洲的巴西，非洲的南非。

参照吕延方、赵进文以及第二章的指标构建方法，这里以日本为报告方，以上述 26 国或地区为对象成员的 7 个类别的贸易进口额作为衡量日本对这些国家或地区服务外包的完成金额。这 7 个类别与服务外包关联密切，其中，通信服务（服务类别代码 245）、计算机和信息服务（代码 262）的贸易进口额可以作为信息技术外包（ITO）的代理指标，其他业务服务（代码 268）的贸易进口额可以作为商务流程外包（BPO）的代理指标，建筑服务（249）可以作为工程服务外包的代理指标，保险服务（253）、金融服务（260）的贸易进口额可以作为金融服务外包的代理指标，专利和特许权使用费（266）可以作为知识流程外包的代理指标。最终，本章形成 2000—2012 年日本对 26 国或地区的面板数据（$h=7$，$j=26$，$t=13$），经验数据共 2366 组。

二 业务复杂性指标

关于业务复杂性指标（cmp）的选取。依赖较多判断工作的服务被视为业务较复杂的服务[1]，Liu et al. 依此，再基于美国的职业信息网络测量出不同服务的复杂程度，其中，最复杂的服务环节是金融服务，最

---

[1] F. Levy, and R. Murnane, "How Computerized Work and Globalization Shape Human Skill Demand," *IPC Working Paper series*, MIT-IPC-05-006, 2005.

简单的服务环节是通信服务，居于中间的环节包括研究和开发服务等。[①] 这里采用日本具体服务部门的雇佣者报酬占产出额的比值来衡量某外包服务环节的业务复杂程度，这基于的主要假定为：如果依赖较多判断工作的服务被视为较复杂的服务，那么在较复杂服务的产出额中，付给雇佣者的报酬相对于简单服务环节的雇佣者报酬较多，也就是高附加值中雇佣者收入所占比例较大的服务部门的业务较复杂。原始数据来源于日本内阁府经济社会综合研究所的各年 SNA 产业连关表，计算方法见表 5-1。其中，日本 SNA 产业连关表没有提供建筑服务的原始数据，这里选用建筑业部门的雇佣者报酬的投入系数来代替建筑服务雇佣者报酬的投入系数。

表 5-1　　　　　　　　　业务复杂性指标计算表

服务项目类别	业务复杂性指标测算方法
通信服务	电信电话部门（68）的雇佣者报酬投入比例
建筑服务	建筑业部门（49）的雇佣者报酬投入比例
保险服务	保险部门（59）的雇佣者报酬投入比例
金融服务	金融部门（58）的雇佣者报酬投入比例
计算机和信息服务	情报服务部门（71）的雇佣者报酬投入比例
特许权和许可费	研究部门（74）的雇佣者报酬投入比例
其他商业服务	批发（56）、零售（57）、广告（78）、业务用物品租赁业（79）、其他对事务所服务（80）的雇佣者报酬投入比例的平均值

注：括号内是日本产业连关表的部门分类号码。

三　资产专用性指标

资产专用性指标包括两个（*spe* 和 *ispe*）。资产专用性一般涵盖四种

[①] R. Liu, D. J. Feils, and B. Scholnick, 2011, "Why Are Different Services Outsourced to Different Countries?" *Journal of International Business Studies*, Vol. 42, No. 4, pp. 558–571.

形式：专用性地点、专用性的物质资产、专业性的人力资产以及各种特定用途的专用资产，但是，在这四种形式中，仅有专用性的物质资产数据容易获取。[①] 于是，这里采用两个指标进行测算：服务行业分部门的年固定资本减耗额（spe）、服务行业分部门的年固定资本减耗额占全社会年固定资本减耗总额的比值（ispe）。为了精确计算资产专用性指标对日本服务发包额的影响，这里将采用服务外包发包国日本的数据来测算以上两个指标，原始数据来源于日本内阁府经济社会综合研究所的各年SNA产业连关表。具体的分行业资产专用性指标的测算方法参见表5-2。其中，日本SNA产业连关表没有提供建筑服务的原始数据，这里采用如下公式来间接获取：

$$spe^{serc} = spe^{con} \times inp^{ser,con}$$

表5-2　　　　　　　　资产专用性指标计算表

服务项目类别	资产专用性指标测算方法
通信服务	电信电话部门（68）的固定资本减耗额
建筑服务	建筑业部门（49）的固定资本减耗额与建筑业中服务业的中间投入系数的乘积
保险服务	保险部门（59）的固定资本减耗额
金融服务	金融部门（58）的固定资本减耗额
计算机和信息服务	情报服务部门（71）的固定资本减耗额
特许权和许可费	研究部门（74）的固定资本减耗额
其他商业服务	批发（56）、零售（57）、广告（78）、业务用物品租赁业（79）、其他对事务所服务（80）的固定资本减耗额合计

注：括号内是日本产业连关表的部门分类号码。

其中，spe^{serc}表示建筑服务业的资产专用性指标，spe^{con}表示建筑业的

[①] 王冬、吕延方：《交易环境属性、主体特征与纵向一体化》，《中国工业经济》2012年第1期。

资产专用性指标,即日本产业连关表中建筑业的固定资本减耗额,$inp^{ser,con}$表示主要商业服务业对建筑业的中间投入系数。

四 不确定性指标

交易不确定性指标包括两种（tris 和 dris）。王冬、吕延方曾用销售收入的变动来反映工业行业的交易不确定程度,企业层次的交易不确定性通过营业总收入的变动来反映。[①] 为了测算不确定性指标对日本服务外包业务的影响,这里采用两个指标:主要行业服务外包额的变动率和主要行业产出额的变动率。主要行业服务外包额的变动率可以反映跨国交易的不确定性（tris）,测算方法是当年服务外包完成金额与上一年完成金额的差额除以上一年的服务外包完成金额,服务外包完成金额的计算过程见服务外包指标。主要行业产出额的变动率可以反映国内交易的不确定性（dris）,测算方法是当年服务业的产出额与上一年产出额的差额除以上一年的服务产出额,产出额原始数据来源于日本内阁府经济社会综合研究所的各年 SNA 产业连关表,其中建筑服务类别的产出额采用间接方式获取,具体计算方法参考资产专用性指标的间接测算方法。

五 产权保护制度指标

产权保护制度指标包括两种（pat 和 ipat）。世界银行专题指标涵盖了可以反映主要国家产权状况的代表性指标,例如居民专利申请量、非居民专利申请量。由于这里侧重分析不同国家针对承接服务外包企业的产权保护体系,于是,本书将主要关注非居民指标。为了综合分析各国产权保护制度对服务外包承接的影响作用,本书进一步采用两个指标。产权保护制度指标原始数据（pat）取自世界银行科学技术专题数据库的主要服务外包承接国家的非居民专利申请量。再通过这些国家相对于日本数据的比值来衡量服务外包承接国相对于发包

[①] 王冬、吕延方:《交易环境属性、主体特征与纵向一体化》,《中国工业经济》2012年第1期。

国的专利保护程度（ipat）。

六 基础设施指标

Bunyaratavej et al. 曾选取信息和通信技术支出占国内生产总值的比值作为基础设施的代理指标。[①] 但是，现有的统计资料无法完整提供前面服务外包承接国的信息和通信技术支出数据，世界银行专题指标内含了可以反映主要国家信息和通信基础设施的代表性指标，例如互联网人数（每百人）、移动蜂窝无线通信系统的电话租用（每百人）、固定宽带互联网用户（每百人）、安全互联网服务器（每百万人）等。吕延方、赵进文曾选用国际电信联盟每 100 居民中互联网和电话主线的使用比例来反映承接国的硬件环境[②]，但是，相对于居民的信息和通信状况，主要国家安全的互联网服务器数量更能反映各国的信息和通信基础设施水平，于是，本书的基础设施指标（fra）的原始数据取自世界银行基础设施专题数据库中的主要服务外包承接国家安全的互联网服务器数量。接着，通过这些国家相对于日本数据的比值来衡量服务外包承接国相对于发包国的基础设施水平（ifra）。

七 人才建设指标

服务外包的业务增长依赖于一个国家的人才储备，尤其是外语人才、商务人才和软件人才的不断增多，将有利于 BPO 和 ITO 等服务外包业务的发展。[③] 但是，由于很难比较各国专业人才的比例，本书将采用各国总人口中当年高等教育专业毕业生的比例来代替，这主要基于，随着电脑、外语、专业知识在大学的普及以及大学毕业生向社会的不断输出，将有助于外包企业储备更多的高素质的综合人才。为了综合分析各国人才建设对服务外包承接的影响作用，本书采用了四个指标。其

[①] K. Bunyaratavej, E. D. Hahn and J. P. Doh, 2007, "International Offshoring of Services: A Parity Study," *Journal of International Management*, Vol. 13, pp. 3–21.

[②] 吕延方、赵进文：《中国承接服务外包影响因素分析——基于多国面板数据的实证检验》，《财贸经济》2010 年第 7 期。

[③] 同上。

中，服务外包承接国的人才建设指标（res）包括高等教育毕业生、高等教育毕业生在总人口中的占比，后者可以消除人口基础过大的影响。人才建设指标（ires）包括，相对于日本的服务外包承接国的高等教育毕业强度、对象国相对于日本的高等教育毕业生在总人口中的占比强度。高等教育毕业生的数据来自世界银行教育专题数据库，而总人口数据则来自联合国教育、科学及文化组织（简称"联合国教科文组织"）数据库。

八 经济发展水平指标

关于经济发展水平指标（gni）的选取，本书用国民收入变量来反映一个国家的经济发展水平，国民收入变量原始数据取自世界银行的经济与发展指标数据库中按购买力评价（PPP）衡量的人均国民总收入（现价国际元）。

第三节 估计方法和检验

一 动态面板估计方法

差分 GMM 和系统 GMM。因个体行为的惯性、连续性等因素的影响，经济现象处于动态变化过程中。动态面板数据模型能够很好地揭示经济行为的复杂动态变化特征，能够凭借控制个体效应来克服变量遗漏偏误，并解决反向因果问题。当引入因变量的动态滞后项后，动态面板模型中解释变量与随机扰动项的非观测个体效应相关，会产生内生性问题。模型设定时解释变量违反了严格外生的假定，此时若采用标准的混合 OLS、随机效应或固定效应估计，将导致参数估计的严重偏误和非一致性。为解决这一问题，基于 Hansen 提出的广义矩估计方法（GMM）[1]，Arellano and Bond，Arellano and Bover，Blundell and Bond 等

---

[1] L. P. Hansen, 1982, "Large Sample Properties of Generalized Method of Moment Estimators," *Econometrica*, Vol. 50, No. 4, pp. 1029–1054.

构建了动态面板数据模型一致估计量。[①] 广义矩 GMM 主要可以分为系统 GMM 估计（system GMM）、一阶差分 GMM（diff-GMM）等。

以模型 1-2（式 5.2）为例进行说明。为了消除部分变量的过大尺度问题，本书对所有变量去对数形式，于是，模型 1-2 变为：

$$off_{ij}^{ht} = \beta_0 + \beta_1 \ln off_{ij}^{ht-1} + \beta_2 \ln cmp^{ht} + \beta_3 \ln gni_j^t + \beta_4 \ln(cmp^{ht} \times gni_j^t) + \varepsilon_{ij}^{ht} \tag{5.14}$$

Blundell and Bond 指出，时间序列较短时系统 GMM（system GMM）的估计效果优于普通 GMM。但如果个体效应与异质性冲击的方差比（$\sigma_\mu/\sigma_\varepsilon$）在非常小，特别是在非常大时，估计量的偏误程度可能大于一阶差分的 GMM 估计结果。[②] 考虑到本书所估计的动态面板数据模型的个体效应与异质性冲击的方差比（$\sigma_\mu/\sigma_\varepsilon$）情况，部分模型采用 Arellano and Bond[③] 提出的一阶差分 GMM（diff-GMM），可以较好地解决内生性和数据异质性。其基本思想是：

对式（5.14）进行一阶差分，得到不包含个体效应的一阶差分模型：

$$\Delta \ln off_{ij}^{ht} = \beta_1 \Delta \ln off_{ij}^{ht-1} + \beta_2 \Delta \ln cmp^{ht} + \beta_3 \Delta \ln gni_j^t + \beta_4 \Delta \ln(cmp^{ht} \times gni_j^t) + \Delta \varepsilon_{ij}^{ht} \tag{5.15}$$

其中，$\Delta \ln off_{ij}^{ht} = \ln off_{ij}^{ht} - \ln off_{ij}^{ht-1}$

$\Delta \ln off_{ij}^{ht-1} = \ln off_{ij}^{ht-1} - \ln off_{ij}^{ht-2}$

$\Delta \ln cmp^{ht} = cmp^{ht} - cmp^{ht-1}$

$\Delta \ln gni_j^t = gni_j^t - gni_j^{t-1}$

[①] M. Arellano, and S. R. Bond, 1991, "Some Tests of Specification for Panel Data: Monte Carlo Evidence and an Application to Employment Equation," *Review of Economic Studies*, Vol. 58, No. 2, pp. 277-297. M. Arellano, and O. Bover, 1995, "Another Look at the Instrumental-variable Estimation of Error-components Models," *Journal of Econometric*, Vol. 68, No. 1, pp. 29-52. R. Blundell, and S. Bond, 1998, "Initial Conditions and Moment Restrictions in Dynamic Panel Data Models," *Journal of Econometrics*, Vol. 87, No. 1, pp. 115-143.

[②] 王津港：《动态面板数据模型估计及其内生结构突变检验理论与应用》，博士学位论文，华中科技大学，2009 年。

[③] M. Arellano, and S. R. Bond, 1991, "Some Tests of Specification for Panel Data: Monte Carlo Evidence and an Application to Employment Equation," *Review of Economic Studies*, Vol. 58, No. 2, pp. 277-297.

$$\Delta\ln(cmp^{ht} \times gni_j^t) = \ln(cmp^{ht} \times gni_j^t) - \ln(cmp^{ht-1} \times gni_j^{t-1})$$

$$\Delta\varepsilon_{ij}^{ht} = \Delta\varepsilon_{ij}^{ht} - \Delta\varepsilon_{ij}^{ht-1}$$

式（5.15）中的 Δ 为差分算子。从上式可以看到，它消除了不随时间变化的个体效应，但却包含了被解释变量的滞后项。由于 $\ln off_{ij}^{ht-1}$ 与 ε_{ij}^{ht-1} 相关，所以，$\Delta\ln off_{ij}^{ht-1}$ 与 $\Delta\varepsilon_{ij}^{ht}$ 相关。为了克服所有解释变量的内生性问题以及 $\Delta\ln off_{ij}^{ht-1}$ 与 $\Delta\varepsilon_{ij}^{ht}$ 之间的相关性，必须采用工具变量进行估计。对此，采用二期滞后水平变量 $\ln off_{ij}^{ht-2}$ 或以前更多滞后项即 $\{\ln off_{ij}^{h0}, \ln off_{ij}^{h1}, \cdots, \ln off_{ij}^{ht-2}\}$ 作为 $\Delta\ln off_{ij}^{ht-1}$ 的工具变量较为合适，因为 $\{\ln off_{ij}^{h0}, \ln off_{ij}^{h1}, \cdots, \ln off_{ij}^{ht-2}\}$ 均与 $\Delta\ln off_{ij}^{ht-1}$ 相关，但是与 $\Delta\varepsilon_{ij}^{ht}$ 无关。另外，式（5.14）的外生解释变量也可作为差分方程 [式（5.15）] 的工具变量。GMM 估计利用了差分模型中所选取的工具变量与差分扰动项正交的矩条件：

$$E(Z_j'\Delta\varepsilon_j) = 0 \tag{5.16}$$

其中，Z_j' 为工具变量矩阵，$\Delta\varepsilon_j = \Delta\ln off_j - \beta_1\Delta\ln off_{j,-1} - \Delta X_j\beta$，$X_j$ 为解释变量向量集。

在满足矩条件 $E(Z_j'\Delta\varepsilon_j) = 0$ 的情况下，极小化目标函数：

$$\left\{\left[\frac{1}{N}\sum_{j=1}^{N}Z_j'\Delta\varepsilon_j\right]'W_N\left[\frac{1}{N}\sum_{j=1}^{N}Z_j'\Delta\varepsilon_j\right]\right\} \tag{5.17}$$

其中，W_N 是渐进正定权重矩阵，对式（5.16）关于 β_1, β 求导，得到模型参数 β_1, β 的 GMM 估计 $\hat{\beta}_1, \hat{\beta}$：

$$\begin{Bmatrix}\hat{\beta}_1 \\ \hat{\beta}\end{Bmatrix} = \left(\left(\sum_{j=1}^{N}\begin{pmatrix}\Delta\ln off_{j,-1}' \\ \Delta X_j'\end{pmatrix}Z_j\right)W_N\left(\sum_{j=1}^{N}Z_j'(\Delta\ln off_{j,-1}\Delta X_j)\right)\right)^{-1} \cdot \left(\left(\sum_{j=1}^{N}\begin{pmatrix}\Delta\ln off_{j,-1}' \\ \Delta X_j'\end{pmatrix}Z_j\right)W_N\left(\sum_{j=1}^{N}Z_j'\Delta\ln off_j\right)\right) \tag{5.18}$$

从上式可以看到，β_1, β 的 GMM 估计 $\hat{\beta}_1, \hat{\beta}$ 依赖于权重矩阵 W_N

的选择，使 $Var\begin{Bmatrix}\hat{\beta}_1\\\hat{\beta}\end{Bmatrix}$（方差协方差矩阵）最小的正定权重矩阵 W_N 为最优权重矩阵，此时 GMM 估计 $\hat{\beta}_1$，$\hat{\beta}$ 是一致、有效的。

如果 σ_ε^2 已知，β_1 的最有效 GMM 估计服从渐进正态分布。如果 σ_ε^2 未知，Arellano and Bond 给出二阶段 GMM 估计方法[①]，根据

$$\hat{\beta}_1 = ((\sum_{j=1}^{N}\Delta off'_{j,-1}Z_j)W_N(\sum_{j=1}^{N}Z'_j\Delta off_{j,-1}\Delta X_j))^{-1}((\sum_{j=1}^{N}\Delta off'_{j,-1}Z_j)W_N(\sum_{j=1}^{N}Z'_j\Delta off_j))$$

令权重矩阵 $W_N = I$，得到 β_1 一步一致估计：

$$\hat{\beta}_1 = ((\sum_{i=1}^{N}\Delta\ln off'_{i,-1}Z_i)(\sum_{i=1}^{N}Z'_i\Delta off_{i,-1}\Delta X_i))^{-1}((\sum_{i=1}^{N}\Delta off'_{i,-1}Z_i)(\sum_{i=1}^{N}Z'_i\Delta off_i))$$

根据 β_1 的一步估计计算模型的残差 $\hat{\varepsilon}_{jt}$ 及其差分 $\Delta\hat{\varepsilon}_{jt}$，然后估计最优权重矩阵为 $\hat{W}_N^{opt} = (\frac{1}{N}\sum_{j=1}^{N}Z'_j\Delta\hat{\varepsilon}_j\Delta\hat{\varepsilon}'_jZ_j)^{-1}$，从而得到 β_1 的二步一致估计：

$$((\sum_{j=1}^{N}\Delta off'_{j,-1}Z_j)\hat{W}_N^{opt}(\sum_{j=1}^{N}Z'_j\Delta off_{j,-1}\Delta X_j))^{-1}((\sum_{j=1}^{N}\Delta off'_{j,-1}Z_j)\hat{W}_N^{opt}(\sum_{j=1}^{N}Z'_j\Delta off_j))$$

---

① M. Arellano, S. R. and Bond, 1991, "Some Tests of Specification for Panel Data: Monte Carlo Evidence and an Application to Employment Equation," *Review of Economic Studies*, Vol. 58, No. 2, pp. 277–297.

差分广义矩参数估计易存在弱工具性的问题。Blundell and Bond 指出，如果解释变量在时间上持续性较强，这些滞后的水平变量将会是一阶差分的弱工具变量，易产生有限样本偏误。① Arellano and Bover、Blundell and Bond 在 Arellano and Bond 的差分 GMM 的基础上，提出了系统广义矩估计（system GMM）的方法，即建议将差分方程［式（5.15）］和水平方程［式（5.14）］统一纳入一个方程系统进行联合估计，如对初始条件过程再施加弱平稳性约束，则对差分回归方程中的工具变量依然采用相应水平变量的滞后值，并以内生变量差分的滞后值作为水平方程的工具变量。② 从而工具变量有效性会增强，理论上相对于差分 GMM 估计结果更为有效，但缺点是必须假定 $\{\ln off_{ij}^{ht-1}, \ln off_{ij}^{ht-2}, \cdots\}$ 与 μ_j 无关，如果此条件不满足，则不能使用系统 GMM。

二 工具变量有效性检验和模型选择

一步 GMM 和两步 GMM 估计量虽都能够产生一致估计量，但需诊断哪一步能够获取渐进有效的估计量。两步 GMM 估计对于处理截面相关及异方差问题具有较强稳健性，但 Windmeijer 认为，两步 GMM 估计量的渐进标准差在小样本中的下向偏倚来自对权重矩阵的估计。③ 按照他的建议使用基于泰勒展开式的修整项代替对权重矩阵的估计。

当使用 GMM 对动态面板进行估计时，实际操作时应考虑如下两个问题，第一个是工具变量的选择比较敏感。为避免弱工具变量问题，保

---

① R. Blundell, and S. Bond, 1998, "Initial Conditions and Moment Restrictions in Dynamic Panel Data Models," *Journal of Econometrics*, Vol. 87, No. 1, pp. 115 – 143.

② M. Arellano, and O. Bover, 1995, "Another Look at the Instrumental-variable Estimation of Error-components Models," *Journal of Econometric*, Vol. 68, No. 1, pp. 29 – 52. R. Blundell, and S. Bond, 1998, "Initial Conditions and Moment Restrictions in Dynamic Panel Data Models," *Journal of Econometrics*, Vol. 87, No. 1, pp. 115 – 143. M. Arellano, and S. R. Bond, 1991, "Some Tests of Specification for Panel Data: Monte Carlo Evidence and an Application to Employment Equation," *Review of Economic Studies*, Vol. 58, No. 2, pp. 277 – 297.

③ F. Windmeijer, 2005, "A Finite Sample Correction for the Variance of Linear Efficient Two-step GMM Estimators," *Journal of Econometrics*, Vol. 126, No. 1, pp. 25 – 51.

证工具变量的最大有效性，考虑到最近的滞后项与当期项相关性较高，我们从最近的滞后项开始，将模型选择 2 期滞后变量 $\ln off_{ij}^{ht-2}$ 或以前更多滞后项及其他可行的外生解释变量作为内生变量的工具变量对方程进行逐一识别，保留 Hansen 过度识别检验矩条件成立的组合。第二个是考虑到差分 GMM 估计结果的有效性，要求差分方程的误差项不存在二阶序列相关。如果差分方程误差项存在二阶序列相关，那么水平方程的误差项是序列相关并至少遵循一个阶数为 1 的移动平均过程。为此采用 Arellano – Bond AR（2）检验来判断误差项是否存在自相关，其原假设为"差分后的误差项不存在二阶序列相关"。如果检验值不能拒绝原假设，则说明模型设定正确。

本书在实证检验中综合考虑系统 GMM、差分 GMM 以及一步估计法、两步估计法，保留通过了 Arellano – Bond AR 检验和 Hansen 过度识别检验的结果，并以包含最近滞后项的回归作为主要结果。以模型 1 – 1（有交互变量）为例，当对模型进行一步系统 GMM 估计时，回归结果汇报了 Hansen 过度识别检验 P 值为 1，检验结果不能拒绝原假设，即模型内过度识别约束有效，这表明 GMM 估计所选工具变量有效，且 AR（1）P 值为 0.01（<0.1），AR（2）P 值为 0.80（>0.1），检验结果表明扰动项的差分存在一阶自相关，但不存在二阶自相关，则说明模型设置是合理的。按照上面模型选择原理，基于 Hansen 过度识别检验和 Arellano – Bond AR 检验结果，对稳健估计而言，本章对不同模型选择了相应的估计方法。

三　面板数据单位根检验

利用非平稳变量回归面板数据模型，因扭曲解释变量与因变量之间的相关性，所得到的参数估计将不再是有效的，会出现虚假回归。与常规时间序列单位根检验方法比较而言，面板数据因具有二维数据结构特点，单位根检验方法在技术上更为复杂，难度更大。为了确保所构建模型设定的准确和估计参数的有效，对每一面板数据序列进行单位根检验是必要的。因此，本书采用多方面核对、校验、确认的方式，同时应用国际较流行的四种方法：Fisher-ADF，Fisher-PP，LLC 和 IPS 检验面板数据平稳性，以期通过全面的面板数据单位根检验方法来加强检验结果的准确性。Fisher-ADF，Fisher-PP 和 IPS 三种检验方法允许 ρ_i 在不同截面单位具有不同的值，即各截面含有异质单位根，与它们不同，Levin-Lin-Chu（LLC）允许各截面存在同质单位根过程，即 $\rho_i = \rho$。Fisher-ADF，Fisher-PP，LLC 和 IPS 的原假设都为存在单位根。

单位根检验结果如表 5-3 所示。

可以看出，资产专用性、国内交易不确定性和经济发展水平等指标不仅通过了同质面板假设检验（即 LLC 检验），而且通过了所有三种异质面板假设的检验（IPS 检验、Fisher-ADF 检验和 Fisher-PP 检验）。大部分被解释变量（服务外包变量）和解释变量（业务复杂性、跨国交易不确定性、产权保护制度和基础设施等）也通过了所有异质面板假设

表 5-3 面板数据单位根检验结果

	变量	Fisher-ADF	Fisher-PP	IPS	LLC
服务外包变量（*off*）	通信服务	2.35 (0.0095)	6.26 (0.0000)	-1.82 (0.0340)	
	计算机和信息服务	4.58 (0.0000)	7.30 (0.0000)		
	其他商业服务	5.66 (0.0000)	2.31 (0.0106)	-3.15 (0.0008)	
	金融服务	10.21 (0.0000)	38.66 (0.0000)	-3.82 (0.0001)	
	保险服务	13.01 (0.0000)	50.44 (0.0000)	-3.27 (0.0005)	
	建筑服务	9.21 (0.0000)	18.10 (0.0000)	-3.41 (0.0003)	
	特许权和许可费	15.35 (0.0000)	61.22 (0.0000)	-5.15 (0.0000)	

续表

	变量	Fisher-ADF	Fisher-PP	IPS	LLC
交易属性变量	业务复杂性（cmp）	8.84 (0.0000)	16.48 (0.0000)	-1.69 (0.0451)	
	资产专用性指标1（spe）	4.81 (0.0000)	10.39 (0.0000)	-2.46 (0.0069)	-7.66 (0.0000)
	资产专用性指标2（$ispe$）	7.05 (0.0000)	73.52 (0.0000)	-3.39 (0.0004)	-9.99 (0.0000)
	交易不确定性指标1（$tris$）	21.07 (0.0000)	33.45 (0.0000)	-10.92 (0.0000)	
	交易不确定性指标2（$dris$）	19.57 (0.0000)	3.39 (0.0003)	-7.15 (0.0000)	-2.96 (0.0016)
承接国家主体特征变量	产权保护指标1（pat）	9.96 (0.0000)	12.24 (0.0000)	-1.34 (0.0908)	
	产权保护指标2（$ipat$）	20.96 (0.0000)	83.88 (0.0000)	-8.45 (0.0000)	
	基础设施指标1（fra）	11.38 (0.0000)	47.16 (0.0000)	-2.63 (0.0042)	
	基础设施指标2（$ifra$）	10.31 (0.0000)	49.03 (0.0000)	-1.29 (0.0982)	
	人才建设指标1（$res1$）	6.57 (0.0000)	4.99 (0.0000)		
	人才建设指标2（$res2$）	6.12 (0.0000)	2.22 (0.0131)		
控制变量	经济发展水平（gni）	3.24 (0.0006)	1.59 (0.0556)	-1.35 (0.0888)	-2.88 (0.0020)

注：括号内为估计量的伴随概率；LLC 检验为 common unit root 检验，IPS、Fisher-ADF、Fisher-PP 检验为 individual unit root 检验；LLC、IPS、Fisher-ADF、Fisher-PP 零假设为存在单位根。

的检验（IPS 检验、Fisher-ADF 检验和 Fisher-PP 检验）。最后，计算机和信息服务外包、人才建设三个指标也均通过了两种异质面板假设的检验（Fisher-ADF 检验和 Fisher-PP 检验）。这表明，以上所有回归变量都通过了平稳性检验。本书可以分别将检验变量纳入不同的回归模型，进行实证检验和因素分析。

第四节　实证分析

表5-4至表5-9是模型1-6的回归结果，经验模型以日本作为服务发包国，利用2000—2012年日本对26个国家的7类异质型服务的外包面板数据，来验证服务交易的不同属性和服务承接国家的不同特征对服务外包的影响机理。回归结果基本验证了动态面板模型选择的正确性，前期服务外包变量对当前服务外包变量的影响系数不仅基本上通过了统计显著性水平检验，多数模型还通过了1%统计显著性水平检验，并且其符号也符合正的预期结果，证明了日本服务外包会受自身前期水平的影响，体现了两个方面的路径依赖性：一方面，前期发包较多的服务行业会更倾向于选择服务发包的跨国战略；另一方面，与日本有较多的服务外包承接交往的国家容易继续获得日本服务外包业务的机会。

下面将从业务复杂性、资产专用性和交易不确定性三个服务交易属性以及产权保护、基础设施和人才建设三个国家主体特征方面，根据经验检验的结果，实证分析日本离岸分包不同特质的服务环节到不同国家的深层次原因。

一　业务复杂性

表5-4是模型1的回归结果，主要验证业务复杂性对异质型服务外包的影响方向和大小。

首先分析没有交互变量的回归模型结果。从影响方向来看，大多数异质型服务外包模型里的业务复杂性变量的系数显著为负，这基本验证了假说1关于"业务复杂性与服务外包呈负向关联"的论断，即日本企业会倾向于把较简单的服务业务离境外包到国外，而日本国内会倾向于运营较复杂的服务环节。但是，与大多数服务外包类型不同，其他商业服务的业务复杂性指标的系数显著为正，这说明其他商业服务行业较复杂的服务环节被外包的可能性超过了较简单服务环节的可能性，相对于

表 5-4 业务复杂性模型回归结果

	模型 变量	模型 1-1	模型 1-2
通信服务	常数项	12.31*** (3.41)	12.31*** (3.41)
	前期服务外包 (off^{-1})	0.84*** (23.99)	0.84*** (23.99)
	业务复杂性 (cmp)	-2.20*** (-2.75)	-4.86*** (-2.72)
	经济发展水平 ($gni/igni$)	2.66** (1.86)	
	交互变量 ($cmpxgni/cmpxigni$)		2.66** (1.86)
	自相关检验：AR (1)、AR (2)	-2.84 (P=0.01) -0.25 (P=0.80)	-2.84 (P=0.01) -0.25 (P=0.80)
	过度识别检验	24.28 (P=1.00)	24.26 (P=1.00)
	GMM 估计方法	一步系统	一步系统
计算机和信息服务	前期服务外包 (off^{-1})	-0.13*** (-10.13)	-0.13*** (-10.13)
	业务复杂性 (cmp)	-12.48*** (-3.89)	-7.46*** (-5.26)
	经济发展水平 ($gni/igni$)	2.19*** (3.34)	
	交互变量 ($cmpxgni/cmpxigni$)		2.19*** (3.34)
	自相关检验：AR (1)、AR (2)	-1.68 (P=0.09) -1.33 (P=0.18)	-1.68 (P=0.09) -1.33 (P=0.18)
	过度识别检验	15.68 (P=0.98)	15.68 (P=0.98)
	GMM 估计方法	两步差分	两步差分
其他商业服务	前期服务外包 (off^{-1})	0.37*** (14.11)	0.37*** (14.11)
	业务复杂性 (cmp)	1.00*** (13.97)	0.09*** (0.82)
	经济发展水平 ($gni/igni$)	0.91*** (15.69)	
	交互变量 ($cmpxgni/cmpxigni$)		0.91*** (15.69)
	自相关检验：AR (1)、AR (2)	-2.76 (P=0.01) 0.39 (P=0.70)	-2.76 (P=0.01) 0.39 (P=0.70)
	过度识别检验	25.10 (P=1.00)	25.10 (P=1.00)
	GMM 估计方法	两步差分	两步差分

续表

	模型 变量	模型 1-1	模型 1-2
金融服务	前期服务外包（off^{-1}）	0.11*** (22.75)	0.11*** (22.75)
	业务复杂性（cmp）	-0.63*** (-5.08)	-0.63*** (-5.08)
	经济发展水平（$gni/igni$）	1.88*** (23.18)	
	交互变量（$cmpxgni/cmpxigni$）		1.88*** (23.18)
	自相关检验：AR（1）、AR（2）	-2.26 (P=0.02) -0.71 (P=0.48)	-2.26 (P=0.02) -0.71 (P=0.48)
	过度识别检验	24.29 (P=1.00)	24.29 (P=1.00)
	GMM 估计方法	两步差分	两步差分
保险服务	常数项	-1.44 (-1.56)	0.20 (0.25)
	前期服务外包（off^{-1}）	0.82*** (14.70)	0.80*** (15.14)
	业务复杂性（cmp）	-2.01*** (-3.56)	-0.63** (-2.07)
	经济发展水平（$gni/igni$）	0.80 (0.69)	
	交互变量（$cmpxgni/cmpxigni$）		0.28*** (2.88)
	自相关检验：AR（1）、AR（2）	-3.70 (P=0.00) 0.74 (P=0.46)	-3.65 (P=0.00) -1.14 (P=0.26)
	过度识别检验	24.57 (P=1.00)	25.15 (P=1.00)
	GMM 估计方法	一步系统	一步系统
建筑服务	常数项	-1.81 (-0.72)	
	前期服务外包（off^{-1}）	0.90*** (11.98)	0.49*** (8.45)
	业务复杂性（cmp）	-1.71* (-1.67)	-3.51*** (-7.83)
	经济发展水平（$gni/igni$）	0.20 (1.18)	
	交互变量（$cmpxgni/cmpxigni$）		0.67*** (8.58)
	自相关检验：AR（1）、AR（2）	-3.24 (P=0.00) -1.02 (P=0.31)	-3.16 (P=0.00) -1.17 (P=0.24)
	过度识别检验	22.67 (P=1.00)	25.49 (P=1.00)
	GMM 估计方法	两步系统	两步差分

续表

模型 变量		模型1-1	模型1-2
特许权和许可费	常数项	-1.35（-0.94）	-1.35（-0.94）
	前期服务外包（off^{-1}）	0.70*** （9.45）	0.70*** （9.45）
	业务复杂性（cmp）	-0.28（-0.99）	-0.93** （-3.99）
	经济发展水平（$gni/igni$）	0.65*** （2.85）	
	交互变量（$cmpxgni/cmpxigni$）		0.65*** （2.85）
	自相关检验：AR（1）、AR（2）	-2.51（P=0.01） 1.36（P=0.18）	-2.51（P=0.01） 1.36（P=0.18）
	过度识别检验	24.95（P=1.00）	24.95（P=1.00）
	GMM估计方法	一步系统	一步系统

注：表中变量回归结果的括号内为估计系数的 t 统计量，***，**，*分别表示在1%、5%、10%水平上显著；自相关（AR）检验和过度识别检验结果的括号内是P值，自相关检验[AR（1）、AR（2）]的原假设是不存在一阶或二阶自相关；估计方法选项包括4种：一步差分GMM估计、两步差分GMM估计、一步系统GMM估计、两步系统GMM估计。

大部分类型的服务业务，其他商业服务对专业人员的水平能力一般要求不高，作业员不需要花费更多的时间去从事其他商业服务的外包业务，因此，相对于大部分类型的服务业务，其他商业服务的复杂作业内容被跨境外包的可能性也较大。

其次关注影响系数的大小。相对于其他类型服务的回归系数，计算机和信息服务、通信服务和建筑服务模型的业务复杂性回归系数负值较大，这说明，计算机和信息服务等三个行业的业务复杂性对服务外包的负向影响较其他行业更明显。也就是说，对于这三个行业，服务外包后对于复杂环节的跨国管理成本显著高于日本国内的运营成本。因此，计算机和信息服务、通信服务和建筑服务的简单业务环节被跨境外包的可能性显著超过了复杂服务环节外包的可能性。其中，计算机和信息服务的业务复杂性系数的负值最大，模型1-1的回归系数为-12.48，也就是说，对于日本的计算机和信息服务业，业务复杂性指标每增加1个百分点，服务外包会减少12.48个百分点。

最后分析内涵交互变量的回归结果。所有异质型服务外包模型里的交互变量的系数显著为正,这基本验证了假说1关于"动态来看,随着一个国家经济发展水平的提高,承接复杂服务外包业务的可能性会增加"的论断。这可以从两个方面进行解释:一方面,发达国家有优势生产并出口较复杂的服务环节,因此,相对于发展中国家,发达国家承接日本较复杂的服务环节的可能性较大;另一方面,从动态来看,随着一个国家经济发展水平的提高,信息技术、高素质人才、便利的基础设施等服务软硬件优势的不断创造,承接较复杂的服务环节的相对比较优势也在发生变化。

虽然,对于通信服务、计算机和信息服务,业务复杂性对服务外包的影响系数负向值较大,但是,相对于其他类型的服务行业,这两个行业的经济发展水平和业务复杂性的交互变量的影响系数正向值也较大,分别是2.66和2.19。因此,经济发展水平的提高对于这两个行业的服务外包承接业务的发展有明显的促进作用。交互变量的影响系数值最小的是保险行业(0.28),这是因为保险服务业需要依赖较多的判断,并且要求更复杂的风险管理知识,经营内容也相对复杂,作业员需要花费更多的时间从事与客户复杂双向协商互动的工作,即使随着一个国家经济发展水平的提高,承接较复杂的保险业务的可能性较其他行业要小得多。

二 资产专用性

表5-5是模型2的回归结果,主要验证资产专用性对异质型服务外包的影响方向和大小。

整体而言,所有异质型服务外包模型的资产专用性两个指标的系数均为负,并且大部分系数通过了统计显著性水平检验,因此,模型2的回归结果基本符合预期,证明了假说2"对于发包国企业来说,资产专用程度较高的服务业务,因为资产套牢的风险,核心业务被离岸外包的可能性较小"的论断。

同时,鉴于日本不断增加的服务业务的跨境转移趋势,主要服务行业的国内资产专用程度呈不断降低的趋势。可以提供的解释为,一方面,随着信息技术的发展,服务外包东道国有能力复制日本的主要服务行业的固定资产投资，降低了跨国交易对日本境内的资产专用需求；另一方面，跨境交易的增加，也增强了日本境内服务发包商和境外服务提供商的双向依赖关系，降低了"套牢"对交易的负向影响，最终促进了原先依赖日本境内专用资产的服务业务跨境转移。

从系数的大小来看，相对于其他类型的服务行业，通信服务、计算机和信息服务、建筑服务的资产专用性相对指标对服务外包的负向影响系数较大，分别是 -490.84、-8018.85 和 -567.03，这在一定程度上表明，针对以上三个行业，当决策跨国交易时，过高的资产专用性要求会导致更多的交易成本，最终导致企业自营的可能性超过了其他类型的服务行业。因此，针对通信服务、计算机和信息服务、建筑服务的服务外包业务，跨国交易双方的"锁定"效应有可能会影响交易的成效。跨国的服务供应商在签署交易文件时需要考虑：这项跨国交易与日本境内的固定资产是否有更多的绑定要求？同时，日本境内企业需要考虑：如果这项跨国外包业务强烈依赖于本国境内的固定资产，外包是否会导致国外服务提供商的交易投机？当然，"锁定"的交易关系可以演变成一种"互惠"关系，一个良性的跨境交易行为。例如，我国学者

表 5-5　　　　　　　　资产专用性模型回归结果

变量 \ 模型		模型 1-1	模型 1-2
		模型 2-1	模型 2-2
		绝对指标（spe）	相对指标（$ispe$）
通信服务	常数项	-58.41*** (-4.48)	-3.51*** (-2.41)
	前期服务外包（off^{-1}）	0.84*** (23.02)	0.84*** (24.97)
	资产专用性指标（$spe/ispe$）	-5.07** (-2.36)	-490.84*** (-3.36)
	经济发展水平（gni）	2.80* (1.70)	1.36 (0.95)
	自相关检验：AR (1)	-2.56 (P=0.01)	-2.52 (P=0.01)
	AR (2)	0.80 (P=0.42)	0.88 (P=0.38)
	过度识别检验	24.02 (P=1.00)	25.33 (P=1.00)
	GMM 估计方法	一步系统	一步系统

第五章 交易成本各维度解释效力：发包国视角

续表

变量 \ 模型	模型 1-1 模型 2-1 绝对指标（spe）	模型 1-2 模型 2-2 相对指标（ispe）
计算机和信息服务 常数项	580.24 (1.33)	6.77 (0.33)
前期服务外包（off^{-1}）	0.66*** (6.69)	0.70*** (9.13)
资产专用性指标（spe/ispe）	-11.89 (-0.93)	-8018.85** (-1.92)
经济发展水平（gni）	7.07* (1.78)	6.56* (1.81)
自相关检验：AR（1）	-2.25 (P=0.02)	-1.93 (P=0.05)
AR（2）	0.80 (P=0.43)	0.46 (P=0.64)
过度识别检验	16.76 (P=1.00)	18.06 (P=0.98)
GMM 估计方法	一步系统	一步系统
其他商业服务 常数项	8.08*** (2.70)	0.87*** (2.95)
前期服务外包（off^{-1}）	0.98*** (66.80)	0.98*** (63.59)
资产专用性指标（spe/ispe）	-0.47*** (-2.54)	-3.42** (-2.25)
经济发展水平（gni）	0.00 (0.26)	0.00 (0.25)
自相关检验：AR（1）	-2.77 (P=0.01)	-2.78 (P=0.01)
AR（2）	0.40 (P=0.69)	0.38 (P=0.70)
过度识别检验	25.60 (P=1.00)	25.59 (P=1.00)
GMM 估计方法	一步系统	一步系统
金融服务 常数项	11.58** (22.83)	1.66* (1.67)
前期服务外包（off^{-1}）	0.91*** (22.83)	0.92*** (31.44)
资产专用性指标（spe/ispe）	-0.69* (-1.61)	-65.39** (-2.23)
经济发展水平（gni）	0.14 (1.35)	0.10 (1.02)
自相关检验：AR（1）	-2.37 (P=0.02)	-2.49 (P=0.01)
AR（2）	0.17 (P=0.87)	0.05 (P=0.96)
过度识别检验	20.91 (P=1.00)	25.26 (P=1.00)
GMM 估计方法	两步系统	一步系统

续表

变量 \ 模型		模型 1-1 / 模型 2-1 绝对指标（spe）	模型 1-2 / 模型 2-2 相对指标（ispe）
保险服务	常数项	5.23 (1.11)	0.81 (0.91)
	前期服务外包（off^{-1}）	0.79*** (13.99)	0.79*** (14.42)
	资产专用性指标（spe/ispe）	-0.35 (-0.97)	-39.96 (-0.83)
	经济发展水平（gni）	0.31*** (2.78)	0.31*** (2.82)
	自相关检验：AR（1）	-3.54 (P=0.00)	-3.53 (P=0.00)
	AR（2）	-1.15 (P=0.25)	-1.14 (P=0.25)
	过度识别检验	25.00 (P=1.00)	25.01 (P=1.00)
	GMM 估计方法	一步系统	一步系统
建筑服务	前期服务外包（off^{-1}）	0.41*** (13.81)	0.38*** (12.19)
	资产专用性指标（spe/ispe）	-1.47*** (-8.67)	-567.03*** (-8.66)
	经济发展水平（gni）	-3.20*** (-9.21)	-3.11*** (-10.30)
	自相关检验：AR（1）	-3.58 (P=0.00)	-3.57 (P=0.00)
	AR（2）	-1.54 (P=0.12)	-1.56 (P=0.12)
	过度识别检验	23.57 (P=1.00)	23.85 (P=1.00)
	GMM 估计方法	两步差分	两步差分
特许权和许可费	常数项	7.44 (1.47)	-0.66 (-0.38)
	前期服务外包（off^{-1}）	0.70*** (9.58)	0.70*** (9.46)
	资产专用性指标（spe/ispe）	-0.82** (-1.93)	-1665.17 (-1.46)
	经济发展水平（gni）	0.64*** (2.78)	0.65*** (2.79)
	自相关检验：AR（1）	-2.38 (P=0.02)	-2.39 (P=0.02)
	AR（2）	1.18 (P=0.24)	1.18 (P=0.24)
	过度识别检验	25.53 (P=1.00)	25.38 (P=1.00)
	GMM 估计方法	一步系统	一步系统

注：表中变量回归结果的括号内为估计系数的 t 统计量，***、**、* 分别表示在1%、5%、10%水平上显著；自相关（AR）检验和过度识别检验结果的括号内是 P 值，自相关检验 [AR（1）、AR（2）] 的原假设是不存在一阶或二阶自相关；估计方法选项包括4种：一步差分 GMM 估计、两步差分 GMM 估计、一步系统 GMM 估计、两步系统 GMM 估计。

第五章　交易成本各维度解释效力：发包国视角

杜培枫曾以供应链上下游的互动关系提出类似的理念：企业之间的竞争和合作必须依靠其上游供应商的支持以及与下游客户的互动程度，建立一条经济利益相连，业务关系紧密的供应链以实现各方在信息、资源上的优势互补，共同构筑市场竞争优势。[①]

三　交易不确定性

表5-6是模型3的回归结果，主要验证交易不确定性对异质型服务外包的影响方向和大小。

异质型服务外包模型交易不确定性的两个指标的系数均通过了统计显著性水平检验，因此，模型3的回归结果基本符合预期，证明了假说3"不确定性会显著影响服务外包"的论断。

模型3细分交易不确定性为跨国交易的不确定性和国内交易的不确定性。这两个指标对服务外包的影响呈明显不同的特征。除了金融服务、特许权和许可费两个类别外，模型3-1的跨国交易不确定性的影响

表5-6　　　　　交易不确定性模型回归结果

变量		模型3-1 跨国交易不确定性（tris）	模型3-2 国内交易不确定性（dris）
通信服务	前期服务外包（off^{-1}）	0.50*** (22.49)	0.44*** (14.07)
	交易不确定性指标（tris/dris）	0.15*** (21.05)	-0.10*** (-29.17)
	经济发展水平（gni）	-3.44*** (-7.24)	-3.85*** (-6.81)
	自相关检验：AR(1)	-2.61 (P=0.01)	-2.55 (P=0.01)
	AR(2)	0.84 (P=0.40)	-0.03 (P=0.98)
	过度识别检验	24.70 (P=1.00)	24.98 (P=1.00)
	GMM估计方法	两步差分	两步差分

[①] 杜培枫：《业务外包战略的发展趋势及成因分析》，《管理世界》2004年第8期。

续表

变量 \ 模型		模型 3-1 跨国交易不确定性（tris）	模型 3-2 国内交易不确定性（dris）
计算机和信息服务	常数项		4.31（1.52）
	前期服务外包（off^{-1}）	0.13*** （6.27）	0.70*** （8.89）
	交易不确定性指标（tris/dris）	0.06*** （16.57）	0.27** （2.01）
	经济发展水平（gni）	0.57（0.85）	6.37* （1.68）
	自相关检验：AR（1） AR（2）	-1.64（P=0.10） -1.36（P=0.17）	-1.64（P=0.10） -1.36（P=0.17）
	过度识别检验	14.88（P=1.00）	14.88（P=1.00）
	GMM 估计方法	两步差分	一步系统
其他商业服务	常数项	-0.07（-0.28）	
	前期服务外包（off^{-1}）	1.00*** （51.80）	0.27*** （2.69）
	交易不确定性指标（tris/dris）	0.03*** （4.91）	-0.01* （-1.83）
	经济发展水平（gni）	0.40（0.72）	-0.60** （-2.43）
	自相关检验：AR（1）、AR（2）	-2.98（P=0.00）、 0.57（P=0.57）	-2.35（P=0.02）、 0.21（P=0.83）
	过度识别检验	25.44（P=1.00）	24.17（P=1.00）
	GMM 估计方法	一步系统	两步差分
金融服务	前期服务外包（off^{-1}）	0.22*** （11.19）	0.10*** （13.05）
	交易不确定性指标（tris/dris）	-0.01*** （-2.80）	-0.04*** （-22.40）
	经济发展水平（gni）	1.00*** （9.48）	1.75*** （26.27）
	自相关检验：AR（1） AR（2）	-2.13（P=0.03） -0.69（P=0.49）	-2.21（P=0.03） -0.70（P=0.48）
	过度识别检验	24.44（P=1.00）	25.22（P=1.00）
	GMM 估计方法	两步差分	两步差分

第五章 交易成本各维度解释效力：发包国视角

续表

	模型	模型 3-1 跨国交易不确定性 ($tris$)	模型 3-2 国内交易不确定性 ($dris$)
保险服务	常数项		-0.60（-0.67）
	前期服务外包（off^{-1}）	0.31*（1.58）	0.80***（13.82）
	交易不确定性指标 （$tris/dris$）	0.04*（1.74）	-0.08***（-3.30）
	经济发展水平 （gni）	3.23（1.11）	2.29***（2.41）
	自相关检验：AR（1） AR（2）	-2.69（P=0.01） -0.75（P=0.45）	-3.56（P=0.00） 0.38（P=0.70）
	过度识别检验	13.47（P=1.00）	22.90（P=1.00）
	GMM 估计方法	两步差分	一步系统
建筑服务	前期服务外包（off^{-1}）	0.51***（11.44）	0.50***（18.41）
	交易不确定性指标 （$tris/dris$）	0.01*（1.82）	-0.05***（-8.29）
	经济发展水平（gni）	0.03（0.26）	0.15*（1.61）
	自相关检验：AR（1） AR（2）	-3.45（P=0.00） -1.56（P=0.12）	-3.32（P=0.00） -0.98（P=0.33）
	过度识别检验	23.83（P=1.00）	25.48（P=1.00）
	GMM 估计方法	两步差分	两步差分
特许权和许可费	常数项	-0.42（-0.32）	
	前期服务外包（off^{-1}）	0.69***（8.58）	0.23***（46.43）
	交易不确定性指标 （$tris/dris$）	-0.09***（-2.98）	0.004***（4.29）
	经济发展水平（gni）	0.58***（2.84）	1.58***（27.39）
	自相关检验：AR（1） AR（2）	-2.43（P=0.02） 1.42（P=0.16）	-2.17（P=0.03） 0.84（P=0.40）
	过度识别检验	23.45（P=1.00）	25.12（P=1.00）
	GMM 估计方法	一步系统	两步差分

注：表中变量回归结果的括号内为估计系数的 t 统计量，星号***、**、*分别表示在 1%、5%、10%水平显著；自相关（AR）检验和过度识别检验结果的括号内是 P 值结果，自相关检验（AR（1）、AR（2））的原假设是不存在一阶或二阶自相关；估计方法选项包括 4 种：一步差分 GMM 估计、两步差分 GMM 估计、一步系统 GMM 估计、两步系统 GMM 估计。

系数显著为正，这说明，对于大多数的服务类别，服务外包对于跨国交易不确定性是一个很好的风险分散机制，外包可以避免日本企业的资本、人员等闲置所造成的额外的成本付出。不同于跨国交易不确定性指标对服务外包的影响特征，除了计算机和信息服务、特许权和许可费两个类别以外，模型3-2的国内交易不确定性对服务外包的影响系数显著为负，这又证明了交易不确定性对外包影响的另一面，外包交易最终往往服务的是日本境内的产业，如果日本境内需求导致了产出水平的不确定性，那么，服务成本的不确定性最终会导致额外的超过预期的跨国交易成本，服务环节被外包的未来可能性也会降低。因此，跨国交易不确定性的估计结果基本证明了寇宗来的论断[1]，而国内交易不确定性的结果基本符合了张宗明等的观点。[2]

特许权和许可费是个特殊的服务类别，它不同于大部分的服务类别会因为跨国交易的不确定性而减少外包交易，而是日本境内交易的不确定性会略微增加外包的跨国交易。因此，特许权和许可费一般联系的是知识产权类的服务交易行为，交易的风险和成本主要发生在日本境外，如果跨国交易不确定，就会导致跨国交易风险和成本的增加，最终会降低未来外包的可能性。相对照而言，发生在日本境内的风险，会间接促进为了降低风险的外包机会的增加。因此，对于任何类型的服务外包，都需要正视交易风险对外包影响的两面性，对于发包商而言，则需要降低跨国交易的不确定性所导致的交易成本的增加；对于服务外包承接商而言，则需要与发包方构建一个互惠机制，通过战略外包来降低交易风险和不确定性。

从系数大小来看，跨国交易不确定性对服务外包正向影响最大的是通信服务，其值是0.15，其次是计算机和信息服务（0.06）、保险服务（0.04）、其他商业服务（0.03），影响最小的是建筑服务（0.01）。国内交易不确定性对服务外包负向影响最大的是通信服务，其值是-0.10，其次是保险服务（-0.08）、建筑服务（-0.05）、

---

[1] 寇宗来：《需求不确定性、生产能力投资和外包》，《世界经济》2004年第9期。
[2] 张宗明、刘树林、解慧慧、廖貅武：《不确定条件下的IT外包时机选择问题研究》，《管理科学》2012年第2期。

金融服务（-0.04），影响最小的是其他商业服务（-0.01）。从影响效果上看，相对于业务复杂性和资产专用性指标，交易不确定性指标对服务外包的影响较弱，并且需要观察交易不确定性对服务外包的综合影响。

四 知识产权保护

表5-7是模型4的回归结果，主要验证不同国家的知识产权保护属性对异质型服务外包的影响方向和大小。

无论从服务承接国的绝对指标，还是从这些国家对日本的相对指标来看，异质型服务外包模型的知识产权保护指标的系数均通过了统计显著性水平检验，并且大部分对服务外包的影响系数符号为正，符合预期的结果，因此，模型4的回归结果可以证明假说4的"跨国企业倾向于向知识产权保护较完善的国家或地区转移服务外包业务，也就是说，承接国的知识产权保护体系愈完善，承接服务也愈多"的论断。这说明，一个国家或地区的产权界定越充分，跨国企业与之交易的风险和成本会不断降低，最终促进了日本服务业务向这个国家的快速转移。

通过模型4-1和4-2的估计结果可进一步看出，承接国的产权保护绝对指标对建筑服务和保险服务外包的正向影响系数值最大，分别是0.43和0.30，其次是对计算机和信息服务、其他商业服务、通信服务、特许权和许可费的外包业务也有较大的促进作用，系数值分别是0.16、0.16、0.15、0.14，影响最小的是金融服务，系数值是0.06。保险业务和金融业务一般归属于需要更专业的人员花费更多的时间去从事评估、判断的较复杂业务，但从系数值上看，两种服务迥然不同，产权保护对保险服务的正向影响远远大于对金融服务的影响。因此，从模型4-1和模型4-2的估计结果，仅能判断：承接国的知识产权制度与发包国的保险服务、建筑服务的离岸外包的正向促进作用大于其他行业，还不能判断假说4的后半部分，即知识产权对高端服务的影响是否有更大的可能性。

模型4-3内含产权保护和交易复杂性的交互变量，从模型的估计结果来看，大部分服务类型的交互变量系数值为正值，这说明对于这些业务类型，尽管较复杂的服务业务外包会导致较多的交易成本，但是可以通过承接国家知识产权保护措施的配套来有效降低跨国交易的风险。另外，与模型4-1和模型4-2的知识产权保护绝对指标的估值结果不同，模型4-3的建筑服务和保险服务的交互变量的估值为负值，由此可以看出，针对这两个业务类型，因为较复杂的服务业务所导致的交易成本增加的幅度远远高于知识产权保护所导致的交易成本降低的幅度，因此知识产权保护无法确保建筑和保险服务高端业务的转移。

表5-7 知识产权保护模型回归结果

	模型 / 变量	模型4-1 绝对指标（pat）	模型4-2 相对指标（ipat）	模型4-3 相对指标（ipat）
通信服务	常数项	1.21 (0.90)	2.83** (2.04)	15.88*** (3.91)
	前期服务外包	0.76*** (11.70)	0.76*** (11.44)	0.76*** (11.88)
	产权保护指标	0.15*** (2.55)	0.15*** (2.42)	-5.33*** (-3.45)
	交互指标			5.48*** (3.49)
	经济发展水平	0.14 (1.25)	0.14 (1.26)	0.13 (1.21)
	AR(1)	-2.67 (P=0.01)	-2.68 (P=0.01)	-2.84 (P=0.01)
	AR(2)	0.03 (P=0.98)	0.03 (P=0.98)	-0.11 (P=0.91)
	过度识别检验	24.06 (P=1.00)	25.60 (P=1.00)	24.90 (P=1.00)
	GMM估计方法	一步系统	一步系统	一步系统
计算机和信息服务	常数项	1.40 (1.12)	2.12* (1.63)	6.76*** (2.55)
	前期服务外包	0.68*** (6.86)	0.69*** (7.48)	0.64*** (6.57)
	产权保护指标	0.16** (1.88)	0.13** (2.13)	-1.75 (-1.49)
	交互指标			1.87* (1.64)
	经济发展水平	0.28* (1.74)	0.35* (1.80)	0.25 (0.92)
	AR(1)	-2.36 (P=0.02)	-2.40 (P=0.02)	-2.15 (P=0.03)
	AR(2)	1.30 (P=0.20)	1.29 (P=0.20)	1.45 (P=0.15)
	过度识别检验	20.25 (P=1.00)	16.46 (P=1.00)	20.53 (P=1.00)
	GMM估计方法	两步系统	两步系统	一步系统

续表

	模型\变量	模型4-1 绝对指标（pat）	模型4-2 相对指标（ipat）	模型4-3 相对指标（ipat）
其他商业服务	常数项			2.18*** (4.99)
	前期服务外包	0.37*** (18.99)	0.34*** (16.67)	0.97*** (45.86)
	产权保护指标	0.16*** (5.12)	0.03** (1.96)	-1.49*** (-4.06)
	交互指标			1.51*** (4.11)
	经济发展水平	1.01*** (20.25)	1.05*** (36.82)	0.02 (0.89)
	AR（1）	-2.73 (P=0.01)	-2.73 (P=0.01)	-2.98 (P=0.00)
	AR（2）	0.33 (P=0.74)	0.37 (P=0.71)	0.71 (P=0.48)
	过度识别检验	23.22 (P=1.00)	25.30 (P=1.00)	24.69 (P=1.00)
	GMM估计方法	两步差分	两步差分	一步系统
金融服务	常数项	-0.91 (-1.38)	-0.23 (-0.34)	
	前期服务外包	0.90*** (27.30)	0.91*** (29.13)	0.18*** (6.23)
	产权保护指标	0.06** (1.97)	0.05* (1.68)	-0.31** (-2.01)
	交互指标			1.38*** (10.74)
	经济发展水平	0.20*** (2.50)	0.19** (2.39)	1.05*** (36.82)
	AR（1）	-2.55 (P=0.01)	-2.55 (P=0.01)	-2.57 (P=0.01)
	AR（2）	0.42 (P=0.67)	0.42 (P=0.67)	-0.45 (P=0.65)
	过度识别检验	24.65 (P=1.00)	23.55 (P=1.00)	23.93 (P=1.00)
	GMM估计方法	一步系统	一步系统	两步差分
保险服务	常数项	-0.05 (-0.03)	-0.03 (-0.02)	-8.69* (-1.79)
	前期服务外包	0.94*** (13.66)	0.94*** (14.31)	0.91*** (16.85)
	产权保护指标	0.30** (2.11)	0.29*** (2.43)	4.54*** (2.74)
	交互指标			-4.39*** (-2.66)
	经济发展水平	0.14 (0.10)	0.75 (0.53)	-0.79 (-0.48)
	AR（1）	-2.04 (P=0.04)	-1.99 (P=0.05)	-2.96 (P=0.00)
	AR（2）	0.20 (P=0.84)	0.41 (P=0.68)	0.23 (P=0.82)
	过度识别检验	3.92 (P=1.00)	4.59 (P=1.00)	2.84 (P=1.00)
	GMM估计方法	一步系统	一步系统	一步系统

续表

	模型 变量	模型 4-1 绝对指标（pat）	模型 4-2 相对指标（ipat）	模型 4-3 相对指标（ipat）
建筑服务	常数项		1.67** (1.89)	
	前期服务外包	0.46*** (22.71)	0.88*** (24.89)	0.40*** (10.87)
	产权保护指标	0.43* (1.81)	-0.18** (-1.91)	3.28*** (4.65)
	交互指标			-3.26*** (-5.36)
	经济发展水平	0.04 (0.48)	0.86 (0.70)	0.62*** (4.30)
	AR (1)	-3.00 (P=0.00)	-3.01 (P=0.00)	-3.14 (P=0.00)
	AR (2)	-1.43 (P=0.15)	-1.17 (P=0.24)	-1.24 (P=0.21)
	过度识别检验	22.02 (P=1.00)	20.64 (P=1.00)	22.68 (P=1.00)
	GMM 估计方法	两步差分	一步系统	两步差分
特许权和许可费	常数项	-3.29* (-1.77)	-1.79 (-1.19)	
	前期服务外包	0.66*** (8.50)	0.66*** (8.39)	0.18*** (22.01)
	产权保护指标	0.14** (2.09)	0.14** (2.06)	0.54*** (3.94)
	交互指标			0.22*** (2.58)
	经济发展水平	0.81*** (3.56)	0.81*** (3.53)	2.04*** (30.92)
	AR (1)	-2.50 (P=0.01)	-2.50 (P=0.01)	-2.14 (P=0.03)
	AR (2)	1.33 (P=0.18)	1.33 (P=0.18)	0.61 (P=0.54)
	过度识别检验	24.34 (P=1.00)	24.67 (P=1.00)	24.73 (P=1.00)
	GMM 估计方法	一步系统	一步系统	两步差分

注：表中变量回归结果的括号内为估计系数的 t 统计量，***、**、* 分别表示在1%、5%、10%水平上显著；自相关（AR）检验和过度识别检验结果的括号内是 P 值，自相关检验［AR（1）、AR（2）］的原假设是不存在一阶或二阶自相关；估计方法选项包括4种：一步差分 GMM 估计、两步差分 GMM 估计、一步系统 GMM 估计、两步系统 GMM 估计。

五 基础设施

表 5-8 是模型 5 的回归结果，主要验证不同国家的基础设施属性对异质型服务外包的影响方向和大小。

首先从服务承接国的绝对指标来看，异质型服务外包模型的基础设施指标的系数均通过了统计显著性水平检验，但是影响系数符号不一致，不符合预期的结果，因此，模型 5 的回归结果无法证明假说 5 "跨

表 5-8　　　　　　　　基础设施模型回归结果

| | 模型 | 模型 5-1 | 模型 5-2 |
	变量	绝对指标（fra）	相对指标（ifra）
通信服务	前期服务外包	0.15*** (8.27)	0.17*** (8.86)
	基础设施指标	0.49*** (4.94)	0.51*** (5.52)
	经济发展水平	0.12 (0.43)	1.74*** (9.34)
	AR (1)	-2.09 (P=0.04)	-2.02 (P=0.04)
	AR (2)	-1.11 (P=0.27)	-0.93 (P=0.35)
	过度识别检验	24.03 (P=1.00)	22.53 (P=1.00)
	GMM 估计方法	两步差分	两步差分
计算机和信息服务	常数	1.70 (0.31)	-0.18 (-0.03)
	前期服务外包	0.66*** (5.52)	0.67*** (5.87)
	基础设施指标	-2.49** (-2.08)	-1.88* (-1.69)
	经济发展水平	9.33** (2.11)	8.39** (1.95)
	AR (1)	-2.13 (P=0.03)	-2.12 (P=0.03)
	AR (2)	0.52 (P=0.61)	0.65 (P=0.52)
	过度识别检验	15.06 (P=1.00)	9.27 (P=1.00)
	GMM 估计方法	一步系统	一步系统
其他商业服务	常数	-0.26 (-0.59)	
	前期服务外包	0.98*** (49.42)	0.37*** (17.55)
	基础设施指标	-0.04*** (-2.42)	-0.09*** (-7.86)
	经济发展水平	0.10* (1.77)	1.32*** (25.92)
	AR (1)	-2.84 (P=0.00)	-2.79 (P=0.01)
	AR (2)	0.10 (P=0.92)	0.14 (P=0.89)
	过度识别检验	25.74 (P=1.00)	25.56 (P=1.00)
	GMM 估计方法	一步系统	两步差分
金融服务	前期服务外包	0.16*** (32.64)	0.14*** (18.29)
	基础设施指标	0.08*** (4.95)	-0.14*** (-8.60)
	经济发展水平	0.19*** (2.84)	0.68*** (10.94)
	AR (1)	-2.41 (P=0.02)	-2.43 (P=0.02)
	AR (2)	-1.38 (P=0.17)	-1.34 (P=0.18)
	过度识别检验	23.11 (P=1.00)	23.89 (P=1.00)
	GMM 估计方法	两步差分	两步差分

续表

变量 \ 模型		模型 5-1 绝对指标（fra）	模型 5-2 相对指标（$ifra$）
保险服务	常数	1.34（0.24）	-0.44（-0.13）
	前期服务外包	0.29（1.42）	0.74*** （13.84）
	基础设施指标	0.52** （1.92）	0.61（1.38）
	经济发展水平	2.80*** （2.68）	3.64*** （2.66）
	AR（1）	-1.61（P=0.10）	-3.29（P=0.00）
	AR（2）	-0.02（P=0.99）	-0.05（P=0.96）
	过度识别检验	11.46（P=1.00）	23.30（P=1.00）
	GMM估计方法	一步系统	一步系统
建筑服务	前期服务外包	0.48*** （12.80）	0.06（0.55）
	基础设施指标	0.34** （1.89）	3.19** （2.15）
	经济发展水平	-1.87** （-1.91）	-4.51** （-2.12）
	AR（1）	-3.47（P=0.00）	-2.35（P=0.02）
	AR（2）	-1.36（P=0.18）	-0.65（P=0.52）
	过度识别检验	25.56（P=1.00）	14.11（P=1.00）
	GMM估计方法	两步差分	两步差分
特许权和许可费	常数	-5.54* （-1.68）	-5.10* （-1.63）
	前期服务外包	0.63*** （7.43）	0.65*** （7.53）
	基础设施指标	-0.17* （-1.72）	-0.14（-1.49）
	经济发展水平	1.28*** （3.12）	1.11*** （3.08）
	AR（1）	-2.16（P=0.03）	-2.15（P=0.03）
	AR（2）	0.88（P=0.38）	0.89（P=0.37）
	过度识别检验	25.40（P=1.00）	25.68（P=1.00）
	GMM估计方法	一步系统	一步系统

注：表中变量回归结果的括号内为估计系数的 t 统计量，***，**，* 分别表示在1%、5%、10%水平显著；自相关（AR）检验和过度识别检验结果的括号内是 P 值，自相关检验 [AR（1）、AR（2）] 的原假设是不存在一阶或二阶自相关；估计方法选项包括4种：一步差分 GMM 估计、两步差分 GMM 估计、一步系统 GMM 估计、两步系统 GMM 估计。

国企业会倾向于选择通信技术环境类似的国家或地区作为服务外包业务目的地，也就是说，承接国的通信技术环境愈接近发包国水平，承接服务也愈多"的论断。模型5-1的结果显示，承接国的基础设施水平对保险服务、通信服务、建筑服务和金融服务的跨境外包有明显的正向促进作用，影响系数分别是0.52、0.49、0.34和0.08；基础设施水平对计算机和信息服务、特许权和许可费及其他商业服务的跨境外包有明显的负向作用，影响系数分别是-2.49、-0.17和-0.04。总之，通信技术设施的投资行为不一定与所有的服务外包活动呈明显的正向关联，本书的估计结果仅显示出，日本跨国企业会倾向于选择通信技术环境发达的国家或地区作为保险、通信、建筑和金融服务外包业务目的地。

模型5-2的估计结果进一步验证了承接国相对于日本的基础设施水平对服务外包的影响机制。结果显示，除了保险服务与特许权和许可费以外，其他服务外包模型的基础设施指标的系数均通过了统计显著性水平检验，其中，承接国的基础设施水平仅对建筑服务和通信服务的跨境外包有明显的正向促进作用，影响系数分别是3.19和0.51，却对计算机和信息服务、金融服务、其他商业服务的跨境外包有明显的负向作用，影响系数分别是-1.88、-0.14和-0.09。因此，相对指标的分析结果仅能验证，日本跨国企业会倾向于选择通信技术环境更发达的国家或地区作为建筑服务和通信服务外包业务目的地，而对于其他类型的服务外包，基础设施的发达程度不是立地选择考核的主要标准。

六 人才建设

表5-9是模型6的回归结果，主要验证不同国家的人才建设指标对异质型服务外包的影响方向和大小。

首先从模型6-1的估计结果来看，异质型服务外包模型的人才建设指标1（res1）的系数均通过了统计显著性水平检验，除了保险服务模型的系数值为负以外，其他所有模型的影响系数符号均为正，符合预期的结果，因此，模型6-1的第一列回归结果基本验证了假说6"主要跨国企业倾向于向人才建设越发达的国家或地区转移服务外包业务，也就是说，承接国的人才基础设施愈好，承接服务也愈多"的论断。模型 6-1 的第二列结果则显示,承接国的总人口中人才建设水平（res 2）对不同类别的服务外包影响方向不同,它对计算机和信息服务、建筑服务和金融服务的跨境外包有明显的正向促进作用,影响系数分别是 4.83、0.87 和 0.48;但是对保险服务、通信服务、特许权和许可费与其他商业服务的跨境外包有明显的负向作用,影响系数分别是 -3.22、-1.48、-1.16 和 -0.66。模型 6-1 的第一列人才建设指标主要反映了一个国家的人才总量水平,而第二列人才建设指标反映了人才的质量水平。因此,通过模型 6-1 的回归分析可以看出,一个国家的人才建设总量会显著促进服务外包承接业务的发展,但是人才建设质量仅能促进部分服务外包业务的发展。例如,相对于人才建设基础还薄弱的发展中国家,发达国家较优质的人才建设体系仅对计算机和信息服务、建筑服务和金融服务的跨境外包有明显的促进作用。

表 5-9　　　　　　　　　　人才建设模型回归结果

		模型 6-1		模型 6-2	
		指标 1（res1）	指标 2（res2）	指标 1（ires1）	指标 2（ires2）
通信服务	常数项	-1.08 (-0.63)		2.29* (1.65)	
	前期服务外包 （off^{-1}）	0.77*** (22.09)	0.25*** (29.58)	0.77*** (21.98)	0.27*** (21.22)
	人才建设指标 （res/ires）	0.24*** (3.57)	-1.48*** (-5.23)	0.24*** (3.56)	-1.28*** (-4.96)
	经济发展水平 （gni）	0.16 (1.30)	1.42*** (4.69)	0.16 (1.27)	1.53*** (4.45)
	AR (1)	-2.09 (P=0.04)	-1.93 (P=0.05)	-2.09 (P=0.04)	-1.93 (P=0.05)
	AR (2)	0.03 (P=0.97)	-0.38 (P=0.70)	0.03 (P=0.98)	-0.32 (P=0.75)
	过度识别检验	21.30 (P=1.00)	18.17 (P=1.00)	21.36 (P=1.00)	17.09 (P=1.00)
	GMM 估计方法	一步系统	两步差分	一步系统	两步差分

续表

		模型 6-1		模型 6-2	
		指标1（res1）	指标2（res2）	指标1（ires1）	指标2（ires2）
计算机和信息服务	常数项	-16.82** (-2.02)	-7.11 (-1.49)	-5.26* (-1.70)	-7.04 (-1.10)
	前期服务外包（off^{-1}）	0.68*** (4.92)	0.78*** (7.22)	0.75*** (5.14)	0.82*** (1.84)
	人才建设指标（res/ires）	4.28** (1.96)	4.83** (2.33)	2.45* (1.79)	4.62* (1.84)
	经济发展水平（gni）	3.57 (0.68)	1.98 (0.46)	3.17 (0.82)	2.17 (0.43)
	AR（1）	-2.26 (P=0.02)	-2.22 (P=0.03)	-2.81 (P=0.01)	-1.95 (P=0.05)
	AR（2）	1.31 (P=0.19)	1.52 (P=0.13)	0.06 (P=0.95)	1.25 (P=0.21)
	过度识别检验	4.74 (P=1.00)	4.79 (P=1.00)	12.03 (P=1.00)	3.01 (P=1.00)
	GMM估计方法	一步系统	一步系统	一步系统	一步系统
其他商业服务	常数项	-0.23 (-0.74)		0.53** (2.02)	
	前期服务外包（off^{-1}）	0.94*** (47.25)	0.13*** (2.79)	0.94*** (47.53)	0.13*** (2.48)
	人才建设指标（res/ires）	0.06** (2.21)	-0.66*** (-2.52)	0.05** (2.17)	-0.56*** (-3.64)
	经济发展水平（gni）	0.08** (2.26)	1.51*** (9.18)	0.08** (2.22)	1.49*** (10.51)
	AR（1）	-2.37 (P=0.02)	-1.81 (P=0.07)	-2.37 (P=0.02)	-1.81 (P=0.07)
	AR（2）	0.40 (P=0.69)	0.46 (P=0.64)	0.40 (P=0.69)	0.49 (P=0.63)
	过度识别检验	20.15 (P=1.00)	20.67 (P=1.00)	19.88 (P=1.00)	19.77 (P=1.00)
	GMM估计方法	一步系统	两步差分	一步系统	两步差分

注：表中变量回归结果的括号内为估计系数的 t 统计量，***、**、* 分别表示在1%、5%、10%水平上显著；自相关（AR）检验和过度识别检验结果的括号内是 P 值，自相关检验［AR（1）、AR（2）］的原假设是不存在一阶或二阶自相关；估计方法选项包括4种：一步差分 GMM 估计、两步差分 GMM 估计、一步系统 GMM 估计、两步系统 GMM 估计。

模型6-2的估计结果进一步验证了承接国相对于日本的人才建设水平对服务外包的影响机制。除了建筑服务的模型没有通过统计显著性水平检验以外，模型6-2的第一列结果与模型6-1的第一列结果基本相同，人才建设指标1（$ires1$）的系数基本通过了统计显著性水平检验，并且除了保险服务模型的系数值为负以外，其他大部分模型的影响系数符号均为正，符合预期的结果。模型6-2的第二列结果则显示，相对于服务发包国日本而言，承接国的人才建设质量水平（$ires2$）对不同类别的服务外包的影响方向不同，它对计算机和信息服务与金融服务的跨境外包有明显的正向促进作用，影响系数分别是4.62和0.23，但是对保险服务、通信服务和其他商业服务的跨境外包有明显的负向作用，影响系数分别是-2.31、-1.28和-0.56，另外，建筑服务与特许权和许可费的结果没有通过统计显著性水平检验。因此，通过模型6-2的回归分析，可以看出一个国家相对于日本的人才建设总量会显著促进除了建筑和保险服务类别的服务外包承接业务的发展，但是相对于日本的人才建设质量仅能促进部分服务外包业务的发展，例如，较日本发达的优质人才建设体系仅对计算机和信息服务与金融服务的跨境外包有明显的促进作用。

第五节 小结

国内外对于服务外包的影响机制问题已有充分的研究，但是，至今的研究还没有充分回答为什么不同服务会离岸分包到不同国家。第四章、第五章立足于离岸服务外包的立地选择科学问题，基于交易成本理论对交易本体和交易对象的异质特征进行辩证诠释，形成主要假说，并以日本为例，构建它对包括中国在内的26国或地区13年间包括7个服务类别的动态面板模型，基于经验检验的结果，针对服务交易本体属性（业务复杂性、资产专用性、交易不确定性）和交易对象国的异质特征（产权保护、基础设施和人才建设）对日本不同类别的服务业务发包的影响进行科学验证。

表 5-10 综合了不同因素对服务外包影响的理论假说和实证检验的主要观点，能够反映出理论预期与实证检验之间的符合或不符合之处。

表 5-10　　　　　　　　理论假说和检验结果对照

主要指标	理论预期 显著性	理论预期 影响方向	通信 显著性	通信 影响方向	计算机和信息 显著性	计算机和信息 影响方向	其他商业 显著性	其他商业 影响方向	金融 显著性	金融 影响方向	保险 显著性	保险 影响方向	建筑 显著性	建筑 影响方向	特许权和许可费 显著性	特许权和许可费 影响方向
业务复杂性	✓	−	✓	−	✓	−	✓	+	✓	−	✓	−	✓	−	/	/
资产专用性	✓	−	✓	/	✓	/	✓	−	✓	/	✓	/	✓	/	/	/
交易不确定性	✓	/	✓	/	✓	+	✓	/	✓	/	✓	/	✓	/	/	/
产权保护制度	✓	+	✓	/	✓	/	✓	/	✓	/	✓	/	✓	/	✓	+
基础设施	✓	+	✓	+	✓	/	✓	/	✓	/	✓	/	✓	+	✓	/
人才建设	✓	+	✓	/	✓	/	✓	+	✓	/	✓	+	✓	/	✓	/

注："✓"表示指标对服务外包有显著影响，"×"表示指标对服务外包没有显著影响，"+"表示指标对服务外包有正向影响，"−"表示指标对服务外包有负向影响，/表示指标对服务外包影响的显著性或方向无法判定。

研究证明，业务复杂性、资产专用性与主要服务业务的跨境外包显著负相关；交易不确定性对异质型服务外包的影响显著，但影响方向不能确定；知识产权与所有异质型服务外包显著正相关；基础设施与部分服务外包显著正相关；人才建设总量与服务外包显著正相关，人才质量建设与复杂服务业务外包显著正相关。

第六章　服务外包承接能力：
多维度距离解释

我国承接国外服务外包业务能否持续，尤其是与最早发展服务外包承接业务的印度相比，服务发包国在选择我国作为服务承接地时究竟会注重哪些要素，将是一个值得深思的关键科学问题。学者基本认为，一国如何转移服务业务和一国如何吸引国外的服务业务主要在于成本的考虑[①]，但是，这部分研究忽视了国与国之间经济总量的相对变化、距离、制度等基本要素。

本章拟对现有服务外包文献进行学理性梳理，然后构建服务外包引力模型，形成"有形距离"和"无形距离"假说。

第一节　引力模型理论缘起

根据微观需求理论，对产品需求的增加会促进行业扩大生产，基于关联效应，行业企业随之增加对劳动力的需求。基于贸易对就业的影响，出口贸易的增长能够促进国内行业的产出，带动劳动就业；而进口

---

① R. C. Feenstra, 2010, *Offshoring in the Global Economy: Theory and Evidence*, MIT Press；吕延方、赵进文：《中国承接服务外包影响因素分析——基于多国面板数据的实证检验》，《财贸经济》2010 年第 7 期；X. L. Wu, and F. Q. Zhang, 2014, "Home or Overseas? An Analysis of Sourcing Strategies under Competition," *Management Science*, Vol. 60, No. 5, pp. 1223–1240.

贸易的增长，会降低国内的行业产出，进而抑制劳动就业。[1]

一 社会科学领域引力模型缘起

严格意义上的引力模型是由 Stewart[2] 构建的，他认为，社会科学能够使用物理科学的早期策略：从变量间寻找简单的数学关系。他从牛顿引力公式出发，构建了人口统计的引力模型：

$$I_{ij} = k(P_i \times P_j)/(d_{ij})^2 \qquad (6.1)$$

其中，I_{ij} 是地点 i 与 j 之间相互作用的某种形式（例如交通、迁移、通信等），P_i 和 P_j 分别是地点 i 和地点 j 的人口，d_{ij} 是地点 i 和地点 j 之间的地理距离，k 是一个常数。

在研究工作中，引力模型由最新的经济计量技术来修正。[3] 公式（6.2）是引力模型的一个现代变形：

$$M_{ij} = kF_i \times (G_j \times exp(-cd_{ij}))/[\sum_l (G_l \times exp(-cd_{il}))] \qquad (6.2)$$

其中，M_{ij} 度量从地点 i 到 j 的经济运动，k 和 c 是常数，d_{ij} 和 d_{il} 不再是地理距离，而是距离的某种函数，即表示地点 i 和地点 j、地点 i 和地点 l 之间的距离函数。同样，式（6.1）中人口变量被诸如生产总值、工资、失业等复杂多元函数所代替，F_i、G_j 和 G_l 分别是地点 i、地点 j 和地点 l 的多元函数。

二 国际贸易学科引力模型的发展

贸易学界一般认为，两个经济体之间的贸易流量与经济体各自的经济规模成正比，与它们之间的距离成反比。Anderson, Helpman and Krugman, Deardorff, Anderson and van Wincoop, Helpman et al. 先后发

---

[1] K. Sen, 2009, "International Trade and Manufacturing Employment: Is India Following the Footsteps of Asia or Africa," *Review of Development Economics*, Vol. 13, No. 4, pp. 765–777.

[2] J. Q. Stewart, 1947, "Suggested Principles of 'Social Physics'," *Science*, Vol. 106, pp. 179–180; J. Q. Stewart, 1948, "Demographic Gravitation: Evidence and Application," *Sciometry*, Vol. 1, pp. 31–58.

[3] W. Alonso, "Gravity Models," *The New Palgrave: A Dictionary of Economics*, edited by J. Eatwell, M. Milgate, and P. Newman, The Macmillan Press Limited, 1987.

展了研究国际贸易的引力模型。[①] 首先，Anderson 认为，引力模型是最为成功的贸易实证工具，他对引力模型在研究国际贸易领域的若干问题进行了较全面的理论综述；Helpman and Krugman 侧重增加了不完全竞争理论；Deardorff 研究认为，引力模型符合基于要素禀赋假设的新古典贸易理论；Anderson and van Wincoop 强化了引力模型构建的理论基础，避免了估计偏差问题；Helpman et al. 开发了允许异质性企业存在的国际贸易引力模型。

公式（6.3）是已有研究从国家 i 向国家 j 的贸易流量的引力模型基本形式：

$$T_{ij} = a_0 (G_i)^{a_1} \times (G_j)^{a_2} exp(a_4 Z_{ij}) \varepsilon_{ij} / (D_{ij})^{a_3} \qquad (6.3)$$

其中，a_0，a_1，a_2，a_3 和 a_4 是主要变量的估计参数，ε_{ij} 是独立于解释变量的随机误差项，且满足 $E[\varepsilon_{ij} | G_i, G_j, D_{ij}, Z_{ij}] = 1$。$T_{ij}$ 是国家 i 向国家 j 的贸易流量，它被认为与两个国家的经济总量成正比，与两个国家的地理距离成反比。经济总量的替代变量分别是国家 i、国家 j 的国内生产总值 G_i 和 G_j。D_{ij} 是国家 i 和国家 j 之间的地理距离，通常作为反映两个国家的贸易成本的替代变量，即距离近的两个国家贸易成本通常要低于距离远的两个国家的贸易成本。Z_{ij} 表示了其他影响贸易流量的因素。

三 服务贸易引力模型的提出

Kandilov and Grennes 使用引力模型开始研究服务贸易，他们采用了引力模型的对数形式[②]：

[①] J. Anderson, 1979, "A Theoretical Foundation for the Gravity Equation," *American Economic Review*, Vol. 69, pp. 106–116. E. Helpman, and P. Krugman, 1985, *Market Structure and Foreign Trade*, MIT Press. A. V. Deardorff, 1998, "Determinants of Bilateral Trade: Does Gravity Work in a Neoclassical World?" In *The Regionalization of the World Economy*, edited by J. A. Frankel, University of Chicago Press. J. Anderson, and E. van Wincoop 2003, "Gravity with Gravitas: A Solution to the Border Puzzle," *American Economic Review*, Vol. 93, pp. 170–191. E. Helpman, M. Melitz, and A. Rubenstein, 2008, "Estimating Trade Flows: Trading Partners and Trading Volumes," *Quarterly Journal of Economics*, Vol. 123, No. 2, pp. 441–488.

[②] I. T. Kandilov, and T. Grennes, 2012, "The Determinants of Service Offshoring: does Distance Matter?" *Japan and the World Economy*, Vol. 24, No. 1, pp. 36–43.

$$\ln(EXP_{ij}) = \ln(a_0) + a_1\ln(GDP_i) + a_2\ln(GDP_j) + a_3\ln(DIST_{ij}) + a_4 Z_{ij} + \ln(\varepsilon_{ij}) \quad (6.4)$$

其中，EXP_{ij} 是国家 i 向国家 j 的服务贸易出口值，GDP_i、GDP_j 是国家 i、国家 j 的国内生产总值，$DIST_{ij}$ 是国家 i 和国家 j 之间的地理距离，Z_{ij} 表示其他影响贸易流量的因素。

四　研究动态分析

以上国内外研究为本书提供了很好的理论参照系，基于既有研究，本书将深入、全面阐释至今仍然存在分歧的若干问题。

第一，如何准确测量服务外包承接水平？鉴于服务外包承接水平指标的统计和研究时间相对较短，国内外仍未形成统一的测量标准，且多数学者关注一个国家的多边外包或者承接外包机制，忽视了一个国家与异质性国家之间所发生的外包和承接外包活动特征，也就是说，忽视了双边的外包或者承接外包机制。近期，联合国统计委员会基于其构建货物贸易统计数据库（UN Comtrade Database）的经验，按照不同服务类别和合作伙伴国家构建了服务贸易数据库，为本书科学、合理地筛选服务外包范围及测度承接服务外包活动奠定了工作基础。本书拟在吕延方和赵进文[①]研究的基础上，基于联合国服务贸易数据库的服务类别解释，剔除与服务外包无关联的服务类别，测算出我国、印度承接国外服务外包的完成金额。

第二，地理距离是不是承接服务外包业务变动的主要影响向量？本书拟运用现代建模理论与方法，从服务贸易产品效用函数出发，构建内含距离、价格和收入的双边服务贸易引力模型，通过进一步筛选与服务外包密切相关的服务行业部门，构建反映服务外包承接机制的经济计量模型，并利用动态面板模型的广义矩估计统计方法，对所建模型开展系统、科学的指标诊断测评，最后提取、识别实证模型的重要信息。

第三，距离不仅内含了地理的范畴，而且内含了更多的范畴，例如

[①] 吕延方、赵进文：《中国承接服务外包影响因素分析——基于多国面板数据的实证检验》，《财贸经济》2010 年第 7 期。

经济、文化等。① 对后面的范畴，本书创建一个新概念"无形距离"来囊括。近年来，贸易学家在关注地理距离的同时，忽视了无形距离，而随着经济一体化的跨国界发展，无形距离正对一个国家的贸易机制，尤其是对服务贸易实践行为（例如服务外包）产生着愈来愈重要的影响。本书在实证模型中考量有形距离（地理距离等）对服务外包影响效应的同时，增加经济距离等无形距离向量，以期综合反映不同距离对服务外包承接可能产生的效果。

第二节 服务外包引力模型推导

各国消费者偏好由不变弹性效用函数表示。这里假设 i 国 CES 服务贸易产品效用函数为：

$$U_i = \left(\sum_j \sum_k \beta_{jk} X_{ijk}^{-\rho} \right)^{\frac{1}{-\rho}} \tag{6.5}$$

这里 X_{ijk} 表示 i 国消费者对 j 国服务类商品 k 的消费量。$\sigma = \dfrac{1}{1+\rho}$ 为 i 国消费者消费的服务商品之间的替代弹性。

i 国消费者收入约束条件为：

$$Y_i = \left(\sum_j \sum_k P_{ijk} X_{ijk} \right) \tag{6.6}$$

这里 Y_i 是 i 国收入，P_{ijk} 是 j 国产品 k 在 i 国的价格。

i 国消费者在收入约束下最大化其效用函数，此最大化问题可表述为：

$$\max U_i \text{ 满足 } \sum_j \sum_k P_{ijk} \leq Y_i \tag{6.7}$$

构建拉格朗日函数：

$$F(\lambda) = U_i + \lambda \left(Y_i - \sum_j \sum_k P_{ijk} X_{ijk} \right) \tag{6.8}$$

对 X_{ijk} 和拉格朗日乘数 λ 求导，则一阶条件应满足式（6.9）和式

---

① P. Ghemawat, 2001, "Distance still Matters: The Hard Reality of Global Expansion," *Harvard Business Review*, Vol. 79, No. 9, pp. 137–147.

(6.10)：

$$\frac{\partial F}{\partial X_{ijk}} = \frac{\partial U_i}{\partial X_{ijk}} - \lambda P_{ijk} \qquad (6.9)$$

$$\frac{\partial F}{\partial \lambda} = Y_i - \sum_j \sum_k P_{ijk} X_{ijk} \qquad (6.10)$$

由式（6.9）可得：

$$\frac{\partial U_i}{\partial X_{ijk}} = \left(\sum_j \sum_k \beta_{jk} X_{ijk}^{-\rho} \right)^{-\frac{1}{\rho}-1} \times \beta_{jk} \times X_{ijk}^{-\rho-1} = \lambda P_{ijk} \qquad (6.11)$$

又因为

$$\left(\sum_j \sum_k \beta_{jk} X_{ijk}^{-\rho} \right)^{-\frac{1}{\rho}-1} = U_i^{1-\rho} \qquad (6.12)$$

将式（6.12）代入（6.11）有：

$$U_i^{1+\rho} \times X_{ijk}^{-\rho-1} \times \beta_{jk} = \lambda P_{ijk} \qquad (6.13)$$

因此

$$X_{ijk} = U_i \times \lambda^{\frac{1}{\rho+1}} \times P_{ijk}^{\frac{1}{\rho+1}} \times \beta_{jk}^{\frac{1}{\rho+1}} \qquad (6.14)$$

由式（6.10）可得

$$Y_i = \sum_j \sum_k P_{ijk} X_{ijk} \qquad (6.15)$$

将式（6.14）代入式（6.15），整理得：

$$Y_i = U_i \times \lambda^{\frac{1}{\rho+1}} \times \sum_j \sum_k \beta_{jk}^{\frac{1}{\rho+1}} \times P_{ijk}^{\frac{1}{\rho+1}} \qquad (6.16)$$

由式（6.14）和式（6.16）可得：

$$X_{ijk} = Y_i \times \beta_{jk}^{\frac{1}{\rho+1}} \times P_{ijk}^{\frac{1}{\rho+1}} \times \left(\sum_j \sum_k \beta_{jk}^{\frac{1}{\rho+1}} \times P_{ijk}^{\frac{1}{\rho+1}} \right)^{-1} \qquad (6.17)$$

令

$$P_i = \left(\int \beta_{jk}^{\frac{1}{\rho+1}} P_{ijk}^{\frac{\rho}{\rho+1}} dk \right)^{\frac{\rho+1}{\rho}} \qquad (6.18)$$

于是，可得：

$$X_{ijk} = \frac{\beta_{jk}^{\frac{1}{\rho+1}} \times P_{ijk}^{\frac{1}{\rho+1}}}{P_i^{\frac{1}{\rho+1}}} \times Y_i$$

$$= \beta_{jk}^{\frac{1}{\rho+1}} \times P_{ijk}^{\frac{1}{\rho+1}} \times P_i^{\frac{\rho}{\rho+1}} \times Y_i \qquad (6.19)$$

考察 j 国服务供应商运营状况，若供应商提供的服务在本国消费时，产出服务产品 k 的利润函数可写作：

$$\pi(P_{ik}, W) = P_{ik} \times f(Z) - W \times Z \tag{6.20}$$

这里 W 是要素价格向量，$Z = (z_1, z_2, \cdots, z_n)$ 为投入向量。

供应商获得利润最大化的一阶条件是：

$$P_{jk} \times \frac{\partial F(Z^*)}{\partial Z_h} = W_n (H = 1, 2, \cdots, n) \tag{6.21}$$

令梯度向量：

$$Df(Z^*) = \left(\frac{\partial F(Z^*)}{\partial Z_1}, \frac{\partial F(Z^*)}{\partial Z_2}, \cdots, \frac{\partial F(Z^*)}{\partial Z_n} \right)$$

由式（6.21）可得式（6.22），它表示 j 国服务供应商所提供的服务产品 k 在本国消费时，消费者支付的价格：

$$P_{jk} = W \times \left(Df(Z^*) \right)^{-1} \tag{6.22}$$

i 国和 j 国之间的贸易存在贸易成本，现在假设贸易成本主要由 i 国和 j 国之间的距离函数 $l(D_{ij})$ 决定，于是，j 国服务类产品 k 出口到 i 国时，i 国消费者所支付的价格为：

$$P_{ijk} = l(D_{ij}) \times P_{ik} \tag{6.23}$$

j 国生产者出口到 i 国服务所获得的利润为：

$$\pi_{ijk} = (1 - \sigma) \times \beta_{jk} \times \left(\frac{p_{ijk}}{p_i} \right)^{\frac{\sigma}{\rho+1}} \times Y_i - C(Z) \tag{6.24}$$

这里 $C(Z)$ 表示成本函数。

将式（6.23）代入式（6.24）得到：

$$\pi_{ijk} = (1 - \sigma) \times \beta_{jk}^{\frac{1}{\rho+1}} \times \left(\frac{l(D_{ij}) \times P_{jk}}{p_i} \right)^{\frac{\sigma}{\rho+1}} \times Y_i - C(Z) \tag{6.25}$$

根据完全竞争市场中厂商的长期均衡要求，厂商的长期利润为 0，从而

$$(1 - \sigma) \times \beta_{jk}^{\frac{1}{\rho+1}} \times \left(\frac{l(D_{ij}) \times P_{jk}}{p_i} \right)^{\frac{\sigma}{\rho+1}} \times Y_i - C(Z) \tag{6.26}$$

最终，从上面推导的需求方程和价格方程，可以得到 i 国从 j 国进

口服务的贸易方程：

$$M_{ijk} = \beta_{jk}^{\frac{1}{\rho+1}} \times \left(\frac{l(D_{ij}) \times P_{jk}}{p_i} \right)^{\frac{\rho}{\rho+1}} \times Y_i \times V_{ijk} \qquad (6.27)$$

这里 V_{ijk} 表示双边贸易量。

对式（6.27）取对数获得：

$$\ln M_{ijk} = \frac{1}{\rho+1}\ln\beta_{jk} + \frac{\rho}{\rho+1}\ln l(D_{ij}) + \frac{\rho}{\rho+1}\ln P_{jk} -$$

$$\frac{\rho}{\rho+1}\ln P_i + \ln Y_i + \ln V_{ijk} \qquad (6.28)$$

又因为双边贸易量由多个因素决定，主要包括两国收入、产品价格、距离等，即

$$V_{ijk} = \varphi(Y_i, Y_j, P_{jk}, D_{ij})$$

式（6.28）可以变为：

$$\ln M_{ijk} = a_0 + a_1\ln D_{ij} + a_2\ln P_{jk} + a_3\ln P_i + a_4\ln P_i + a_5\ln Y_j + \delta_{ijk}$$
$$(6.29)$$

从式（6.29）可最终总结出：两国的服务贸易的影响要素主要由三个部分组成：距离、价格和收入。

本章将重点考虑中国、印度承接国外主要发包国家服务业务的影响因素。服务外包是服务贸易的一个特殊形式，即一国向他国转移的服务环节最终会通过一国向他国所支付的服务业务完成金额来实现。这里可以写为：

$$off_{ij} = M_{ij}$$

其中，off_{ij} 是反映国家 i 向国家 j（中国或印度）转移服务业务的变量，也就是国家 j（中国或印度）承接国家 i 服务外包业务的变量。

于是可以设定中国、印度承接跨国服务外包的基本模型：

$$\ln off_{ij} = a_0 + a_1\ln D_{ij} + a_2\ln P_j + a_3\ln P_i + a_4\ln Y_i + a_5\ln Y_j + \delta_{ij}$$
$$(6.30)$$

第三节　多维度距离假说归纳

式（6.30）显示，除了价格和收入以外，距离仍是影响我国承接

跨境服务外包的关键影响因子。多数时候，距离函数一般也被视为影响双边或多边贸易的一种阻力。例如，Gooris and Peeters[1]的研究显示了地理、文化、体制等不同维度的距离。本节将系统考虑有形距离和无形距离两个范畴，其中有形距离包括地理距离和时区距离，无形距离包括经济距离、文化距离、技术距离、开放距离、制度距离。

一 地理距离

地理距离被认为是影响运输成本的重要代理变量[2]，它能反映两个对象国之间文化和语言的不同，信息沟通的障碍度，而且能映射社会和商业网络连接的强度。[3] 一般认为，地理距离是影响货物贸易的主要负向因素。但是，近年来，地理距离开始被认为是影响服务贸易和服务外包的重要变量。[4] 基于此，本节构建假说1。

假说1：地理距离负向影响服务外包承接。

二 时区距离

一般认为，信息技术可以降低对本地资源的需求，可以促进远程服务供给的优势，有利于跨国企业提供跨时区的24小时服务。[5] 近期研究开始关注时区对服务跨境转移的影响。有学者认为，地理距离对跨境业务的影响会因为一个业务跨越不同时区（例如东西方之间的交易）或是在同一时区的转移（例如南北方之间的交易）而不同，例如，不同时区两个地区之间服务同一性协调和交流会有困难。[6] 于是，本章构建

---

[1] J. Gooris, and C. Peeters, 2014, "Home-Host Country Distance in Offshore Governance Choices," *Journal of International Management*, Vol. 20, No. 1, pp. 73 – 86.

[2] E. Leamer, 2007, "A Flat World, a Level Playing Field, a Small World after All, or None of the Above?" *Journal of Economic Literature*, Vol. 45, pp. 83 – 126.

[3] I. T. Kandilov, and T. Grennes, 2012, "The Determinants of Service Offshoring: Does Distance Matter?" *Japan and the World Economy*, Vol. 24, No. 1, pp. 36 – 43.

[4] K. Head, T. Mayer, and J. Ries, 2009, "How Remote is the Offshoring Threat?" *European Economic Review*, Vol. 53, pp. 429 – 444.

[5] L. Nachum, and S. Zaheer, 2005, "The Persistence of Distance? The Impact of Technology on MNE Motivations for Foreign Investment," *Strategic Management Journal*, Vol. 26, pp. 747 – 767.

[6] J. Gooris, and C. Peeters, 2014, "Home-Host Country Distance in Offshore Governance Choices," *Journal of International Management*, Vol. 20, No. 1, pp. 73 – 86.

假说2。

假说2：时区距离负向影响服务外包承接。

三 经济距离

经济距离一般用两个国家之间的人均国内生产总值或人均收入之间的差距来表示。经济距离会影响对象国之间的贸易行为最早被Linder阐释，即Linder假说：拥有相似需求结构的国家将输入或输出更多的水平差异产品。[①] Peltrault and Venet认为，可以用人均收入或人均国内生产总值作为需求结构的代理变量，[②] Linder假说可以被解释为人均国内生产总值与产业内相似产品占总贸易产品的份额之间存在负向联系。Peltrault and Venet还构建了经济距离指标，两个国家的经济距离$edisc_{ij}$是国家i和国家j的人均国内生产总值之间的较大值与较小值的比值，见下式：

$$edisc_{ij} = \frac{\max(gdpc_i, gdpc_j)}{\min(gdpc_i, gdpc_j)}$$

目前，仍然无法搜索到经济距离对服务外包影响的文献。但是，鉴于服务外包是一个重要的贸易实践，本章尝试构建假说3。

假说3：经济距离会显著影响服务外包承接，但是方向无法确定。如果经济距离显著正向影响服务外包承接，则意味着中国、印度承接的服务外包业务仍反映了垂直差异的贸易结构。反之，则反映了水平差异的贸易结构。

四 文化距离

Anderson and Gatigon指出，母国和东道国之间的文化距离容易造成操作程序、流程和知识的偏移，最终影响交易的不确定性。[③] Kshetri进

[①] S. B. Linder, 1961, *An Essay on Trade and Transformation*, Wiley and Sons.

[②] F. Peltrault, and B. Venet, 2005, "Intra-industry Trade and Economic Distance: Causality Tests Using Panel Data," Economic Papers from University Paris Dauphine, No. 123456789/122.

[③] E. Anderson, and H. Gatignon, 1986, "Modes of Foreign Entry: A Transaction Cost Analysis and Propositions," *Journal of International Business Studies*, Vol. 17, No. 3, pp. 1 – 26.

一步指出，相对于其他形式的国际贸易和投资行为，离岸服务外包要求不同地区的作业员具有更高程度的互动，因此文化距离对于服务外包承接有显著的影响。① 于是，本章构建假说4。

假说4：文化距离会显著负向影响服务外包承接。

五 技术距离

Acemoglu et al. 研究认为，对于那些远离世界技术前沿的经济体，它们的企业管理者更倾向于垂直一体化，原因在于：对于这些国家，相对于模仿，创新显得不重要；再者，因为外包而套牢，会额外带来较多的管理成本，因此，流程和服务外包将毫无益处。② 于是，本章可以推断：那些愈接近世界技术前沿的发达国家经济体，会更倾向于将流程和服务外包到中国、印度等发展中国家。于是，本章构建假说5。

假说5：技术距离会显著正向影响服务外包承接。

六 开放距离

吕延方研究认为，开放水平对承接服务外包影响最大，并高度显著。她指出，随着我国不断融入世界服务全球体系，各项更为积极、开放的产业政策支持了主要产业的发展，进而降低了服务外包转移的交易成本。③ 于是，本章构建假说6。

假说6：开放距离会显著影响服务外包承接，中国、印度与发达国家的开放距离愈小，服务外包业务承接会增加。

七 制度距离

制度是制度经济学家研究的主题，被区分为正式制度和非正式制

---

① N. Kshetri, 2007, "Institutional Factors Affecting Offshore Business Process and Information Technology Outsourcing," *Journal of International Management*, Vol. 13, No. 1, pp. 38 – 56.

② D. Acemoglu, F. Zilibotti, and P. Aghion, 2003, "Vertical Integration and Distance to Frontier," *Journal of the European Economic Association*, Vol. 1, No. 2 – 3, pp. 630 – 638.

③ 吕延方：《承接服务外包的驱动因素——基于2003—2013年行业面板数据的经验研究》，《经济管理》2015年第7期。

度。[1] 因为后者内含了更多的文化范畴，本章强调的制度距离主要指前者，即法律、规章等正式制度。Gooris and Peeters 指出，制度距离的差距能体现发包母国和承包的东道国之间的企业所遵循规则的不同，更大的制度距离容易产生更多的冲突和调节摩擦。[2] 基于此，本章考虑了制度距离作用于承接服务外包的双刃特征：一方面，由于制度差距带来更多的协调成本，制度距离可能负向影响服务外包的承接；另一方面，基于制度差距所产生的交易不确定性，发达国家的企业会倾向于将服务业务外包给国外的供应商，以代替母国企业的跨境交易，由此，制度距离可能正向影响服务外包承接的绝对值。于是，本章尝试构建假说 7。

假说 7：制度距离会显著影响服务外包承接，但是方向无法确定。如果制度距离显著正向影响服务外包承接，就意味着更多的跨境交易服务会外包给中国、印度的供应商。反之，则意味着更多的交易摩擦影响了服务外包业务的跨境转移。

第四节 小结

服务外包作为经济新常态时期的一种新兴贸易媒介，不仅受到政府的大力支持，也受到媒体和学界的广泛关注。作为引力模型的核心要素，距离是否会影响服务外包业务的承接效果？

本章通过构建服务外包引力模型，显示出距离仍然是影响服务外包流量的关键影响因子，然后基于国内外前沿文献，归纳出"有形距离"和"无形距离"假说：

假说 1：地理距离负向影响服务外包承接。
假说 2：时区距离负向影响服务外包承接。
假说 3：经济距离会显著影响服务外包承接，但是方向无法确定。
假说 4：文化距离会显著负向影响服务外包承接。

---

[1] D. C. North, 1990, *Institutions, Institutional Change, and Economic Performance*, Cambridge University Press.

[2] J. Gooris, and C. Peeters, 2014, "Home-Host Country Distance in Offshore Governance Choices," *Journal of International Management*, Vol. 20, No. 1, pp. 73 – 86.

假说5：技术距离会显著正向影响服务外包承接。

假说6：开放距离会显著负向影响服务外包承接，中国、印度与发达国家的开放距离愈小，服务外包业务承接会增加。

假说7：制度距离会显著影响服务外包承接，但是方向无法确定。

下一章将通过实证检验和变量结果解释，形成经验结果，以验证上述理论假说。

第七章 多维度距离解释效力：
以中国和印度为例

上一章归纳出"有形距离"和"无形距离"假说。假说认为，地理、时区、文化、开放等距离会负向影响承接服务外包流量，而技术距离对承接服务外包流量存在显著正向影响，经济和制度距离对服务外包流量的影响方向无法确定。

本章将基于中国和印度承接他国的面板数据，对距离假说进行详细和较为系统的论证。

第一节 动态面板计量方法

因个体行为的惯性、连续性等因素的影响，经济现象处于动态变化过程中。动态面板数据模型能够很好地揭示经济行为的复杂动态变化特征，能够凭借控制个体效应来克服变量遗漏偏误，并解决反向因果问题。当引入因变量的动态滞后项后，动态面板模型中的解释变量与随机扰动项的非观测个体效应相关，产生内生性问题。模型设定时解释变量违反了严格外生的假定，此时若采用标准的混合 OLS、随机效应或固定效应估计将导致参数估计的严重偏误和非一致性。为解决这一问题，基于 Hansen 提出的广义矩（GMM）估计方法[1]，Arellano

---

[1] L. P. Hansen, 1982, "Large Sample Properties of Generalized Method of Moment Estimators," *Econometrica*, Vol. 50, No. 4, pp. 1029–1054.

and Bond, Arellano and Bover, Blundell and Bond 等构建了动态面板数据模型一致估计量。① 广义矩 GMM 主要可以分为系统 GMM 估计（system GMM）、一阶差分 GMM（diff-GMM）等。

一 一阶差分 GMM

首先根据基本模型［见第六章式（6.30）］，设定动态面板模型：

$$\ln OFF_{ijt} = \mu_i + \alpha_1 \ln OFF_{ijt-1} + \alpha_2 \ln D_{ijt} + \alpha_3 \ln P_{jt} + \alpha_4 \ln P_{it} + \alpha_5 \ln Y_{it} + \alpha_6 \ln Y_{jt} + \varepsilon_{ijt} \quad (7.1)$$

Blundell and Bond 指出，在时间序列较短时，系统 GMM（system GMM）的估计效果优于普通 GMM。但如果个体效应与异质性冲击的方差比（$\sigma_\mu / \sigma_\varepsilon$）非常小，或是非常大时，那么估计量的偏误程度可能大于一阶差分的 GMM 估计结果。②

考虑到本章所估计的动态面板数据模型的个体效应与异质性冲击的方差比（$\sigma_\mu / \sigma_\varepsilon$）情况，部分模型采用 Arellano and Bond 提出的一阶差分 GMM（diff-GMM），可以较好地解决内生性和数据异质性。其基本思想是：

对公式（7.1）进行一阶差分，得到不包含个体效应的一阶差分模型：

$$\Delta \ln OFF_{ijt} = \beta_1 \Delta \ln OFF_{ijt-1} + \beta_2 \Delta \ln D_{ijt} + \beta_3 \Delta \ln P_{jt} + \beta_4 \Delta \ln P_{it} + \beta_5 \Delta \ln Y_{it} + \beta_6 \Delta \ln Y_{jt} + \Delta \varepsilon_{ijt} \quad (7.2)$$

---

① M. Arellano, and S. R. Bond, 1991, "Some Tests of Specification for Panel Data: Monte Carlo Evidence and an Application to Employment Equation," *Review of Economic Studies*, Vol. 58, No. 2, pp. 277 – 297. M. Arellano, and O. Bover, 1995, "Another Look at the Instrumental-variable Estimation of Error-components Models," *Journal of Econometric*, Vol. 68, No. 1, pp. 29 – 52. R. Blundell, and S. Bond, 1998, "Initial Conditions and Moment Restrictions in Dynamic Panel Data Models," *Journal of Econometrics*, Vol. 87, No. 1, pp. 115 – 143.

② 王津港：《动态面板数据模型估计及其内生结构突变检验理论与应用》，博士学位论文，华中科技大学，2009 年；吕延方、王冬：《参与不同形式外包对中国劳动力就业动态效应的经验研究》，《数量经济技术经济研究》2011 年第 9 期。

第七章 多维度距离解释效力：以中国和印度为例

其中，$\Delta \ln OFF_{ijt} = \Delta \ln OFF_{ijt} - \ln OFF_{ijt-1}$，
$\Delta \ln OFF_{ijt-1} = \Delta \ln OFF_{ijt-1} - \ln OFF_{ijt-2}$，
$\Delta \varepsilon_{ijt} = \varepsilon_{ijt} - \varepsilon_{ijt-1}$，$\Delta$ 为差分算子。

从上式可以看到，它消除了不随时间变化的个体效应，但包含了被解释变量的滞后项。由于 $\ln OFF_{ijt-1}$ 与 ε_{ijt-1} 相关，故 $\Delta \ln OFF_{ijt-1}$ 与 $\Delta \varepsilon_{ijt}$ 相关。为了克服所有解释变量的内生性问题以及 $\Delta \ln OFF_{ijt-1}$ 与 $\Delta \varepsilon_{ijt}$ 之间的相关性，必须采用工具变量进行估计。对此，采用二期滞后水平变量 $\ln OFF_{ijt-2}$ 或以前更多滞后项即 $\{\ln OFF_{ij0}, \ln OFF_{ij1}, \cdots$，作为 $\Delta \ln OFF_{ijt-1}$ 的工具变量较为合适，因为 $\{\ln OFF_{ij0}, \ln OFF_{ij1}, \cdots,\ln OFF_{ijt-2}\}$ 均与 $\Delta \ln OFF_{ijt-1}$ 相关，但是与 $\Delta \varepsilon_{ijt}$ 无关。另外，模型1中的外生解释变量也可作为差分方程（7.2）的工具变量。GMM 估计是利用差分模型中所选取的工具变量与差分扰动项正交的矩条件：

$$E(Z'_i \Delta \varepsilon_i) = 0 \tag{7.3}$$

其中，Z'_i 为工具变量矩阵，$\Delta \varepsilon_i = \Delta \ln OFF_i - \beta_1 \Delta \ln OFF_{i-1} - \Delta \chi_{it}\beta$，$\chi_{it}$ 为解释变量向量集。

在满足矩阵条件 $E(Z'_i \Delta \varepsilon_i) = 0$ 的情况下，极小化目标函数：

$$\left\{ \left[\frac{1}{N} \sum_{i=1}^{N} Z'_i \Delta \varepsilon_i \right]' W_N \left[\frac{1}{N} \sum_{i=1}^{N} Z'_i \Delta \varepsilon_i \right] \right\} \tag{7.4}$$

其中，W_N 是渐进正定权重矩阵，对式（7.4）关于 β_1，β 求导，得到模型参数 β_1，β 的 GMM 估计 $\hat{\beta}_1$，$\hat{\beta}$：

$$\begin{Bmatrix} \hat{\beta}_1 \\ \hat{\beta} \end{Bmatrix} = \left(\left(\sum_{i=1}^{N} \begin{pmatrix} \Delta \ln OFF'_{i-1} \\ \Delta X'_i \end{pmatrix} Z_i \right) W_N \left(\sum_{i=1}^{N} Z'_i (\Delta \ln OFF_{i-1} \ \Delta X_i) \right) \right)^{-1}$$

$$\left(\left(\sum_{i=1}^{N} \begin{pmatrix} \Delta \ln OFF'_{i-1} \\ \Delta X'_i \end{pmatrix} Z_i \right) W_N \left(\sum_{i=1}^{N} Z'_i (\Delta \ln OFF_i) \right) \right) \tag{7.5}$$

从上式可以看到，β_1，β 的 GMM 估计 $\hat{\beta}_1$，$\hat{\beta}$ 依赖于权重矩阵 W_N 的选择，使 $Var \begin{Bmatrix} \hat{\beta}_1 \\ \hat{\beta} \end{Bmatrix}$（方差协方差矩阵）最小的正定权重矩阵 W_N 为

最优权重矩阵，此时 GMM 估计 $\hat{\beta}_1$，$\hat{\beta}$ 是一致、有效的。

如果 σ_ε^2 已知，β_1 的最有效 GMM 估计服从渐进正态分布。如果 σ_ε^2 未知，Arellano and Bond[①] 给出二阶段 GMM 估计方法，根据

$$\hat{\beta}_1 = \left(\left(\sum_{i=1}^N \Delta OFF'_{i,-1} Z_i\right) W_N \left(\sum_{i=1}^N Z'_i \Delta OFF_{i,-1} \Delta X_i\right)\right)^{-1}$$

$$\left(\left(\sum_{i=1}^N \Delta OFF'_{i,-1} Z_i\right) W_N \left(\sum_{i=1}^N Z'_i \Delta OFF_i\right)\right)$$

令权重矩阵 W_N，得到 β_1 一步一致估计：

$$\hat{\beta}_1 = \left(\left(\sum_{i=1}^N \Delta \ln OFF'_{i,-1} Z_i\right)\left(\sum_{i=1}^N Z'_i \Delta OFF_{i,-1} \Delta X_i\right)\right)^{-1}$$

$$\left(\left(\sum_{i=1}^N \Delta OFF'_{i,-1} Z_i\right)\left(\sum_{i=1}^N Z'_i \Delta OFF_i\right)\right),$$

根据 β_1 的一步估计计算模型的残差 $\hat{\varepsilon}_{it}$ 及其差分 $\Delta \hat{\varepsilon}_{it}$，然后估计最优权重矩阵为 $\widehat{W}_N^{opt} = \left(\frac{1}{N}\sum_{i=1}^N Z'_i \Delta \hat{\varepsilon}_i \Delta \hat{\varepsilon}'_i Z_i\right)^{-1}$，从而得到 β_1 的二步一致估计：

$$\Delta \left(\left(\sum_{i=1}^N \Delta OFF'_{i,-1} Z_i\right) \widehat{W}_N^{opt} \left(\sum_{i=1}^N Z'_i \Delta OFF_{i,-1} \Delta X_i\right)\right)^{-1}$$

$$\left(\left(\sum_{i=1}^N \Delta OFF'_{i,-1} Z_i\right) \widehat{W}_N^{opt} \left(\sum_{i=1}^N Z'_i \Delta OFF_i\right)\right)$$

二 系统 GMM

差分广义矩参数估计易存在弱工具性的问题。Blundell and Bond 指出，如果解释变量在时间上持续性较强，这些滞后的水平变量将会是一

[①] M. Arellano, and S. R. Bond, 1991, "Some Tests of Specification for Panel Data: Monte Carlo Evidence and an Application to Employment Equation," *Review of Economic Studies*, Vol. 58, No. 2, pp. 277–297.

阶差分的弱工具变量,易产生有限样本偏误。[1] Arellano and Bover, Blundell and Bond 在 Arellano and Bond 的差分 GMM[2] 的基础上,提出了系统广义矩估计(system GMM)的方法,即建议将差分方程和水平方程统一纳入一个方程系统进行联合估计,如对初始条件过程再施加弱平稳性约束,则对差分回归方程中的工具变量依然采用相应水平变量的滞后值,并以内生变量差分的滞后值作为水平方程的工具变量。[3] 从而工具变量有效性会增强,理论上相对于差分 GMM 估计结果更为有效,但缺点是,必须假定 $\{\Delta OFF_{ijt-1}, \Delta OFF_{ijt-2}, \cdots\}$ 与 μ_1 无关,如果此条件不满足,则不能使用系统 GMM。

第二节 主要变量选取方法

被解释变量的原始数据来自联合国统计委员会的服务贸易数据库。为耦合被解释变量,本章构建了 2000—2012 年 16 个国家面板数据库,其他变量的原始数据来自世界银行的世界发展系列指标数据库以及 Infoplease、timeanddate 等网站。

一 主要距离变量

(一) 地理距离

数据来源 infoplease 网站。infoplease 网站提供了城市间的地理距离,本章选取发包国首都分别与中国首都北京、印度首都新德里之间的距离作为发包国到中国、印度的地理距离,单位为英里。

---

[1] R. Blundell, and S. Bond, 1998, "Initial Conditions and Moment Restrictions in Dynamic Panel Data Models," *Journal of Econometrics*, Vol. 87, No. 1, pp. 115 – 143.

[2] M. Arellano, and S. R. Bond, 1991, "Some Tests of Specification for Panel Data: Monte Carlo Evidence and an Application to Employment Equation," *Review of Economic Studies*, Vol. 58, No. 2, pp. 277 – 297.

[3] M. Arellano, and O. Bover, 1995, "Another Look at the Instrumental-variable Estimation of Error-components Models," *Journal of Econometric*, Vol. 68, No. 1, pp. 29 – 52. R. Blundell, and S. Bond, 1998, "Initial Conditions and Moment Restrictions in Dynamic Panel Data Models," *Journal of Econometrics*, Vol. 87, No. 1, pp. 115 – 143.

（二）时区距离

数据来源 timeanddate 网站。timeanddate 网站提供了不同国家首都间的时区差距距离，本章选取发包国首都分别与中国首都北京、印度首都新德里之间的时区差距作为发包国到中国、印度的时区距离。

（三）经济距离

本章分别采用报告国的人均国内生产总值与中国、印度的人均国内生产总值的比值作为经济距离的代表指标。人均国内生产总值（GDP per capita）数据源自世界银行的世界发展系列指标数据库，由国内生产总值（美元现价）除以年中人口数获得。

（四）文化距离

本章分别采用报告国的高等院校入学率与中国、印度的高等院校入学率的比值作为反映文化距离的代表指标。高等院校入学率数据源自世界银行的世界发展系列指标数据库，是指不论年龄大小，大学在校生总数占中学之后 5 年学龄人口总数的百分比。

（五）技术距离

本章分别采用报告国的研发支出与中国、印度的研发支出数据的比值作为反映技术距离的代表指标。研发支出数据源自世界银行的世界发展系列指标数据库，这里用研发支出费用占 GDP 的比例来测度各国研发支出相对值。

（六）开放距离

本章分别采用报告国的服务贸易指标与中国、印度的服务贸易的比值作为反映服务产业开放距离的代表指标。服务贸易指标数据源自世界银行的世界发展系列指标数据库，这里用服务贸易进出口总额占 GDP 的比例来测度各国服务产业贸易开放相对值，计算过程中服务贸易进出口总额和国内生产总值均按现值美元计。其中，世界发展系列指标数据库缺失各国 2000—2004 年服务贸易数据，可以从世界贸易组织服务贸易数据库补充这些数据。

（七）制度距离

专利权在有限的期限内可以为专利所有者的发明提供保护，由此，专利申请指标经常被作为一个国家制度创新程度的代表性指标。本章分别采用报告国的专利申请指标与中国、印度相应数据的比值作为反映他国与中国或印度之间制度距离的代表指标。专利申请数据源自世界银行的世界发展系列指标数据库，这里用非居民专利申请数占 GDP 的比例来测度各国制度创新程度相对值。

二 其他变量选取说明

（一）收入指标

收入指标分别选择了总量和人均收入指标。总量数据源自世界银行的世界发展系列指标数据库。数据库中的国内生产总值（GDP）按照各国当年的生产者价格计算出当地货币值，再利用当年平均汇率折算出美元现价。人均收入指标采用人均国内收入，数据源自世界银行的世界发展系列指标数据库。

（二）价格指标

价格指标数据源自世界银行的世界发展系列指标数据库，采用数据库中的各国消费者价格指数，它能反映普通消费者在某年度内购买固定或变动的一篮子货物和服务的成本的年百分比变化。本章采用不变价计算，设定 1999 年 = 1。

第三节 实证设计和结果分析

一 检验过程

（一）单位根检验

利用非平稳变量回归面板数据模型，用扭曲解释变量与因变量之间的相关性所得到的参数估计将不再是有效的，会出现虚假回归。与常规时间序列单位根检验方法比较而言，面板数据因具有二维数据结构特点，单位根检验方法在技术上更为复杂，难度更大。为了确保所构建模型设定的准确和估计参数的有效，对每一面板数据序列进行单位根检验是必要的。因此，本章采用多方面核对、校验、确认的方式，同时应用国际较流行的四种方法——LLC，IPS，Fisher-ADF 和 Fisher-PP 检验面板数据平稳性，以期通过全面的面板数据单位根检验方法来加强检验结果的准确性。Levin-Lin-Chu（LLC）允许各截面存在同质单位根过程，即 $\rho_i = \rho$，与此不同，IPS，Fisher-ADF 和 Fisher-PP 三种检验方法允许 ρ_i 在不同截面单位具有不同的值，即各截面含有异质单位根。LLC，IPS，Fisher-ADF 和 Fisher-PP 的原假设为存在单位根。

单位根检验结果如表 7－1 和表 7－2 所示。

表 7－1　　　　　　　　中国面板数据单位根检验结果

检验变量	LLC	IPS	Fisher-ADF	Fisher-PP
承接外包 （$loff_{ij}$）		－3.31 (0.0005)	4.95 (0.0000)	1.36 (0.0873)
经济距离 （$ledisc_{ij}$）		－1.83 (0.0339)	2.20 (0.0139)	1.77 (0.0381)
文化距离 （$lcdisc_{ij}$）			1.44 (0.0748)	13.38 (0.0000)
技术距离 （$ltdisc_{ij}$）			2.15 (0.0156)	6.65 (0.0000)
开放距离 （$lodisc_{ij}$）		－4.06 (0.0000)	12.21 (0.0000)	2.75 (0.0030)
制度距离 （$lidisc_{ij}$）		－3.31 (0.0005)	2.22 (0.0134)	2.10 (0.0179)
发包国总收入 （$lgdp_i$）	－1.60 (0.0549)	－2.42 (0.0077)	9.56 (0.0000)	3.05 (0.0011)
承接国总收入 （$lgdp_j$）	－6.85 (0.0000)	－3.53 (0.0002)	1.40 (0.0805)	10.96 (0.0000)
发包国人均收入 （$lgni_i$）	－3.01 (0.0013)	－2.90 (0.0019)	－7.55 (0.0000)	2.51 (0.0061)
承接国人均收入 （$lgni_j$）	－4.09 (0.0000)	－4.85 (0.0000)	20.09 (0.0000)	13.75 (0.0000)
发包国价格 （$lprice_i$）	－4.36 (0.0000)	－2.88 (0.0020)	3.88 (0.0001)	4.04 (0.0000)
承接国价格 （$lprice_j$）	12.81 (0.0000)	－3.57 (0.0002)	10.38 (0.0000)	1.53 (0.0628)

注：括号内为估计量的伴随概率；LLC 检验为 common unit root 检验，IPS，Fisher-ADF，Fisher-PP 检验为 individual unit root 检验；LLC，IPS，Fisher-ADF，Fisher-PP 零假设为存在单位根。

表7-2　　　　　　　印度面板数据单位根检验结果

检验变量	LLC	IPS	Fisher-ADF	Fisher-PP
承接外包 ($loff_{ij}$)		-2.25 (0.0123)	6.76 (0.0000)	10.08 (0.0000)
经济距离 ($ledisc_{ij}$)		-1.58 (0.0571)	4.65 (0.0000)	3.56 (0.0002)
文化距离 ($lcdisc_{ij}$)			3.98 (0.0000)	6.37 (0.0000)
技术距离 ($ltdisc_{ij}$)			4.40 (0.0000)	7.28 (0.0000)
开放距离 ($lodisc_{ij}$)		-1.58 (0.0569)	1.96 (0.0253)	2.39 (0.0083)
制度距离 ($lidisc_{ij}$)		-7.40 (0.0000)	2.22 (0.0134)	2.10 (0.0179)
发包国总收入 ($lgdp_i$)	-1.60 (0.0549)	-2.42 (0.0077)	9.56 (0.0000)	3.05 (0.0011)
承接国总收入 ($lgdp_j$)	-3.27 (0.0005)	-4.74 (0.0000)	1.51 (0.0661)	1.47 (0.0704)
发包国人均收入 ($lgni_i$)	-3.01 (0.0013)	-2.90 (0.0019)	-7.55 (0.0000)	2.51 (0.0061)
承接国人均收入 ($lgni_j$)	-3.47 (0.0003)	-4.52 (0.0000)	1.39 (0.0823)	1.34 (0.0902)
发包国价格 ($lprice_i$)	-4.36 (0.0000)	-2.88 (0.0020)	3.88 (0.0001)	4.04 (0.0000)
承接国价格 ($lprice_j$)	-8.25 (0.0000)	-16.76 (0.0000)	94.90 (0.0000)	

注：括号内为估计量的伴随概率；LLC检验为common unit root检验，IPS，Fisher-ADF，Fisher-PP检验为individual unit root检验；LLC，IPS，Fisher-ADF，Fisher-PP零假设为存在单位根。

可以看出：总收入两个指标（发包国总收入和承接国总收入）、人均收入两个指标（发包国人均收入和承接国人均收入）和价格两个指标（发包国价格和承接国价格）不仅通过了同质面板假设检验（即LLC检验），而且通过了所有三种异质面板假设的检验（IPS检验、Fisher-ADF检验和Fisher-PP检验）；被解释变量（承接服务外包变量）、经济距离、开放距离和制度距离变量通过了所有异质面板假设的检验（IPS检验、Fisher-ADF检验和Fisher-PP检验）。另外，两个距离变量（文化距离和技术距离）通过了两种异质面板假设的检验（Fisher-ADF检验和Fisher-PP检验）。这表明，以上所有回归变量都通过了平稳性检验。本章可以分别将检验变量纳入不同的回归模型，进行实证检验和因素分析。

（二）工具变量有效性检验和模型选择

一步 GMM 和两步 GMM 估计量虽都能够产生一致估计量，但需诊断哪一步能够获取渐进有效的估计量。两步 GMM 估计对于处理截面相关及异方差问题具有较强稳健性，但 Windmeijer 认为，两步 GMM 估计量的渐进标准差在小样本中的下向偏倚来自对权重矩阵的估计。[①] 按照他的建议使用基于泰勒展开式的修整项代替对权重矩阵的估计。

当使用 GMM 对动态面板进行估计时，在实际操作时应考虑如下两个问题：第一个是工具变量的选择比较敏感。为避免弱工具变量问题，保证工具变量的最大有效性，考虑到最近的滞后项与当期项相关性较高，我们从最近的滞后项开始，将模型选择二期滞后变量 $\ln OFF_{ijt-2}$ 或以前更多滞后项及其他可行的外生解释变量作为内生变量的工具变量对方程进行逐一识别，保留 Hansen 过度识别检验矩条件成立的组合。第二个是考虑到差分 GMM 估计结果的有效性，要求差分方程的误差项不存在二阶序列相关。如果差分方程误差项存在二阶序列相关，那么水平方程的误差项是序列相关并至少遵循一个阶数为 1 的移动平均过程。为此采用 Arellano – Bond AR（2）检验来判断误差项是否存在自相关，其原假设为"差分后的误差项不存在二阶序列相关"。如果检验值不能拒绝原假设，则说明模型设定正确。

[①] F. Windmeijer, 2005, "A Finite Sample Correction for the Variance of Linear Efficient Two-step GMM Estimators," *Journal of Econometrics*, Vol. 126, No. 1, pp. 25 – 51.

第七章　多维度距离解释效力：以中国和印度为例

这里，在实证检验中，综合考虑系统 GMM、差分 GMM 以及一步估计法、两步估计法，保留通过了 Arellano - Bond AR 检验和 Hansen 过度识别检验的结果，并以包含最近滞后项的回归作为主要结果。例如，当对表 7 - 3 中国案例总收入模型进行一步系统 GMM 估计时，回归结果汇报了 Hansen 过度识别检验 P 值为 1，检验结果不能拒绝原假设，即模型内过度识别约束有效，这表明 GMM 估计所选工具变量有效，且 AR (1) P 值为 0.03 (<0.1)，AR (2) P 值为 0.25 (>0.1)，检验结果表明扰动项的差分存在一阶自相关，但不存在二阶自相关，则说明模型设置是合理的。按照上面模型选择原理，基于 Hansen 过度识别检验和 Arellano - Bond AR 检验结果，对稳健估计而言，除了表 7 - 6 印度模型、表 7 - 7 中国案例总收入模型、表 7 - 7 印度案例人均收入模型等少数案例选择了一步差分 GMM 估计方法外，大部分案例选择了一步系统 GMM 估计方法。

二　实证结果分析

表 7 - 3 至表 7 - 9 是中国、印度 2000—2012 年承接主要发达国家或地区服务外包驱动因素的估计结果。其中，表 7 - 3 至表 7 - 4 主要针对有形距离的两个变量（地理距离、时区距离）与中国、印度承接外包进行了动态面板数据模型回归分析，表 7 - 5 至表 7 - 9 主要针对无形距离五个变量（经济距离、文化距离、技术距离、开放距离、制度距离）与中国、印度承接外包进行了动态面板数据模型回归分析。

如表 7 - 3 至表 7 - 9 所示，滞后一期的前期承接服务外包变量对当期承接服务外包变量影响的边际系数不仅具有统计显著性，而且具有明显的经济显著性，这基本验证了本章动态面板模型选择的正确性，也验证了如下经济理论：由于惯性或部分调整，不论中国还是印度，当期的承接服务外包水平取决于历史水平。因此，发展中国家承接国外跨国企业服务外包业务的过程有显著的滞后效应，并且是一种连续动态变化过程。

（一）地理距离

表 7 - 3 的结果显示，样本期间承接国与发包国之间的地理距离变

量对承接外包水平变量的回归系数符号为负（-0.28、-0.24），虽然符合预期，但是这两个结果都没有通过10%显著性水平检验。同时，印度承接跨国服务外包的模型估计结果则显示出与预期符号相反的结果，样本期间印度与发包国之间的地理距离变量对承接外包水平变量的回归系数符号均为正（0.77、1.21），并且，这两个结果均没有通过10%显著性水平检验。因此，从中国、印度承接跨国服务外包的样本数据估计结果来看，假说1不能成立，也就是说，服务外包作为服务贸易一种特殊的表现形式，地理距离不会对外包变量产生任何明显的负向作用。

收入的估计结果显示，样本期间中国和印度的总收入变量对承接跨国服务外包水平变量的回归系数均通过了5%的显著性水平检验，符号为正。中国和印度的人均收入变量对承接跨国服务外包水平变量的回归系数符号也均为正，其中，中国人均收入变量的影响系数通过了5%的显著性水平检验，印度人均收入变量系数通过了10%的显著性水平检验。发包国总收入变量对中国承接服务外包的影响系数符号为正，对印度的影响系数符号却为负，这两个结果不仅不一致，而且都没有通过10%的显著性水平检验。发包国人均收入变量对两国承接服务外包的影响符号也不一致，其中，对中国的影响系数符号为正，对印度的影响系数符号为负，这两个结果也没有通过10%的显著性水平检验。地理距离的动态面板模型估计结果证明，承接国总收入和人均收入的增加会对承接外包产生积极的推动作用，而发包国的总收入和人均收入与中国、印度承接跨国外包的关联不显著。

价格变量的估计结果显示，样本期间承接国中国和印度的价格变量对承接跨国服务外包水平变量的回归系数均为负，而且均通过了统计显著性水平检验，其中，中国价格变量的影响系数通过了1%的显著性水平检验，印度价格变量系数分别通过了10%和5%的显著性水平检验。发包国价格变量对印度承接服务外包的影响系数符号为正，对中国的影响系数符号却为负，这两个结果不仅不一致，而且均没有通过10%的显著性水平检验。以上说明，承接国价格的上升会对承接外包产生消极作用，而发包国的价格与中国、印度承接跨国外包的关联不显著。

表 7-3　　　　　　　　　　地理距离模型估计结果

变量	中国 总收入	中国 人均收入	印度 总收入	印度 人均收入
前期承接外包	0.82 ***	0.87 ***	0.44 ***	0.70 ***
($loff_{ij}$)	(6.57)	(7.74)	(3.53)	(3.03)
地理距离	-0.28	-0.24	0.77	1.21
($lgdisc_{ij}$)	(-0.88)	(-0.92)	(1.01)	(1.00)
发包国总收入	0.12		-0.25	
($lgdp_i$)	(1.42)		(-0.37)	
承接国总收入	2.30 **		1.24 **	
($lgdp_j$)	(2.00)		(2.42)	
发包国人均收入		0.13		-0.34
($lgni_i$)		(0.70)		(-0.47)
承接国人均收入		1.88 **		1.77 *
($lgni_j$)		(2.08)		(1.86)
发包国价格	-0.15	-0.22	3.01	0.61
($lprice_i$)	(-0.05)	(-0.08)	(0.73)	(0.10)
承接国价格	-15.93 ***	-12.31 ***	-10.82 *	-12.67 **
($lprice_j$)	(-2.76)	(-3.03)	(-1.71)	(-2.10)
常数项	-61.65 *	-9.78	-16.54	
	(-1.84)	(-1.55)	(-0.94)	
AR (1)	-2.20	-2.25	-1.68	-1.63
	(P=0.03)	(P=0.02)	(P=0.09)	(P=0.10)
AR (2)	-1.16	-1.15	-1.04	0.93
	(P=0.25)	(P=0.25)	(P=0.30)	(P=0.35)
过度识别检验	10.32	9.99	10.03	12.20
	(P=1.000)	(P=1.000)	(P=1.000)	(P=1.000)
GMM 估计方法	一步系统	一步系统	一步系统	一步系统

注：表中变量回归结果的括号内为估计系数的 t 统计量，***，**，* 分别表示在 1%、5%、10% 水平上显著；自回归（AR）检验和过度识别检验结果的括号内是 P 值结果，自相关检验 [AR (1)、AR (2)] 的原假设是不存在一阶或二阶自相关；估计方法选项包括 4 种：一步差分 GMM 估计、两步差分 GMM 估计、一步系统 GMM 估计、两步系统 GMM 估计。

(二) 时区距离

表7-4的结果显示，样本期间承接国与发包国之间的时区距离变量对中国承接外包水平变量回归系数符号均为负（-0.12、-0.02），虽然符合预期，但是两个结果都没有通过10%统计显著性水平检验。类似于表7-3的结果，印度承接跨国服务外包的模型估计结果继续显示与预期符号相反的结果，样本期间印度与发包国之间的时区距离变量对承接外包水平变量的回归系数符号均为正（1.56、1.20），第一个结果通过了10%显著性水平检验，第二个结果没有通过显著性水平检验。

因此，从中国、印度承接跨国服务外包的样本数据估计结果来看，可以否定假说2，因为时区距离不会对外包变量产生任何明显的负向作用。

收入估计结果显示，样本期间承接国中国和印度的总收入变量对承接跨国服务外包水平变量的回归系数符号为正，分别通过了5%和10%的显著性水平检验。承接国中国的人均收入变量对承接跨国服务外包水平变量的回归系数符号也为正，并通过了5%的显著性水平检验，印度人均收入变量系数虽为正，但没有通过10%的显著性水平检验。发包国总收入和人均收入变量对承接服务外包的影响系数符号虽均为正，但是都没有通过10%的显著性水平检验。因此，以上估计结果可以证明，承接国总收入和中国人均收入的增加会对承接外包产生积极的推动作用，而发包国的总收入和人均收入以及印度的人均收入与承接跨国外包的关联不显著。

价格变量的估计结果显示，样本期间承接国中国和印度的价格变量对承接跨国服务外包水平变量的回归系数均为负，而且大部分通过了统计显著性水平检验，其中，中国价格变量的影响系数通过了1%的显著性水平检验，印度的人均收入模型中价格变量系数通过了10%的显著性水平检验。发包国价格变量对两个承接国承接外包变量的影响系数符号均为负，且都没有通过10%的显著性水平检验。以上估计结果可以基本说明，承接国价格的上升会对承接外包产生消极作用，而发包国的价格与承接跨国外包的关联不显著。

表 7-4　　　　　　　　　时区距离模型估计结果

变量	中国 总收入	中国 人均收入	印度 总收入	印度 人均收入
前期承接外包	0.81 ***	0.78 ***	0.65 ***	0.64 **
($loff_{ij}$)	(6.86)	(5.60)	(2.71)	(2.37)
时区距离	-0.12	-0.02	1.56 *	1.20
($lzdisc_{ij}$)	(-0.75)	(-0.15)	(1.71)	(1.21)
发包国总收入	0.13		0.04	
($lgdp_i$)	(1.61)		(0.28)	
承接国总收入	2.40 **		1.53 *	
($lgdp_j$)	(2.12)		(1.74)	
发包国人均收入		0.11		0.02
($lgni_i$)		(0.62)		(1.78)
承接国人均收入		2.01 **		1.25
($lgni_j$)		(2.18)		(0.89)
发包国价格	-0.77	-1.38	-4.41	-0.66
($lprice_i$)	(-0.27)	(-0.53)	(-1.14)	(-0.10)
承接国价格	-16.13 ***	-12.34 ***	-1.09	-13.43 *
($lprice_j$)	(-2.80)	(-2.99)	(-1.20)	(-1.80)
常数项	-66.49 **	-12.34 **	-37.71 *	-11.27 *
	(-2.13)	(-2.16)	(-1.70)	(-1.76)
AR (1)	-2.16	-2.27	-1.61	-1.73
	(P=0.03)	(P=0.02)	(P=0.10)	(P=0.08)
AR (2)	-1.16	-1.16	1.39	0.87
	(P=0.25)	(P=0.25)	(P=0.17)	(P=0.38)
过度识别检验	10.24	11.08	9.88	10.97
	(P=1.000)	(P=1.000)	(P=1.000)	(P=1.000)
GMM 估计方法	一步系统	一步系统	一步系统	一步系统

注：表中变量回归结果的括号内为估计系数的 t 统计量，***，**，* 分别表示在 1%、5%、10% 水平上显著；自回归 (AR) 检验和过度识别检验结果的括号内是 P 值，自相关检验 [AR (1)、AR (2)] 的原假设是不存在一阶或二阶自相关；估计方法选项包括 4 种：一步差分 GMM 估计、两步差分 GMM 估计、一步系统 GMM 估计、两步系统 GMM 估计。

(三) 经济距离

表 7-5 的结果显示,样本期间承接国与发包国之间的经济距离变量对承接外包水平变量的回归系数符号均为负 (-0.28、-0.24),符合预期,且与表 7-3 和表 7-4 的估计结果不同,大部分通过了统计显著性水平检验:中国和印度的总收入模型中经济距离的影响系数都通过了10%的显著性水平检验,印度的人均收入模型中经济距离系数通过了1%显著性水平检验。

因此,从中国、印度承接跨国服务外包的样本数据估计结果来看,假说3成立,也就是说,经济距离会对外包变量产生明显的负向作用。

收入的估计结果显示,样本期间发包国总收入变量对承接跨国服务外包水平变量的回归系数符号均为正,其中,发包国总收入变量对印度承接服务外包的影响系数通过了10%的显著性水平检验,而对中国承接服务外包的影响系数则没有通过统计显著性水平检验。与表 7-3 和表7-4结果完全不同,承接国总收入对承接跨国服务外包水平变量的回归系数符号均为负,但没有通过统计显著性水平检验。发包国人均收入变量对两国承接服务外包的影响符号均为正,其中,对中国的影响系数没有通过10%的显著性水平检验,对印度的影响系数通过了5%的显著性水平检验。承接国中国和印度的人均收入变量对承接跨国服务外包水平变量的回归系数符号不一致,中国人均收入变量的影响系数为正,印度人均收入的影响系数为负,且只有中国人均收入变量系数通过了5%的显著性水平检验。因此可以证明,发包国总收入和人均收入的增加会对印度承接外包产生积极的推动作用,中国人均收入与中国承接跨国外包有正向关联。

价格变量的估计结果显示,价格变量基本上对承接跨国服务外包水平变量的回归系数为负,但是发包国价格变量的影响系数均没有通过统计显著性水平检验,且在中国人均收入和印度总收入模型中,承接国价格变量的影响系数通过了5%的显著性水平检验。以上说明,在多数情况下,承接国价格的上升在一定程度上会对承接外包产生消极作用,而发包国的价格与中国、印度承接跨国外包的关联不显著。

表7-5 经济距离模型估计结果

变量	中国 总收入	中国 人均收入	印度 总收入	印度 人均收入
前期承接外包 ($loff_{ij}$)	0.77*** (6.91)	0.85*** (7.25)	0.58** (2.09)	0.48*** (4.26)
经济距离 ($ledisc_{ij}$)	-4.15* (-1.65)	-0.73 (-0.72)	-29.58* (-1.64)	-1.57*** (-2.66)
发包国总收入 ($lgdp_i$)	3.54 (1.59)		30.85* (1.70)	
承接国总收入 ($lgdp_j$)	-0.69 (-0.49)		-29.73 (-1.60)	
发包国人均收入 ($lgni_i$)		0.87 (0.75)		1.78** (2.42)
承接国人均收入 ($lgni_j$)		1.54** (1.92)		-1.59 (-1.36)
发包国价格 ($lprice_i$)	-3.26 (-0.62)	-1.40 (-0.74)	-5.21 (-0.72)	0.43 (0.39)
承接国价格 ($lprice_j$)	8.97 (0.81)	-14.18** (-2.50)	-9.13** (-2.06)	-0.42 (-0.21)
常数项	20.53 (38.71)	-14.10** (-2.06)	-32.57 (-1.98)	0.16 (0.04)
AR(1)	-2.17 (P=0.03)	-2.33 (P=0.02)	-1.82 (P=0.07)	-1.61 (P=0.10)
AR(2)	-1.24 (P=0.22)	-1.22 (P=0.22)	0.65 (P=0.51)	-1.52 (P=0.32)
过度识别检验	2.72 (P=1.000)	10.48 (P=1.000)	5.38 (P=1.000)	13.48 (P=1.000)
GMM估计方法	一步系统	一步系统	一步系统	一步系统

注：表中变量回归结果的括号内为估计系数的 t 统计量，***、**、* 分别表示在1%、5%、10%水平上显著；自回归（AR）检验和过度识别检验结果的括号内是P值，自相关检验 [AR(1)、AR(2)] 的原假设是不存在一阶或二阶自相关；估计方法选项包括4种：一步差分GMM估计、两步差分GMM估计、一步系统GMM估计、两步系统GMM估计。

（四）文化距离

表 7-6 的结果显示，样本期间承接国与发包国之间的文化距离变

表 7-6　　　　　　　　文化距离模型估计结果

变量	中国		印度	
	总收入	人均收入	总收入	人均收入
前期承接外包 ($loff_{ij}$)	0.83 *** (10.76)	0.83 *** (8.23)	-0.18 ** (-1.97)	-0.18 * (-1.86)
文化距离 ($lcdisc_{ij}$)	0.20 *** (3.71)	0.32 ** (2.43)	-1.70 *** (-3.38)	-2.14 *** (-5.41)
发包国总收入 ($lgdp_i$)	0.06 (1.33)		-0.11 (-0.12)	
承接国总收入 ($lgdp_j$)	0.21 (0.54)		0.25 (0.51)	
发包国人均收入 ($lgni_i$)		0.14 (0.16)		0.20 (0.20)
承接国人均收入 ($lgni_j$)		1.52 * (1.84)		0.02 (0.02)
发包国价格 ($lprice_i$)	-0.23 (-0.55)	-9.54 ** (-2.31)	-11.25 * (-1.72)	-9.13 (-1.39)
承接国价格 ($lprice_j$)	-2.11 (-0.81)	-0.20 (0.08)	-7.53 (-0.66)	-13.91 (-0.82)
常数项	-5.21 (-0.48)	-12.02 ** (-2.45)		
AR（1）	-2.23 (P=0.03)	-2.24 (P=0.03)	-1.81 (P=0.07)	-1.83 (P=0.07)
AR（2）	1.62 (P=0.11)	-1.06 (P=0.29)	-0.87 (P=0.39)	-0.91 (P=0.37)
过度识别检验	7.20 (P=1.000)	4.89 (P=1.000)	2.95 (P=1.000)	1.69 (P=1.000)
GMM 估计方法	一步系统	一步系统	一步差分	一步差分

注：表中变量回归结果的括号内为估计系数的 t 统计量，***，**，* 分别表示在 1%、5%、10% 水平上显著；自回归（AR）检验和过度识别检验结果的括号内是 P 值，自相关检验 [AR（1）、AR（2）] 的原假设是不存在一阶或二阶自相关；估计方法选项包括 4 种：一步差分 GMM 估计、两步差分 GMM 估计、一步系统 GMM 估计、两步系统 GMM 估计。

量对中国承接外包水平变量的回归系数符号均为正（0.20、0.32），都通过了统计显著性水平检验，总收入模型的文化距离变量通过了1%的统计显著性水平检验，人均收入模型的变量影响系数通过了5%的统计显著性水平检验。与中国各模型不同，文化距离变量对印度承接外包水平变量的回归系数符号均为负（-1.70、-2.14），都通过了1%的统计显著性水平检验。因此，从中国、印度承接跨国服务外包的样本数据估计结果来看，文化距离会对印度产生显著的负向作用，但是，对中国承接服务外包变量会产生明显的正向作用。

收入的估计结果显示，样本期间承接国收入变量对承接跨国服务外包水平变量的回归系数符号均为正，但是，只有在中国人均收入模型中，承接国人均收入变量系数通过了10%的统计显著性水平检验，其他变量均没有通过显著性水平检验。发包国收入变量对承接服务外包的影响系数符号基本为正，但是均没有通过10%的显著性水平检验。因此，以上仅能证明，中国人均收入的增加会对承接外包产生积极的推动作用。

价格变量的估计结果显示，价格变量对承接跨国服务外包水平变量的回归系数均为负，其中，承接国价格变量的影响系数均没有通过统计显著性水平检验，且仅在中国人均收入和印度总收入模型中，发包国价格变量的影响系数分别通过了5%和10%的显著性水平检验。以上说明，如果考虑文化距离因素，承接国的价格与承接跨国外包的关联不显著，发包国价格会对承接跨国外包产生一定的负向作用。

（五）技术距离

表7-7的结果显示，样本期间承接国与发包国之间的技术距离变量对中国承接外包水平变量的回归系数符号均为正，其中，总收入模型的技术距离变量通过了10%的统计显著性水平检验，人均收入模型的变量影响系数没有通过统计显著性水平检验。与中国各模型类似，技术距离变量对印度承接外包水平变量的回归系数符号均为正，且总收入模型的技术距离变量通过了10%的统计显著性水平检验，人均收入模型的变量影响系数没有通过统计显著性水平检验。

因此，从中国、印度承接跨国服务外包的样本数据估计结果来看，

表7-7　　　　　　　　　技术距离模型估计结果

变量	中国		印度	
	模型1	模型2	模型3	模型4
前期承接外包 ($loff_{ij}$)	0.32*** (2.70)	0.93*** (13.23)	0.56** (2.16)	-0.20* (-1.90)
技术距离 ($ltdisc_{ij}$)	0.72* (1.74)	0.13 (1.56)	0.59* (1.82)	0.98 (0.98)
发包国总收入 ($lgdp_i$)	0.72* (1.68)		3.24** (1.97)	
承接国总收入 ($lgdp_j$)	1.03* (1.82)		2.70 (1.21)	
发包国人均收入 ($lgni_i$)		0.01 (0.07)		0.77 (0.81)
承接国人均收入 ($lgni_j$)		1.43*** (2.77)		0.65 (0.69)
发包国价格 ($lprice_i$)	-0.05 (-0.02)	0.04 (0.05)	18.89 (1.35)	-8.61* (-1.75)
承接国价格 ($lprice_j$)	-5.77* (-1.76)	-9.32*** (-3.59)	39.79 (0.98)	-24.32** (-2.45)
常数项		-8.57*** (-2.70)	260.10 (0.99)	
AR(1)	-2.49 (P=0.01)	-2.47 (P=0.01)	-1.69 (P=0.09)	-1.71 (P=0.09)
AR(2)	-0.46 (P=0.64)	-0.29 (P=0.77)	0.14 (P=0.89)	-0.87 (P=0.39)
过度识别检验	10.80 (P=1.000)	10.78 (P=1.000)	0.00 (P=1.000)	1.62 (P=1.000)
GMM估计方法	一步差分	一步系统	一步系统	一步差分

注：表中变量回归结果的括号内为估计系数的 t 统计量，***、**、*分别表示在1%、5%、10%水平上显著；自回归（AR）检验和过度识别检验结果的括号内是P值结果，自相关检验［AR（1）、AR（2）］的原假设是不存在一阶或二阶自相关；估计方法选项包括4种：一步差分GMM估计、两步差分GMM估计、一步系统GMM估计、两步系统GMM估计。

如果考虑总收入的影响作用，技术距离会对承接服务外包变量产生明显的正向作用。

收入的估计结果显示，样本期间总收入变量对承接跨国服务外包水平变量的回归系数符号均为正，除了承接国总收入对印度承接跨国服务外包水平变量的回归系数没有通过统计显著性水平检验以外，其他变量均通过了显著性水平检验。人均收入变量对承接跨国服务外包水平变量的回归系数符号也均为正，但是，只有中国人均收入对承接跨国服务外包水平变量的回归系数通过了1%的统计显著性水平检验，其他变量均没有通过显著性水平检验。因此，以上基本能证明，总收入增加基本上会促进承接外包业务的发展，另外，中国人均收入的增加会对中国承接外包产生积极的推动作用。

价格变量的估计结果显示，除了印度的人均收入模型以外，发包国价格变量对承接跨国服务外包水平变量的回归系数基本上没有通过统计显著性水平检验。另外，承接国价格变量对承接跨国服务外包的影响系数大部分为负，并且基本上通过了统计显著性水平检验。以上说明，如果考虑技术距离因素，那么承接国价格的上升会阻碍承接跨国服务外包业务的增长，发包国价格与承接跨国服务外包的关联不显著。

（六）开放距离

表7-8的结果显示，样本期间承接国与发包国之间的开放距离变量对中国承接外包水平变量的回归系数符号无法确定，其中，总收入模型的技术距离变量符号为正，人均收入模型的变量影响系数为负，同时，两个模型的系数都没有通过统计显著性水平检验。技术距离变量对印度承接外包水平变量的回归系数符号均为正，并且两个模型的系数都通过了统计显著性水平检验，总收入模型的技术距离变量通过了1%的统计显著性水平检验，人均收入模型的变量影响系数通过了10%的统计显著性水平检验。

因此，从中国、印度承接跨国服务外包的样本数据估计结果来看，技术距离会对印度承接服务外包变量产生明显的促进作用，但是与中国承接跨国服务外包关系不显著。

收入的估计结果显示，样本期间总收入变量对承接跨国服务外包水

表7-8　　　　　　　　　　开放距离模型估计结果

变量	中国		印度	
	模型1	模型2	模型3	模型4
前期承接外包 ($loff_{ij}$)	0.81*** (6.69)	0.81*** (6.55)	0.54** (2.27)	-0.13 (-0.98)
开放距离 ($lodisc_{ij}$)	0.45 (1.10)	-0.12 (-0.98)	0.77*** (3.24)	0.94* (1.85)
发包国总收入 ($lgdp_i$)	0.16 (0.92)		0.75** (2.24)	
承接国总收入 ($lgdp_j$)	1.88* (1.86)		1.88** (2.07)	
发包国人均收入 ($lgni_i$)		0.22 (0.94)		2.25* (1.89)
承接国人均收入 ($lgni_j$)		2.07** (2.45)		0.87 (0.84)
发包国价格 ($lprice_i$)	-1.84 (-1.01)	-1.91 (-0.87)	-2.16 (-0.74)	-11.78** (-1.90)
承接国价格 ($lprice_j$)	-11.88** (-2.10)	-12.09*** (-3.10)	-2.62** (-2.14)	-23.45*** (-2.84)
常数项	-53.12* (-1.79)	-12.83** (-2.35)	-62.65** (-2.14)	
AR(1)	-2.41 (P=0.02)	-2.41 (P=0.02)	-1.73 (P=0.08)	-2.06 (P=0.04)
AR(2)	-1.11 (P=0.27)	-1.17 (P=0.24)	0.77 (P=0.44)	-0.70 (P=0.48)
过度识别检验	9.07 (P=1.000)	10.42 (P=1.000)	8.99 (P=1.000)	4.69 (P=1.000)
GMM估计方法	一步系统	一步系统	一步系统	一步差分

注：表中变量回归结果的括号内为估计系数的 t 统计量，***、**、*分别表示在1%、5%、10%水平上显著；自回归（AR）检验和过度识别检验结果的括号内是P值，自相关检验［AR(1)、AR(2)］的原假设是不存在一阶或二阶自相关；估计方法选项包括4种：一步差分GMM估计、两步差分GMM估计、一步系统GMM估计、两步系统GMM估计。

平变量的回归系数符号均为正,除了发包国总收入对中国承接跨国服务外包水平变量的回归系数没有通过统计显著性水平检验以外,其他变量均通过了显著性水平检验。人均收入变量对承接跨国服务外包水平变量的回归系数符号也均为正,但是,只有两个模型通过了统计显著性水平检验,承接国人均收入对中国承接跨国服务外包水平变量的回归系数通过了5%的统计显著性水平检验,发包国人均收入对印度承接外包的影响系数通过了10%的显著性水平检验。因此,以上基本能证明,承接国收入增加基本上会促进中国承接外包业务的发展,发包国收入的增加会对印度承接外包产生积极的推动作用。

价格变量的估计结果显示,发包国价格变量对承接跨国服务外包水平变量的回归系数基本上为负,并且,只有一个模型(印度人均收入模型)通过了10%的统计显著性水平检验。另外,承接国价格变量对承接跨国服务外包的影响系数均为负,并且都通过了统计显著性水平检验,其中,总收入模型的系数通过了5%的统计显著性水平检验,人均收入模型的系数通过了1%的统计显著性水平检验。以上说明,如果考虑开放距离因素,承接国价格的上升会显著阻碍承接跨国服务外包业务的增长,发包国价格与承接跨国服务外包的关联不显著。

(七) 制度距离

表7-9的结果显示,样本期间承接国与发包国之间的制度距离变量对中国承接外包水平变量的回归系数符号均为正,并且,两个模型的制度距离变量系数都通过了10%的统计显著性水平检验。制度距离变量对印度承接外包水平变量的回归系数符号也均为正,两个模型的系数都通过了统计显著性水平检验,总收入模型的变量通过了5%的统计显著性水平检验,人均收入模型的影响系数通过了10%的统计显著性水平检验。因此,从中国、印度承接跨国服务外包的样本数据估计结果来看,制度距离的扩大会对中国、印度承接服务外包变量产生明显的促进作用。

收入的估计结果显示,样本期间总收入变量对承接跨国服务外包水平变量的回归系数符号均为正,但是,发包国总收入对中国承接跨国服务外包水平变量的回归系数通过了5%的统计显著性水平检验,而发包

表7-9　　　　　　　　　　制度距离模型估计结果

变量	中国		印度	
	模型1	模型2	模型3	模型4
前期承接外包 ($loff_{ij}$)	0.72*** (7.94)	0.77*** (6.60)	0.56** (1.92)	0.58** (2.35)
创新距离 ($lidisc_{ij}$)	0.41* (1.74)	0.38* (1.64)	0.64** (1.96)	0.39* (1.90)
发包国总收入 ($lgdp_i$)	0.11** (1.91)		0.26 (1.35)	
承接国总收入 ($lgdp_j$)	2.71 (1.60)		1.79* (1.68)	
发包国人均收入 ($lgni_i$)		0.34 (1.45)		1.18 (1.53)
承接国人均收入 ($lgni_j$)		1.99* (1.59)		0.81 (1.48)
发包国价格 ($lprice_i$)	-1.75 (-1.23)	-0.85 (-1.00)	1.15 (0.41)	2.14 (1.08)
承接国价格 ($lprice_j$)	-17.13 (-1.58)	-12.43* (-1.70)	-3.90* (-1.66)	-1.64 (-1.46)
常数项	-73.03 (-1.56)	-12.28 (-1.54)	-46.34* (-1.66)	-8.76** (-2.11)
AR(1)	-2.34 (P=0.02)	-2.57 (P=0.01)	-1.81 (P=0.07)	-1.62 (P=0.10)
AR(2)	-1.01 (P=0.31)	-1.00 (P=0.32)	0.62 (P=0.54)	0.97 (P=0.33)
过度识别检验	10.96 (P=1.000)	8.26 (P=1.000)	5.04 (P=1.000)	12.07 (P=1.000)
GMM估计方法	一步系统	一步系统	一步系统	一步系统

注：表中变量回归结果的括号内为估计系数的 t 统计量，***、**、*分别表示在1%、5%、10%水平上显著；自回归（AR）检验和过度识别检验结果的括号内是P值，自相关检验[AR(1)、AR(2)]的原假设是不存在一阶或二阶自相关；估计方法选项包括4种：一步差分GMM估计、两步差分GMM估计、一步系统GMM估计、两步系统GMM估计。

国总收入对印度承接外包的回归系数没有通过显著性水平检验；承接国总收入对印度承接服务外包水平变量的回归系数通过了10%的显著性水平检验，而对中国承接服务外包的回归系数没有通过显著性水平检验。人均收入变量对承接跨国服务外包水平变量的回归系数符号也均为正，但是，所有模型的回归系数均没有通过统计显著性水平检验。因此，以上可以证明，承接国总收入增加会促进印度承接外包业务的发展，而发包国总收入的增加会对中国承接外包产生积极的推动作用。

价格变量的估计结果显示，发包国价格变量对中国、印度承接跨国服务外包水平变量的回归系数符号不一致，其中，对中国的回归系数为负，对印度的回归系数为正，并且四个模型的回归结果均没有通过统计显著性水平检验。另外，承接国价格变量对承接跨国服务外包的影响系数均为负，并且两个模型（中国人均收入模型和印度总收入模型）通过了10%的统计显著性水平检验。以上说明，如果考虑制度距离因素，承接国价格的上升会在一定程度上阻碍承接跨国服务外包业务的增长，发包国价格与承接跨国服务外包的关联不显著。

第四节 小结

第六章从服务贸易产品效用函数出发，构建内涵距离、价格和收入的双边服务贸易引力模型，然后基于国内外前沿文献归纳"有形距离"和"无形距离"假说。以第六章的理论演绎和归纳作为研究基点，本章构建了反映服务外包承接机制的动态面板计量模型，并利用中国、印度承接第三国（发达国家为主体）服务外包的双边面板数据，考量主要距离假说。

表7-10综合了关于距离对承接服务外包影响的理论假说和实证检验的主要观点，能够反映理论预期与实证检验之间的符合或不符合之处。

基于表7-10，我们认为，有形距离假说基本上不能被样本证据所证实；部分无形距离假说能被样本数据所证明。

表7-10 多维度距离变量理论预期与实验结果对照

距离变量	理论预期 显著性	理论预期 影响方向	中国案例 总收入模型 显著性	中国案例 总收入模型 影响方向	中国案例 人均收入模型 显著性	中国案例 人均收入模型 影响方向	印度案例 总收入模型 显著性	印度案例 总收入模型 影响方向	印度案例 人均收入模型 显著性	印度案例 人均收入模型 影响方向
地理距离	✓	-	×	-	×	-	×	+	×	+
时区距离	✓	-	×	-	×	-	✓	+	×	+
经济距离	✓	+/-	✓	-	×	-	✓	-	✓	-
文化距离	✓	-	✓	+	✓	+	✓	-	✓	-
技术距离	✓	+	✓	+	✓	+	✓	-	×	+
开放距离	✓	-	×	+	×	-	✓	+	✓	+
制度距离	✓	+/-	✓	+	✓	+	✓	+	✓	+

注："✓"表示距离对承接服务外包有显著影响,"×"表示距离对承接服务外包没有显著影响,"+"表示距离对承接服务外包有正向影响,"-"表示距离对承接服务外包有负向影响,"+/-"表示距离对承接服务外包的影响方向无法判定。

第八章 全球价值链与我国服务外包发展

全球价值链作为组织和治理当今国际贸易的新兴力量，不仅使国际贸易结构发生了重大变化，而且推动了中国贸易量的急剧增长。[①] 产业内贸易是基于价值链重构的新模式，那么作为产业内贸易的重要组成部分——服务外包，势必与全球价值链分工及重塑互动发展。

本章将侧重讨论我国服务外包、服务业发展与全球价值链提升的联动关系。首先需要探讨我国生产性服务业能否有效嵌入并提升制造业价值链的问题。随着技术进步和服务业领域的开放，服务业具有了全球性分布的空间特征，尤其是支持性活动的外包嵌入制造业价值链中，与制造业协同演进，实现产业升级。[②] 有作者指出，服务业企业可以嵌入全球价值链，接入全球网络，这种联结有利于企业接受国际知识外溢，并沿着纵向全球价值链实现创新能力的提升。[③] 但也有学者指出，服务业企业参与全球价值链，负面清单会导致大国服务业占据主导地位。[④] 基于不同论断，这一章拟构建生产性服务业的嵌入方

---

① 张少军、刘志彪：《全球价值链与全球城市网络的交融——发展中国家的视角》，《经济学家》2017年第6期。
② 刘奕、夏杰长：《全球价值链下服务业集聚区的嵌入与升级——创意产业的案例分析》，《中国工业经济》2009年第12期；刘明宇、芮明杰、姚凯：《生产性服务价值链嵌入与制造业升级的协同演进关系研究》，《中国工业经济》2010年第8期。
③ 王猛、姜照君：《服务业集聚区、全球价值链与服务业创新》，《财贸经济》2017年第1期。
④ 裴长洪、杨志远、刘洪愧：《负面清单管理模式对服务业全球价值链影响的分析》，《财贸经济》2014年第12期。

式和价值链提升之间的逻辑关系。刘奕、夏杰长2009年从微观层面探讨了低端还是高端的融入对价值链升级前景的影响，延续此研究，拟增加更多的嵌入路径，以综合探讨生产性服务业对制造业价值链的影响效应。[①]

第一节 价值链升级与服务外包

一 服务业集聚与价值链升级、服务创新

只有综合考虑我国服务业全球价值链嵌入和服务业产业结构升级之间的关系，认真审视我国服务业发展进程中的关键问题，认清我国服务产业升级需与全球价值链协同演进，才能长期有利于服务产业的可持续发展战略。下面拟对服务产业寄生于全球价值链升级以及服务产业自身升级进行合理归纳，通过将服务产业置于中国经济高质量发展的战略思维下，运用情境脉络分析法考察协同演进模型的起源、演变和本质。

王猛、姜照君探讨了建设服务业集聚区、嵌入服务业全球价值链这两类经济现象的创新效应。[②] 这里基于前面的分析结果，补充推动服务业创新的双重维度——服务业集聚程度和价值链升级程度，推断服务业集聚区、全球价值链与服务业创新的因果关系，最后针对服务业创新发展提出理论启示和决策建议。

原小能等的分析数据结果显示了东部、中部和西部服务业发展的区别，他们指出，东部沿海地区经济起步较早，工业体系较为完善，现代服务业发展处于较高水平；中部包括东北两省的经济取得较快发展，高等院校和科研机构相对于西部较多，储备了大量人才，现代服务业相对于东部滞后，但是有一定的发展潜力；西部地区各省服务业发展有较大差距，部分地区由于高等院校和科研场所集中，取得了较快发展，部分

[①] 刘奕、夏杰长：《全球价值链下服务业集聚区的嵌入与升级——创意产业的案例分析》，《中国工业经济》2009年第12期。
[②] 王猛、姜照君：《服务业集聚区、全球价值链与服务业创新》，《财贸经济》2017年第1期。

地区经济落后，工业和服务业发展均缓慢。①

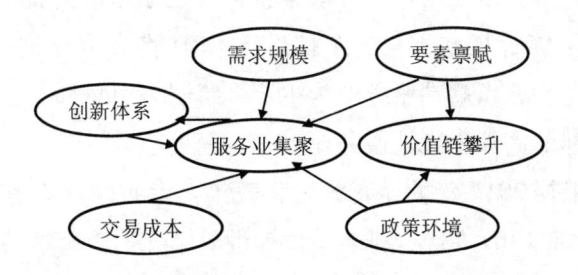

图 8-1　服务业集聚与价值链攀升、服务创新

资料来源：作者基于已有文献绘制。

图 8-1 显示了服务业集聚与价值链攀升、服务创新之间的联动关系。服务业集聚可以有效促进制造业升级、工序价值链攀升，需求规模、要素禀赋、创新体系、交易成本、政策环境都是可以有效促进服务业集聚的外生变量，这些变量通过影响服务业集聚，进而带动产业价值链攀升，要素禀赋与政策环境也是影响价值链攀升的主要变量，服务业集聚与创新体系存在交互影响变量，创新体系能带动服务业集聚，而服务业有效集聚也会带动创新体系的良好运行。

以北京 CBD 国际传媒集聚区为例进行说明。它位于北京商务中心区。2010 年已汇集广告会展企业 1227 家，包括阳狮广告有限公司北京分公司、北京三星广告有限公司、智威汤逊—中乔广告有限公司、北京杰尔思行广告有限公司等行业知名企业；广播、电影、电视企业 51 家，包括中央电视台、北京广播电视台等领先传媒平台；新闻出版业 108 家，包括了《人民日报》《北京青年报》《时尚》杂志社等有影响力的报刊或杂志，等等。外资企业云集，包括路透社、美联社等 160 多家国际新闻机构以及 CNN、VOA、BBC 等 40 多家著名国际传媒机构。

它的集聚应归因于专业资源禀赋和创新体系健全，相关教育机构众多，如中国传媒大学、中国社会科学院新闻研究所、清华大学美术学

---

① 原小能等：《全球服务价值链与中国现代服务业发展战略》，经济科学出版社 2016 年版。

院,为文化传媒产业发展提供了稳定的专业劳动力资源;拥有良好的商务文化环境,节省了交易成本;政策扶持,北京市政府批准 CBD 东扩,管委会制定了综合规划方案,东扩后的 CBD 将大力促进以国际金融、国际传媒为龙头,以高端服务业为主导、跨国公司总部聚集,旨在大力发展围绕总部的高端生产性服务业。

最终,根据 2017 年世界商务区联盟年会发布的《全球商务区吸引力报告》,北京 CBD 在综合排名中位列世界第九、中国第一。

二 服务外包与价值链升级

在传统意义上,降低成本是实施外包活动的主要驱动因素。但是,目前外包被愈来愈多的企业视为可以获得竞争优势的战略选择。[1] 外包从降低成本的功能开始转向另一功能,即获得技术、获取竞争优势,以延伸组织管理的边界。[2] Volberda et al. 在《战略管理:竞争和全球化》里这样阐述外包战略理念:假如一家企业不能通过内部活动增加企业价值,外包被视为一种战略选择,尤其是在全球经济体系里,外包就是从外部购买的增值活动。[3]

高端服务外包正成为国际分工网络演进的一种新现象。Jensen & Pedersen 指出,相对于技能低、劳动密集型流程的低成本获取是低端任务离岸外包的主要驱动力,与发包企业核心工作紧密相关的高端任务离岸外包则是企业通过跨境的知识资本流动以获取国际竞争优势战略的一部分。[4]

---

[1] N. Khara, "A Primer to Outsourcing," *Strategic Outsourcing*, edited by Dogra Balram, Khara Navjote & Verma Rajesh, New Delhi, India: Deep & Deep Publications Pvt. Ltd., 2007, 3–18.

[2] Jensen Peter D. Ørberg and T. Pedersen, 2012, "Offshoring and International Competitiveness: Antecedents of Offshoring Advanced Tasks," *Journal of the Academy of Marketing Science*, Vol. 40, No. 2, pp. 313–328.

[3] Volberda Henk W., Morgan Robert E., Reinmoeller Patrick, Hitt Michael A., Ireland R. Duane, Hoskisson Robert E., *Strategic Management: Competitiveness and Globalization (Concepts only)*, Singapore: South-Western Cengage Learning, 2011.

[4] Jensen Peter D. Ørberg and T. Pedersen, 2012, "Offshoring and International Competitiveness: Antecedents of Offshoring Advanced Tasks," *Journal of the Academy of Marketing Science*, Vol. 40, No. 2, pp. 313–328.

应拓展协同演进视角，以全球价值链为研究视角，以我国服务业外包承接方和外方的服务发包方为战略目标的共同合作为前提条件，吸收、借鉴企业战略、服务外包和演化领域的理论观点及分析方法。

首先应转变传统承接外包思维，建立战略外包思维，通过处理顺应战略目标变化的商业流程、新经济环境下的伙伴网络，通过业务变革和成本再造，重塑服务价值链，促进可持续的价值增值。

表8-1　　　　　传统外包与战略外包的思维异同点

传统外包思维	战略外包思维
提供集中的运营服务	提供集中的商业服务
只是为了削减成本	为了增加价值
有助于施加控制	有助于管理不确定的业务
处理基本不变的流程	处理顺应战略目标变化的商业流程
依赖外部IT专家以获得较高的业绩	创建新经济环境下的伙伴网络
为降低资本占用，转移非中心部门	通过业务变革和成本再造，促进可持续的价值增值

应认清现阶段我国大部分企业承接服务能力与日本、美国有差距，即使与印度的班加罗尔集聚区相比也尚有差距，企业对外国高端技术的严重依赖和低劳动力素质的过度依赖易导致我国服务外包企业无法做大做强。

如果仅单纯看服务价值链，我国在全球软件与服务外包价值链中仍处于微笑曲线底部，主要参与细节设计、程序开发、系统测试及数据处理等低端业务，缺乏从事下游行业咨询、解决方案设计等高端外包服务能力，更加难以在基础性软件产品领域进行原始性自主创新。因此，我国迫切需要提升离岸外包业务的承接能力。

因此，应基于我国服务外包产业与国外高端服务业的战略共生关系，拓展效率边界，从微观层次上探索并归纳出服务外包对我国服务业价值链升级的重要命题。

第二节　服务业创新与价值链攀升

一　生产性服务与制造业结构升级

路红艳认为，生产性服务业作为知识、技术密集型行业，与制造业的关系密切，对促进制造业结构升级具有重要作用，并且通过整合和延伸产业链，可以加快促进生产性服务业与制造业的融合，促进产业链上不同环节之间功能的互补和融合，提升制造业的层次和水平，增强制造业的竞争力。[1] 下面拟根据生产性服务的特点，采用投入产出分析法分析制造业投入中服务投入所占的比重。

表8-2显示了制造业分部门每提供一个单位的最终产出，需要直接和间接消耗（即完全消耗）的服务数量。首先关注劳动密集型产业，2007年食品烟草制造业、纺织服装业、其他制造业每产出一个单位，最终需要消耗0.27、0.32、0.29个单位服务，2010年增加到0.31、0.35、0.35个单位服务，2012年增加到0.34、0.41、0.40个单位服务。因此，在劳动密集型产业投入中，服务投入比重上升趋势明显。资本密集型产业对服务的完全消耗也呈不断增长的趋势。2007年化学制造业、非金属制造业、金属制品业和机械制造业每产出一个单位，需要最终消耗0.35、0.36、0.34、0.39个单位服务，2010年分别增加到0.40、0.42、0.38、0.44个单位服务，2012年增加到0.44、0.43、0.41和0.50个单位服务。因此可以证明，无论是劳动密集型产业还是资本密集型产业，制造业投入中服务投入比重呈不断上升的趋势，产出中服务的作用愈来愈强。

进一步分解不同服务功能，从产业融合角度探讨产业链上不同环节（制造和服务）之间功能的互补特征，最终对生产性服务与制造业结构升级之间的关系进行总结。

---

[1] 路红艳：《生产性服务与制造业结构升级——基于产业互动、融合的视角》，《财贸经济》2009年第9期。

表8-2 中国主要制造业分行业的服务业完全消耗系数

年份	食品	服装	其他制造业	化学	非金属	金属	机械
2007	0.27	0.32	0.29	0.35	0.36	0.34	0.39
2010	0.31	0.35	0.35	0.40	0.42	0.38	0.44
2012	0.34	0.41	0.40	0.44	0.43	0.41	0.50

资料来源：由国家统计局数据编制而成。

表8-3、表8-4和表8-5显示了劳动密集型产业分服务职能的完全消耗系数，从数据中可以看出，贸易、金融、商务服务等职能的投入均实现了不同程度的提升。例如，食品业一个最终产出单位所需要的贸易等服务投入从2007年的0.07个单位上升到2012年的0.11个单位，而金融服务投入从2007年的0.04个单位上升到2012年的0.06个单位；纺织服装业一个最终产出单位所需要的贸易等服务投入从2007年的0.08个单位上升到2012年的0.15个单位，而金融服务投入从2007年的0.05个单位上升到2012年的0.07个单位；其他制造业产出中服务投入上升趋势更明显，所需要的贸易等服务投入从2007年的0.07个单位上升到2012年的0.10个单位，商务服务投入从2007年的0.04个单位上升到2012年的0.07个单位，金融服务投入从2007年的0.05个单位上升到2012年的0.08个单位。

表8-3 食品业中分服务功能的完全消耗系数

年份	运输、信息传输和计算机服务	贸易、餐饮和住宿服务	房地产、租赁和商务服务	金融服务	其他服务
2007	0.08	0.07	0.04	0.04	0.04
2010	0.10	0.08	0.05	0.04	0.04
2012	0.09	0.11	0.05	0.06	0.03

资料来源：由国家统计局数据编制而成。

表8-4　　　　　　纺织服装业中分服务功能的完全消耗系数

年份	运输、信息传输和计算机服务	贸易、餐饮和住宿服务	房地产、租赁和商务服务	金融服务	其他服务
2007	0.10	0.08	0.05	0.05	0.04
2010	0.11	0.08	0.06	0.06	0.04
2012	0.10	0.15	0.06	0.07	0.03

资料来源：由国家统计局数据编制而成。

表8-5　　　　　　其他制造业中分服务功能的完全消耗系数

年份	运输、信息传输和计算机服务	贸易、餐饮和住宿服务	房地产、租赁和商务服务	金融服务	其他服务
2007	0.09	0.07	0.04	0.05	0.04
2010	0.11	0.09	0.05	0.06	0.04
2012	0.11	0.10	0.07	0.08	0.04

资料来源：由国家统计局数据编制而成。

表8-6、表8-7、表8-8和表8-9显示了资本密集型产业分服务职能的完全消耗系数，从数据中同样可以看出，金融、商务服务等职能的投入均实现了不同程度的提升。例如，化学品业一个最终产出单位所需要的贸易等服务投入从2007年的0.08个单位上升到2012年的0.11个单位，商务服务等投入从2007年的0.05个单位上升到2012年的0.08个单位，金融服务投入从2007年的0.06个单位上升到2012年的0.09个单位。

表8-6　　　　　　化学制造业中分服务功能的完全消耗系数

年份	运输、信息传输和计算机服务	贸易、餐饮和住宿服务	房地产、租赁和商务服务	金融服务	其他服务
2007	0.11	0.08	0.05	0.06	0.05
2010	0.13	0.09	0.06	0.07	0.05
2012	0.11	0.11	0.08	0.09	0.05

资料来源：由国家统计局数据编制而成。

非金属制造业中一个最终产出单位所需要的贸易等服务投入从2007年的0.08个单位上升到2012年的0.09个单位,而金融服务投入从2007年的0.07个单位上升到2012年的0.10个单位。金属制造业产出中所需要的商务服务投入从2007年的0.03个单位上升到2012年的0.06个单位,金融服务投入从2007年的0.06个单位上升到2012年的0.11个单位。

表8-7　　非金属制造业中分服务功能的完全消耗系数

年份	运输、信息传输和计算机服务	贸易、餐饮和住宿服务	房地产、租赁和商务服务	金融服务	其他服务
2007	0.12	0.08	0.04	0.07	0.05
2010	0.14	0.10	0.05	0.08	0.05
2012	0.12	0.09	0.07	0.10	0.05

资料来源:由国家统计局数据编制而成。

表8-8　　金属制造业中分服务功能的完全消耗系数

年份	运输、信息传输和计算机服务	贸易、餐饮和住宿服务	房地产、租赁和商务服务	金融服务	其他服务
2007	0.12	0.08	0.03	0.06	0.05
2010	0.13	0.09	0.04	0.07	0.05
2012	0.11	0.08	0.06	0.11	0.05

资料来源:由国家统计局数据编制而成。

表8-9　　机械制造业中分服务功能的完全消耗系数

年份	运输、信息传输和计算机服务	贸易、餐饮和住宿服务	房地产、租赁和商务服务	金融服务	其他服务
2007	0.11	0.11	0.05	0.06	0.06
2010	0.13	0.12	0.06	0.07	0.06
2012	0.12	0.13	0.08	0.10	0.07

资料来源:由国家统计局数据编制而成。

机械制造业产出中服务投入均实现了不同程度的提升。例如，所需要的金融服务上升趋势最明显，从2007年的0.06个单位上升到2012年的0.10个单位，其次，商务服务等投入从2007年的0.05个单位上升到2012年的0.08个单位，贸易及其他服务等投入也有较小幅度的上升，分别从2007年的0.11个单位和0.06个单位上升到2012年的0.13个单位和0.07个单位。

随着当代知识经济和信息技术的发展，服务业与制造业的关系表现出越来越强的互动发展特征。以上数据也显示出，伴随着制造业结构的不断优化，制造业产出中对服务投入的需求不断增加。这充分体现了互动发展的双刃作用：一方面服务业日益知识和技术密集化，可以有效地把先进的技术和人力资本要素引入制造业，最终提高制造业的生产率；另一方面，服务业的发展也需要依靠制造业的中间需求，制造业部门中间投入的需要扩大了服务特别是生产性服务的市场规模，使得专业化分工收益大于市场交易费用，服务业与制造业之间的分工得以深化，服务业获得专业化和规模经济利益。[①]

二 制造业价值链攀升需要融入服务要素

波特最早提出"价值链"，他认为，企业的价值创造活动是通过生产、销售、服务、后勤等一系列的生产经营活动完成的，这些活动构成了价值创造的动态过程，即价值链，波特强调了不同阶段增值空间存在很大的差异特征。延续波特的价值链模型，20世纪90年代宏碁电脑（ACER）创始人施振荣提出了"微笑曲线"，他认为，PC行业乃至整个制造业，附加值较高的部分集中在产业链的两端（研发和市场），中间的组装环节属于劳动密集型环节，在标准化作业的冲击下，利润率较低。

图8-2是"微笑曲线"示意图，从图中可以看出，一个产品所有工序组成的附加值线条是一个两头高、中间低的U形曲线，看上去就像

---

① 徐从才、丁宁：《服务业与制造业互动发展的价值链创新及其绩效——基于大型零售商纵向约束与供应链流程再造的分析》，《管理世界》2008年第8期。

微笑的嘴唇，因此被称为"微笑曲线"。一般认为，发展中国家的加工、组装、制造环节处于价值链底端，而发达国家的研发、设计、营销、品牌等服务处于价值链顶端，因此，为了攀升到价值链顶端环节，中国制造必须融入研发、品牌、金融等服务要素。

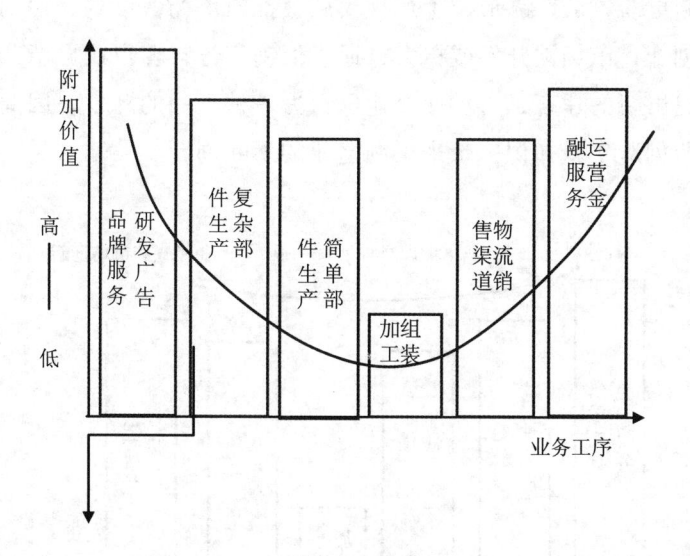

图 8-2 微笑曲线

资料来源：由百度百科"微笑曲线"词条加工而成。

下面拟从两个视角研究服务要素的重要性。首先从创新角度探讨服务作为知识创新的创造者，引领制造业创新的作用机理。

服务融入制造业创新涵盖了三个阶段。上游阶段，即知识创新阶段，或被称为基础性科技创新阶段，通过科学新发现产生重大创新成果，改变了技术各个组成部分，创造全新产品和生产线，对技术和市场产生根本性影响；中游阶段，技术改造（改良性创新阶段），它是建立在产品和市场创新之上的，采用了新技术和新的作业管理模式；下游阶段，商业模式创新和市场创新，通过运营和营销创新，寻找或扩大市场，改变营销渠道，改变产品与顾客之间的关系。[①]

[①] 洪银兴：《科技创新阶段及其创新价值链分析》，《经济学家》2017年第4期。

图 8-3 显示了制造业各工序从上游到中游再到下游的创新模式。从一个新产品的研发阶段开始,新知识的发现带来了生产的技术性创新,新产品与现有生产线不断契合,产生了研发阶段对于现有技术和生产线的更新,即改良性创新阶段,新技术和新工艺被应用,基础作业模式被不断更新,新产品形成生产规模后被推向市场,市场、营销等商业模式被创新,市场被开发或扩大,通过促销广告,客户认可新产品,并对产品提出新的建言,再促使企业进行另一种产品的开发。因此,生产性服务业创造了新知识,带来了制造业的不断创新。

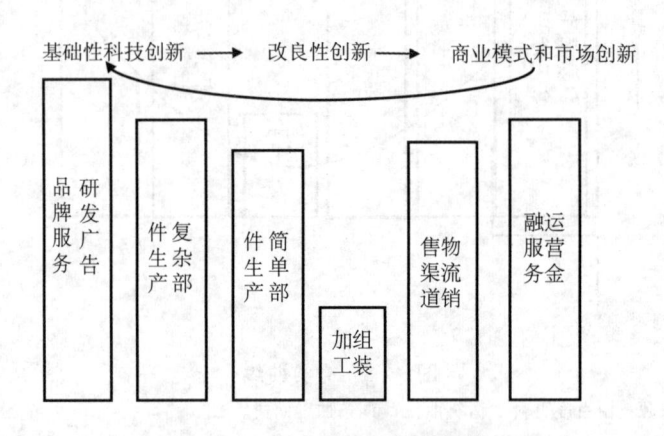

基础性科技创新 ——→ 改良性创新 ——→ 商业模式和市场创新

图 8-3　制造业各环节创新模式

资料来源:参考洪银兴《科技创新阶段及其创新价值链分析》一文内容做成。

下面我们从价值链角度分析服务作为价值链中利润高端环节,来改善价值链结构,以促进我国在全球价值链分工体系中从 OEM 向 OBM 转化的途径。

图 8-4 显示,21 世纪的微笑曲线比 20 世纪 70 年代的微笑曲线更加陡峭,可以证明发展中国家在全球价值链中的收益状况随着时间的推移在持续恶化,世界的财富和生产大部分也集中在北美、西欧和日本,在此基础上又进一步集中在这些国家的大城市,专家指出,全球价值链的"二元结构"特征是造成此问题的主要根源:发达国家负责高附加值的研发、营销等环节,而发展中国家则通过服务外包形式承接来自发

达国家的更多的加工组装等低附加值环节。[1]

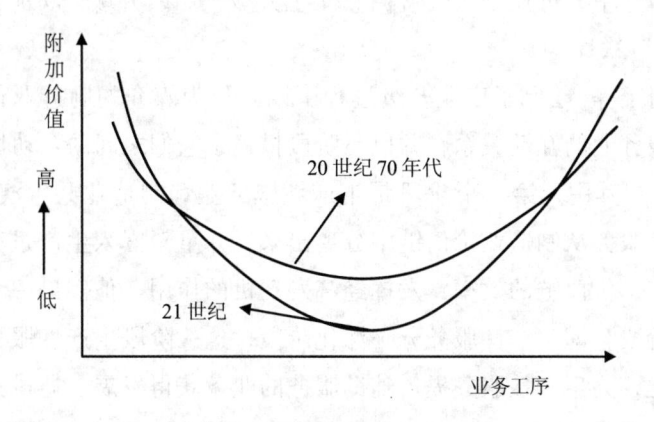

图 8-4 微笑曲线的不同形状

三 服务业与制造业互动发展的价值链创新

这里拟梳理制造业在从功能升级向链条高端升级的进程中服务功能与制造功能的良性互动机理,进一步基于互动多样性和复杂性的视角,探究良性互动驱动价值链创新和升级的多种渠道和途径。

服务功能与制造业生产各环节紧密联系,例如,制造业生产的上游部分融入了可行性研究、金融银行信贷、产品设计、市场调研、人员培训等服务功能,中游部分融入了中间产品的物流、设备租赁、质量控制、设备维修等服务功能,下游部分融入了广告、最终产品运输的物流、售后服务、客户培训等服务功能,这些渗透在不同价值链环节的各种生产性服务之间具有较强的正向关联性,它们之间相互协同,共同构成一个完整的流程和价值增值过程。[2]

徐从才、丁宁指出,服务业与制造业互动发展是经济全球化进程中制造业与服务业国际化发展的基本形式,尤其在经济发展方式亟待转型、产业竞争力亟待提高的中国,互动发展是迅速提升产业竞争力的有

---

[1] 张少军、刘志彪:《全球价值链与全球城市网络的交融——发展中国家的视角》,《经济学家》2017 年第 6 期。
[2] 裴长洪、彭磊:《中国服务业与服务贸易》,社会科学文献出版社 2008 年版;周蕾:《生产性服务贸易与全球价值链提升》,浙江大学出版社 2013 年版。

效形式。① 全球价值链会从生产者驱动过渡到购买者驱动,在购买者驱动的价值链中,产业升级会遵循"工艺升级—产品升级—功能升级—链条升级"② 次序。

刘明宇等③绘制了产业升级过程中以外包为媒介的制造业价值链和生产性服务业的互动关系,并以三阶段描述了它们之间的互动机制(见图8-5),其中,第二个阶段是生产性服务业和制造业共生演化阶段,即生产性服务从制造业价值链中分离出来,并重新嵌入生产过程中,直接提高整个价值链的效率,发挥经济发动机的作用。他们进一步描述了第三个阶段,即生产性服务分工深化阶段,这一阶段生产性服务业内部分工深化,为生产性服务提供辅助服务的业务获得发展。通过提高生产性服务的专业化水平,进一步提高生产性服务的效率,间接提高制造业的效率。

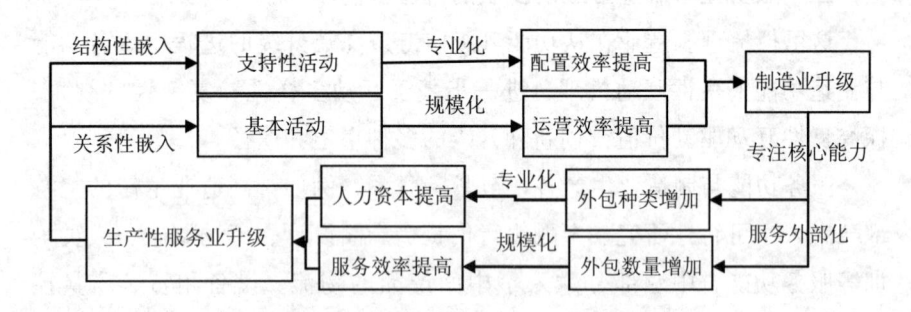

图 8-5 制造业和服务业共生演化关系

资料来源:参考刘明宇等《生产性服务价值链嵌入与制造业升级的协同演进关系研究》一文内容做成。

因此,我国制造业在升级过程中如果要实现功能升级,就必须加入

---

① 徐从才、丁宁:《服务业与制造业互动发展的价值链创新及其绩效——基于大型零售商纵向约束与供应链流程再造的分析》,《管理世界》2008 年第 8 期。

② G. Gereffi, J. Humphrey and T. Sturgeon, 2005, "The Governance of Global Value Chains," *Review of International Political Economy*, Vol. 12, No. 1, pp. 78 – 104;张少军、刘志彪:《全球价值链与全球城市网络的交融——发展中国家的视角》,《经济学家》2017 年第 6 期。

③ 刘明宇、芮明杰、姚凯:《生产性服务价值链嵌入与制造业升级的协同演进关系研究》,《中国工业经济》2010 年第 8 期。

服务要素，服务业也只有与制造业互动发展，才能实现真正的价值链创新。

第三节　中国服务业在全球价值链中的位置

一　服务价值链管理的内涵和外延

目前研究已探究了价值链管理的内涵和外延[①]，但是忽视了对包含服务要素的价值链管理内涵和外延的研究。这里拟把重点放在价值链和服务创新理论在中国经济发展新常态阶段的实践应用，深入探讨服务价值链的内涵和外延，不仅给出服务价值链的本质属性，而且给出服务价值链管理对象的具体范围。

以亚太经济体为例。可靠的全球价值链以及服务贸易自由化一直是亚太经合组织（APEC）的重要研究议程，2010年APEC提出"供应链连接倡议"（Supply Chain Connectivity Initiatives），首先，供应链增加了以贸易和投资为主要跨国交易形式的分散的生产活动；其次，虽然火车运输、装载码头、机场设施的发展降低了交易成本并提高了物理连接力，以服务贸易自由化为主要形式的制度安排显著地增强了跨区域的连接性。[②]

刘斌等研究发现，制造业服务化不仅提升了企业出口的产品质量和技术复杂度，促进了企业产品升级，而且可以加深企业价值链参与程度，提升价值链分工地位，尤其是运输服务化、金融服务化和分销服务化对企业价值链升级具有显著的提升作用。[③]

Kaplinsky指出，价值链是把一项产品或服务由提出概念，进行设计，经过不同阶段程序的加工，形成制成品后送到消费者手中，直到消

[①] 周子剑：《价值链管理的内涵概念辨析》，《财会月刊》2009年第27期。
[②] H. Ishido, 2017, "Global Value Chains and Liberalization of Trade in Services Implications for the Republic of Korea," *Journal of Korea Trade*, Vol. 21, No. 1, pp. 38 – 55.
[③] 刘斌、魏倩、吕越、祝坤福：《制造业服务化与价值链升级》，《经济研究》2016年第3期。

费者使用完毕后进行最终处置的全部过程。①

因此,如图8-6所示,价值链是价值从上游到下游,再循环到上游的双向互动过程,不仅包括了生产环节,而且对于现代社会,它更包括了价值链两端的高端服务环节(设计、研发、营销等)。

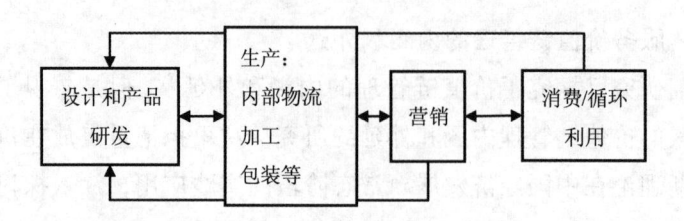

图8-6 价值链四个环节

资料来源:周蕾《生产性服务贸易与全球价值链提升》,浙江大学出版社2013年版。

二 我国服务业发展结构

全球经济呈现出从"工业型经济"向"服务型经济"转型的新趋势,而在产业链上游,高端制造的服务化更多地表现出高效企业组织管理、充裕人力资本和完善研发创新体系。② 李慧中指出,服务业发展重在结构,一个与制造、消费不匹配的服务业发展是不科学的。③ 原小能等从行业结构、投资结构、区域结构分析了我国现代服务业的发展结构问题。④

基于以上研究,这里拟从多方面研究我国服务业的发展结构性问题:服务增加值的变化、与制造相匹配的服务发展总体规模和速度、服务业发展的部门结构和供给结构等。

首先,关注服务业增加值的变化。表8-10显示了我国第一、第二和第三产业增加值占国内生产总值的比重。数据显示,第一产业和第二

---

① R. Kaplinsky, 2000, "Globalisation and Unequalisation: What can be Learned from Value Chain Analysis?," *Journal of Development Studies*, Vol. 37, No. 2, pp. 117 – 146.
② 刘斌、魏倩、吕越、祝坤福:《价值链管理的内涵概念辨析制造业服务化与价值链升级》,《经济研究》2016年第3期。
③ 李慧中:《服务业发展:不在速度在结构》,《大众日报》2015年6月3日。
④ 原小能等:《全球服务价值链与中国现代服务业发展战略》,经济科学出版社2016年版。

产业增加值占国内生产总值的比重呈不断下降的趋势,以农业为主的第一产业分别从2007年的10.3%下降到2010年的9.4%、2016年的8.6%,以工业为主的第二产业分别从2007年的46.9%微弱下降到2010年的46.4%,2016年大幅下降到39.9%,并且已经明显低于第三产业增加值占国内生产总值的比重。与这两个产业完全不同,以服务业为主的第三产业从2007年的42.9%微弱上升到2010年的44.1%,2016年大幅上升到51.6%。因此,可以明显看出,我国产业结构已经从工业结构主导的产业特征开始向服务业、工业双主导的产业结构特征转变。

表8-10　　　　　三次产业增加值在国内生产总值中的比值　　　　　(%)

年份	第一产业	第二产业	第三产业
2007	10.3	46.9	42.9
2010	9.4	46.4	44.1
2016	8.6	39.9	51.6

资料来源:由国家统计局数据编制而成。

生产性服务活动在整个价值链中发挥着重要作用,已占据价值链的核心环节,例如技术开发、市场营销、人力资源管理等,如果生产性服务活动不发达,在整个价值链中,产品的附加价值主要在加工环节,而随着生产性服务的进一步发展,价值创造的环节已发生了从制造环节向服务环节转移的趋势。[①]

下面以技术开发为例显示我国价值创造转变的趋势。表8-11显示了我国技术开发的基本情况,研发人员全时当量2007年仅有173.62万人/年,2010年上升到255.40万人/年,2016年达到387.81万人/年,大约是2007年水平的2.23倍;研发经费2007年仅有3710亿元,2010年上升到7063亿元,2016年达到了15677亿元,是2007年的4.23倍;

---

① 路红艳:《生产性服务与制造业结构升级——基于产业互动、融合的视角》,《财贸经济》2009年第9期。

发明专利授权数 2007 年仅有 351782 项，2010 年上升到 814825 项，2016 年达到了 1753763 项，是 2007 年的 4.99 倍。因此，从技术开发的规模和发展速度可以看出，我国生产性服务业近 10 年取得了快速的发展，我国服务环节对于价值链的作用进一步加强的趋势可以被确认。

表 8-11　　　　　　　　我国技术开发基本情况

年	研发人员全时当量 （万人年）	研发经费支出 （亿元）	发明专利授权数 （项）
2007	173.62	3710	351782
2010	255.40	7063	814825
2016	387.81	15677	1753763

资料来源：由国家统计局数据编制而成。

程东全等认为，服务型制造是我国制造业转型升级的必然选择，企业发展服务型制造需要建立起先进的制造系统和管理系统，重构供应链价值体系，以适应企业发展的内外部环境，提高企业的市场竞争能力。[1] 但是，尽管我国已是制造大国，然而与之相配套的生产性服务业仍不发达，这势必成为阻碍我国产业结构优化升级、走向制造强国的突出短板。为此，应促使生产性服务业价值链有效嵌入制造业价值链，加大顶层设计和统计决策制度建设力度，推动形成生产性服务与生产制造协同发展的产业新生态。

表 8-12 显示了我国服务业发展的部门结构变化情况。从三个基本年的投入产出流量表数据可以看出，我国主要服务业占总产出的比值均呈上升趋势，其中，金融业及房地产、租赁和商务服务业上升速度最快，分别从 2.38%、3.24% 上升到 3.68%、4.76%。但是，从最新的投入产出基本流量表可以看出，建筑服务业和其他服务业在我国总产出中占据重要位置，而占据价值链高端位置的服务部门仍居于服务业发展的次要位置。

---

[1] 程东全、顾锋、耿勇：《服务型制造中的价值链体系构造及运行机制研究》，《管理世界》2011 年第 12 期。

表8-12　　　　我国服务业分行业占总产出的比值变化　　　　　　（%）

年份	2007	2010	2012
建筑业	7.66	8.17	8.65
运输、信息传输和软件服务业	5.19	5.28	5.44
贸易、住宿和餐饮业	5.33	5.16	5.96
房地产、租赁和商务服务业	3.24	4.14	4.76
金融业	2.38	2.58	3.68
其他服务业	7.36	7.29	8.13

资料来源：由国家统计局投入产出基本流量表数据编制而成。

因此，尽管我国与发达国家在高端服务价值链方面有差距，但是我国产业结构正从粗放型加工制造向高端制造、高端服务转变，高端制造和高端服务是我国"十三五"规划、十九大报告中高质量发展的重要目标之一。

三　我国服务业参与全球价值链的程度及特征

这里从整体上测算并说明我国服务业在全球价值链中的渗透趋势。表8-13显示了我国服务业近年来的全球价值链参与程度数据。原始数据来自最新的OECD/WTO附加值数据库，表中数据通过整理原始数据并计算得出。图8-13给出中国服务业整体融入全球价值链的参与程度。

与制造业不同的是，中国服务业融入全球价值链的渗透率从数字上看低于制造业融入全球价值链的参与程度，而且上升速度比较迟缓，从2000年0.67到2011年仅上升了三个点，即0.70。在加入WTO后，我国服务业参与全球价值链明显增强，但是2007年金融危机以后，参与程度止步不前。TDVA的数据所显示的与全球价值链参与程度变化趋势趋同，加入WTO前小幅度下降，加盟后大幅度上升，这显示出我国国内增加值对国外的服务类产品出口的影响作用在增强。

表8-13　中国服务业2001—2011年全球价值链参与程度

年份	总出口额（百万美元）	TDVA比值	FVA比值	RDVA比值	GVC参与度
2000	73995.00	0.31	0.36	0.00	0.67
2001	79052.10	0.30	0.36	0.00	0.66
2002	94740.30	0.29	0.37	0.00	0.66
2003	118272.50	0.27	0.39	0.00	0.67
2004	157025.10	0.29	0.38	0.01	0.67
2005	191041.80	0.30	0.37	0.01	0.68
2006	240247.20	0.32	0.36	0.01	0.69
2007	297767.40	0.36	0.34	0.01	0.71
2008	350331.40	0.37	0.32	0.01	0.70
2009	310226.10	0.39	0.31	0.01	0.70
2010	388597.70	0.37	0.32	0.01	0.70
2011	454112.60	0.37	0.32	0.01	0.70

资料来源：由OECD附加值数据库（TiVA，2016 Dec.）数据编制而成。

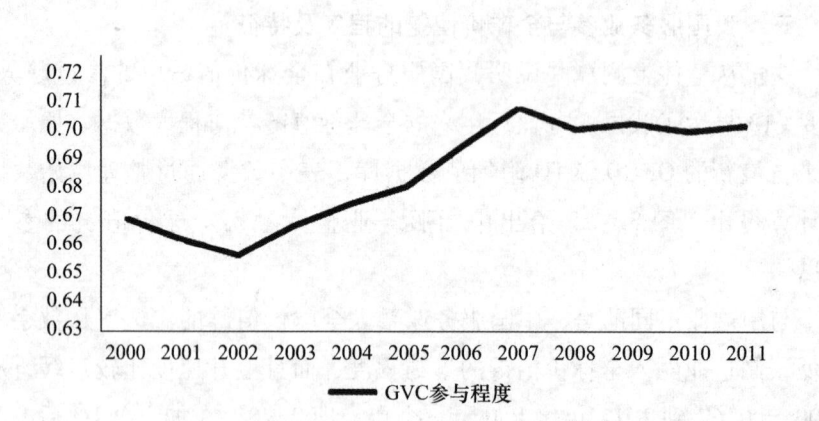

图8-7　中国服务业GVC参与程度变化图

资料来源：作者根据OECD附加值数据库数据计算并绘制。

前面主要从增加值关联、中间品关联和投入产出关联计算了我国服务产业渗透全球价值链的参与程度。这里再延伸程大中、张芙楠的研究范式①，侧重于我国服务业视角，从两个维度（前向关联、后向关联），从不同层次的对象视角（世界、主要发达国家、新兴市场国家、"一带一路"沿线国家），综合评估各行业参与全球价值链分工的程度，并评判变化特征和演进趋势。

前向关联主要反映了中国本国增加值出口到其他国家并作为其他国家对外出口的一部分，后向关联则反映了中国出口中所包含的国外附加值部分。

表8-14显示了中国出口到不同国家的前向关联度，从数据可以明显看出，中国国内附加值出口较多的地区依次为东亚和东南亚地区、欧盟28国、其他地区和美国，因此，在全球价值链中，这些国家受中国的影响较深。然后关注时间的趋势变化，中国对美国的前向关联正在降低，美国从2000年的1.7降低到2011年的1.6，对日本基本没有产生变化，而对其他国家和地区的前向关联度有明显增加的趋势，其中，对东亚和东南亚从2000年的4.3增加到2011年的5.8，对欧盟28国从2000年的2.9增加到2011年的4.4，对其他地区从2000年的1.1增加到2011年的1.8，对俄罗斯从2000年的0.1增加到2011年的0.4，对印度从2000年的0.1增加到2011年的0.5。因此，尽管美国和日本仍是中国最主要的服务贸易伙伴国，但是从前向关联度指标来看，中国对"一带一路"沿线国家（数据表中的"其他地区""东亚和东南亚国家"）、新兴市场经济国家（俄罗斯和印度）以及"一带一路"的另一端——欧洲主要国家在全球价值链中的作用正不断增强。

图8-8显示了中国出口世界其他国家的增加值占中国总出口的比重，也就是后向关联度。从趋势线可以明显看出，中国出口中的国外附加值在中国加入WTO后有明显上升的趋势，从2000年的5.3上升到2011年的6.5，其中在金融危机前达到阶段性的高点（2008年的6.8）。因此，中国在全球价值链的出口中，依赖其他国家的附加值仍然比较明显。

---

① 程大中：《中国增加值贸易隐含的要素流向扭曲程度分析》，《经济研究》2014年第9期。张芙楠：《大变革：全球价值链与下一代贸易治理》，中国经济出版社2017年版。

表 8-14　　　　　中国前向关联全球价值链参与程度

对象国	世界	美国	日本	俄罗斯	印度	欧盟28国	东亚和东南亚	其他地区
2000	11.1	1.7	0.8	0.1	0.1	2.9	4.3	1.1
2001	11.2	1.6	0.8	0.1	0.1	3.1	4.1	1.2
2002	10.9	1.5	0.8	0.1	0.1	2.9	4.2	1.1
2003	11.6	1.4	0.8	0.2	0.1	3.2	4.4	1.2
2004	12.7	1.5	0.8	0.2	0.2	3.5	5.1	1.2
2005	13.3	1.5	0.8	0.2	0.2	3.7	5.2	1.3
2006	14.4	1.6	0.8	0.2	0.2	4.2	5.5	1.4
2007	15.6	1.6	0.8	0.3	0.3	4.9	5.7	1.6
2008	16.8	1.8	0.8	0.4	0.4	5.1	6.1	1.8
2009	14.7	1.4	0.8	0.3	0.4	4.2	5.4	1.8
2010	15.3	1.5	0.8	0.3	0.4	4.4	5.6	1.8
2011	15.7	1.6	0.8	0.4	0.5	4.4	5.8	1.8

资料来源：由 OECD 附加值数据库（TiVA, 2016 Dec.）数据编制而成。

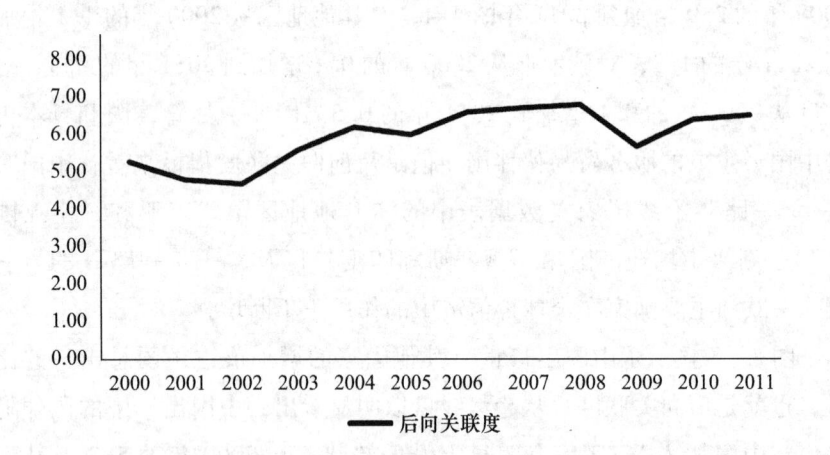

图 8-8　中国服务业后向关联度变化

资料来源：作者根据 OECD 附加值数据库数据计算并绘制。

四　我国服务业在全球价值链中的位置

关于行业嵌入全球价值链位置的测度，至今还无法给出统一的方法。王岚、李宏艳构建了一个综合反映增值能力和嵌入位置的全球价值链融入路径的分析框架,他们提出了价值链地位指数、增值能力指数、价值链获利能力指数三个测算方法。[1]

基于以上研究,这里拟构建一个多维测算体系,包含价值链增值能力指数、价值链地位指数、价值链复杂指数、价值链获利指数,以综合评判我国服务业引领产业向全球高端价值链攀升的具体位置,有助于所提出的政策建议有针对性和实践基础。

表8-15显示了我国服务业在全球价值链中分行业国内附加值的变化情况,指标选取了国内增加值部分与总出口的比值,可以作为价值链增值的代理变量。数据显示,除了贸易、住宿和餐饮服务业外,我国服务业国内增加值占出口的比重均有不同程度的下降,其中,下降幅度最大的依次是设备租赁、研发、建筑,分别下降了6.2、5.6、4.3个百分点。其次,运输、仓储和通信服务业,计算机和相关服务,房地产,金融等服务业也有不同程度的下降,分别下降了3.1、3.0、2.1、1.3个百分点。下降趋势基本上以中国加入WTO为分界点。因此,正是因为我国服务业渗透全球价值链的参与程度加强,国内增加值部分逐渐在总出口中呈下降的趋势,而国外增加值部分则不断增加。

下面分析中国服务业在全球价值链中的位置。表8-16显示了主要结果。以2006年的数据为分割线,2001年至2006年,我国服务业虽然基本处于全球价值链中的上游位置,但是,下降的趋势非常明显,而2007年以后,我国全球价值链的位置有所回升,但是,在美国金融危机以后,开始呈微弱下降的趋势,因此,我国在全球价值链中的位置虽然靠前,但是,在全球价值链中的作用在不断减弱。

原小能等[2]提出应从细分行业的技术复杂度、出口复杂度来测度中国现代服务业嵌入全球价值链的位置。这里,我们借用他们的成果,进行分析。

---

[1] 王岚、李宏艳:《中国制造业融入全球价值链路径研究——嵌入位置和增值能力的视角》,《中国工业经济》2015年第2期。

[2] 原小能等:《全球服务价值链与中国现代服务业发展战略》,经济科学出版社2016年版。

表8-15　中国服务业2001—2011年国内增加值分行业变化　　　　（%）

年份	服务业	建筑	金融	贸易、住宿和餐饮	运输、仓储和通信	计算机和相关服务	研发	房地产	设备租赁
2000	94.7	92.2	97.9	95.1	94.2	90.3	93.2	96.9	94.1
2001	95.2	92.6	97.5	95.8	94.2	90.5	93.3	97.7	94.1
2002	95.3	92.6	97.1	96	94.2	90.3	93.1	97.8	94
2003	94.4	90.4	96.6	95.6	92.4	89.3	91.9	96.6	92.7
2004	93.8	88.9	96	95.6	90.7	88	90.3	95.2	91
2005	94	88.6	95.9	96.2	90.2	88.1	89.8	94.2	90.3
2006	93.4	88	96.4	95.5	90.2	88	89.1	95.7	89.5
2007	93.3	88	96.9	95.4	90.6	88.6	89	97.8	89.3
2008	93.2	88	96.7	95.5	90.2	88.1	88.5	96.6	88.7
2009	94.3	89.6	97.1	96.2	92.3	89.2	89.5	96.3	89.7
2010	93.6	88.4	96.6	95.9	91.4	87.4	87.7	95	88
2011	93.5	87.9	96.6	95.8	91.1	87.3	87.6	94.8	87.9

资料来源：由OECD附加值数据库（TiVA，2016 Dec.）中数据编制而成。

原小能等[①]区分了以服务业为生产性服务业和生活性服务业两种样本，其中，生产性服务业主要包括了版税和授权、保险、交通运输、金融及通信、信息传输、计算机服务、其他商业服务业，生活性服务业则包括旅游、文化娱乐、房地产业等。

研究发现，中国生产性服务业、生活性服务业以及全部服务业在全球价值链中的出口复杂度不断增加，这表明中国服务业在渗透全球价值链的过程中，服务的附加价值不断提高。从全球服务价值链的相对位置来看，中国生活性服务业具有一定的优势，但是生产性服务业仍处于全球价值链的低端位置，由此带来了中国服务业整体价值链的低端化。

总之，中国服务业在融入全球价值链的渗透过程中，发展速度较快，竞争力不断提高，但是，价值链位置在动态上有所下降，并且，开

---

① 原小能等：《全球服务价值链与中国现代服务业发展战略》，经济科学出版社2016年版。

始从上游位置向靠后的位置演进，因此，不得不认清一个事实：与发达国家相比，我国服务业仍处于全球价值链的低端位置，并且近期下滑趋势比较明显。

表8-16　2001—2011年中国服务业在全球价值链中的位置

年份	总出口额（亿美元）	TDVA 比值	FVA 比值	GVC 位置
2000	73995.00	0.45	0.05	0.32
2001	79052.10	0.42	0.05	0.31
2002	94740.30	0.41	0.05	0.29
2003	118272.50	0.38	0.06	0.27
2004	157025.10	0.36	0.06	0.25
2005	191041.80	0.33	0.06	0.23
2006	240247.20	0.36	0.07	0.24
2007	297767.40	0.38	0.07	0.26
2008	350331.40	0.37	0.07	0.25
2009	310226.10	0.38	0.06	0.26
2010	388597.70	0.36	0.06	0.25
2011	454112.60	0.36	0.06	0.24

资料来源：由OECD附加值数据库（TiVA，2016 Dec.）中的相关数据编制而成。

第四节　全球价值链、服务外包与我国服务业发展

一　全球服务价值链的双面效应

这里拟从理论上综合演绎全球服务价值链的多种效应，形成具体情境命题，并辅之以案例分析和数据资料，实证说明主要论断。

（一）假说构建

对于发展中国家来说，全球价值链分工是一把"双刃剑"[1]，一方面，它可以从宏观上优化产业发展结构，提高就业水平，转变经济增长方式；从微观上加快企业技术创新（技术溢出效应），提升服务业国际

---

[1] 原小能等：《全球服务价值链与中国现代服务业发展战略》，经济科学出版社2016年版。

竞争力（高端攀升效应），提升经营和竞争模式（管理学习效应）。另一方面，它会降低生产要素价格（要素价格收敛效应）、技术逆溢出（技术低端锁定效应）、人才流失（人才挤出效应）、价值分配低端锁定（低附加值锁定效应）。

基于以上，我们考虑几个重要变量：生产率、创新能力和企业利润率，提出如下假说：

假说1：服务性企业融入全球价值链越强，生产率和技术创新能力就越强。

假说2：服务性企业融入全球价值链越强，企业位于全球价值链的位置越低，企业利润率就越低。

（二）实证设计

这里仍采用前面的动态面板计量分析方法，设定动态面板基本模型：

$$\text{Ln}(PRD_{it}) = \alpha_0 + \alpha_1 \text{Ln}(PRD_{it-1}) + \alpha_2 \text{Ln}(GVCP1_{it}) + \mu_i + \epsilon_{it} \quad (8.1)$$

$$\text{Ln}(GVCP2_{it}) = \alpha_0 + \alpha_1 \text{Ln}(GVCP2_{it-1}) + \alpha_2 \text{Ln}(GVCP1_{it}) + \mu_i + \epsilon_{it} \quad (8.2)$$

（三）变量选取

1. 生产率（PRD）。生产率指标采用分行业增加值与城镇单位从业人员的比值来测算。分行业增加值数据、分行业城镇单位从业人员数据均来自各年的统计年鉴，需要指出的是，2000—2002年分行业城镇单位从业人员数据缺失，但是我们可以进行折算，也就是，利用某一行业职工人数的年底数除以合计职工人数的年底数再乘以城镇单位从业人员的合计数，可以得到估计的分行业城镇单位从业人员数据。单位为万元/人。

2. 全球价值链参与程度（GVCP1）和全球价值链位置（GVCP2）。数据来自OECD附加值数据库（2016）。

这里以OECD附加值数据库为主，包括了七个服务业：建筑、批发与零售、运输仓储和邮政、住宿和餐饮、金融、房地产、其他行业。

（四）统计描述

表 8-17 显示了样本数据中以上变量的统计特征。

这里继续采用前面的模型设计方法，最终的检验模型将对所有变量取对数，以衡量解释变量在变动 1% 的情况下被解释变量的变化程度。

表 8-17　　　　　　　　　　主要变量统计描述

变量		样本数	中值	标准偏差	最小值	最大值
全球价值链中的位置 Ln$GVCP2$	整体样本	84	3.08	0.78	1.25	4.73
	样本间	7		0.68	2.07	4.22
	样本内	12		0.46	2.16	3.98
参与程度 Ln$GVCP1$	整体样本	84	-0.80	0.36	-1.82	-0.27
	样本间	7		0.37	-1.27	-0.29
	样本内	12		0.13	-1.45	-0.46
生产率 LnPRD	整体样本	84	-1.31	0.30	-2.22	-0.77
	样本间	7		0.30	-1.66	-0.92
	样本内	12		0.12	-1.94	-1.03

注：采用 STATA 命令编制而成。

（五）实证检验

继续应用 LLC，IPS 以及 Fisher-ADF 等方法进行面板数据序列的单位根检验。通过表 8-18 面板数据单位根检验的结果，可以看出：除一种情形（针对 LNPRD 变量的 IPS 检验）外，无论是针对同质面板假设的检验，还是针对异质面板假设的其他三种检验，模型中的回归变量均平稳，因此可以将各变量一起纳入回归模型。

首先关注全球价值链参与程度与生产率的动态关联关系。这里依次进行一步差分、两步差分、一步系统和两步系统估计，计算结果见表 8-19。在这四种估计方法里，AR（1）的 P 值依次为 0.000、1.000、0.000、1.000，仅有一步差分和一步系统的 P 值小于 0.1；AR（2）的 P 值依次为 0.491、1.000、0.614、1.000，都大于 0.1。因此，一步系统和一步差分的结果表明，扰动项的差分存在一阶自相关，但不存在二阶自相关，它们的模型设置合理。

表8-18　　　　　　　　　　面板数据单位根检验

检验变量	Ln*GVCP*1	Ln*GVCP*2	Ln*PRD*
LLC	-5.0847 (0.0000)	-3.8201 (0.0001)	-2.0467 (0.0203)
IPS	-1.4682 (0.0710)	-1.8987 (0.0288)	-0.0764 (0.4695)
Fisher-ADF	3.7189 (0.0001)	2.9586 (0.0015)	2.0460 (0.0204)
Fisher-PP	2.9611 (0.0015)	2.4305 (0.0075)	8.2495 (0.0000)

注：括号内为估计量伴随概率；LLC，IPS，Fisher-ADF 零假设为存在单位根。

表8-19　　　　　生产率—全球价值链参与程度模型估计结果

GMM 估计方法	一步差分	两步差分	一步系统	两步系统
前期生产率 l. Ln*PRD*	1.0000 *** (9.7e+09)	1.0000 *** (2.3e+09)	1.0000 *** (8.8e+06)	1.0000 *** (9.0e+06)
全球价值链参与程度 Ln*GVCP*1	2.34e-10 *** (2.74)		-2.06e-08 (-1.22)	-3.62e-14 (-0.00)
AR（1）	-3.81 (P=0.000)	0.00 (P=1.000)	-5.21 (P=0.000)	-0.00 (P=1.000)
AR（2）	-0.69 (P=0.491)	0.00 (P=1.000)	-0.50 (P=0.614)	0.00 (P=1.000)
过度识别检验 Sargan test	61.50 (P=0.128)	61.50 (P=0.128)	93.46 (P=0.002)	93.46 (P=0.002)

注：表中变量回归结果的括号内为估计系数的 *t* 统计量，***，**，* 分别表示在1%、5%、10%水平上显著；自回归（AR）检验和过度识别检验结果的括号内是P值，自相关检验[AR（1）、AR（2）]的原假设是不存在一阶或二阶自相关；估计方法选项包括4种：一步差分GMM估计、两步差分GMM估计、一步系统GMM估计、两步系统GMM估计。

回归结果还汇报了 Sargan 过度识别检验 P 值，一步差分、两步差分的 P 值为 0.128，均大于 0.1，这表明，检验结果不能拒绝原假设，即模型内过度识别约束有效，GMM 估计所选工具变量有效。但是，一步系统、两步系统的 P 值为 0.002，小于 5%，因此，它没有通过 5% 的显著性水平检验，拒绝过度识别限制有效的原假设，表明各个模型选择的工具变量是无效的。

综合以上检验，我们只能接受一步差分的估计结果，首先，前期生产率变量在 1% 的统计水平上显著为正，这证实了我国服务业生产率是一种连续动态变化的过程，具有显著滞后效应，前期位置每增加 1 个单位，当期位置会变化 1.0000 单位，此结果也证明了动态面板模型选择的有效性。

从全球价值链参与程度对生产率的系数结果基本可以判断，全球价值链参与程度对我国服务业分行业生产率的影响是正向的。也就是检验结果支持了假说 1，服务性企业融入全球价值链越强，生产率和技术创新能力就越强。

其次关注全球价值链参与程度与价值链位置的动态关联关系，计算结果见表 8-20。在四种估计方法里，AR（1）的 P 值依次为 0.002、0.049、0.036、0.045，P 值均小于 0.1；AR（2）的 P 值依次为 0.232、0.123、0.101、0.125，都大于 0.1。因此，四个结果均表明扰动项的差分存在一阶自相关，但不存在二阶自相关，它们的模型设置合理。

表 8-20 的 Sargan 过度识别检验的 P 值均大于 0.1，这表明，检验结果不能拒绝原假设，即模型内过度识别约束有效，GMM 估计所选工具变量有效。

综合以上检验，我们可以接受四个估计结果，前期价值链位置变量均在 1% 统计水平上显著为正，这证实了我国服务业居于全球价值链的位置是一种连续动态变化的过程，具有显著滞后的效应，此结果也证明了动态面板模型选择的有效性。

表8-20　　　　全球价值链位置—参与程度模型估计结果

GMM 估计方法	一步差分	两步差分	一步系统	两步系统
前期全球价值链位置 l.Ln*GVCP*2	0.6100 *** (8.05)	0.5843 *** (20.13)	0.9445 *** (24.86)	0.9414 *** (6.90)
全球价值链参与程度 Ln*GVCP*1	0.8539 *** (18.69)	0.8356 *** (22.91)	0.8570 *** (77.07)	0.8507 *** (23.15)
AR（1）	-3.17 (P=0.002)	-1.97 (P=0.049)	-2.10 (P=0.036)	-2.00 (P=0.045)
AR（2）	1.19 (P=0.232)	1.54 (P=0.123)	1.64 (P=0.101)	1.53 (P=0.125)
过度识别检验 Sargan test	56.33 (P=0.165)	56.33 (P=0.165)	68.43 (P=0.105)	68.43 (P=0.105)

注：表中变量回归结果的括号内为估计系数的 t 统计量，***、**、* 分别表示在1%、5%、10%水平上显著；自回归（AR）检验和过度识别检验结果的括号内是 P 值，自相关检验 [AR（1），AR（2）] 的原假设是不存在一阶或二阶自相关；估计方法选项包括4种：一步差分 GMM 估计、两步差分 GMM 估计、一步系统 GMM 估计、两步系统 GMM 估计。

从全球价值链参与程度对价值链位置的系数结果基本可以判断，全球价值链参与程度对我国服务业分行业全球价值链的位置是正向的。也就是检验结果不能支持假说2，我们认为，服务性企业融入全球价值链越强，企业位于全球价值链的位置不是越低，而是越高。

二　负面清单与服务业全球价值链、我国服务业发展
（一）假说构建

负面清单管理模式主要面向服务业，在某种程度上类似于货物贸易中的非关税壁垒减让措施，对服务业全球价值链的分工格局意义重大，裴长洪等提出负面清单管理模式对服务业全球价值链分工格局的作用机制，下面拟延伸此项研究，不仅使用多边面板数据实证检验主要论断，而且将基于全球价值链，评判负面清单对我国服务业发展的潜在影响，有针对性地提出相关建议以调控和创新产业发展模式。

首先提出如下假说：

假说3：服务性企业越归属于负面清单，融入全球价值链的程度越低，居于全球价值链的位置也越低。

假说4：服务性企业越归属于负面清单，我国服务业发展速度越慢，生产率也越低。

（二）实证设计

这里设定动态面板基本模型：

$$\text{Ln}(GVCP1_{it}) = \alpha_0 + \alpha_1 \text{Ln}(GVCP_{it-1}) + \alpha_2 \text{Ln}(NEG_{it}) + \mu_i + \epsilon_{it} \quad (8.3)$$

$$\text{Ln}(GVCP2_{it}) = \alpha_0 + \alpha_1 \text{Ln}(GVCP2_{it-1}) + \alpha_2 \text{Ln}(NEG_{it}) + \mu_i + \epsilon_{it} \quad (8.4)$$

$$\text{Ln}(PRD_{it}) = \alpha_0 + \alpha_1 \text{Ln}(PRD_{it-1}) + \alpha_2 \text{Ln}(NEG_{it}) + \mu_i + \epsilon_{it} \quad (8.5)$$

最终的检验模型将对所有变量取对数，以衡量解释变量在变动1%的情况下被解释变量的变化程度。

表8-21显示了样本数据中负面清单变量的统计特征。

表8-21　　　　　　　　负面清单变量统计描述

变量		样本数	中值	标准偏差	最小值	最大值
负面清单 Ln*NEG*	整体样本	84	-3.50	1.68	-6.43	-1.10
	样本间	7		1.79	-5.96	-1.52
	样本内	12		0.19	-3.97	-3.09

注：采用STATA命令编制而成。

前面已经给出了生产率、全球价值链位置、全球价值链参与程度的选取方法，这里不再赘述。本章采用贸易进口占服务业总产出的比重作为负面清单的代理变量，进口占国内服务业总产出的比重越小，说明该行业贸易保护越大，从而归属于负面清单的重点项目，进口占国内总产出的比重越大，这说明该行业贸易保护越小，从而基本归属于负面清单之外。贸易进口和总产出数据均来自 OECD 数据库。

（三）实证检验

从表 8-22 面板数据单位根检验的结果，可以看出：除 Fisher-PP 检验外，无论是针对同质面板假设的检验，还是针对异质面板假设的其他三种检验，模型中的回归变量均平稳，因此可以将变量一起纳入回归模型。

表 8-22　　　　　　　　　面板数据单位根检验

负面清单 Ln*NEG*	LLC	-4.0244
		(0.0000)
	IPS	-1.6096
		(0.0537)
	Fisher-ADF	4.7782
		(0.0000)
	Fisher-PP	-0.1990
		(0.5789)

注：括号内为估计量伴随概率；LLC, IPS, Fisher-ADF 零假设为存在单位根。

首先关注全球价值链参与程度与负面清单的动态关系。这里依次进行了一步差分、两步差分、一步系统和两步系统估计，计算结果见表 8-23。在四种估计方法里，AR（1）的 P 值依次为 0.097、0.642、0.044、0.342，仅有一步差分和一步系统的 P 值小于 0.1，AR（2）的 P 值均没有结果，因此，一步系统和一步差分的结果表明，扰动项的差分存在一阶自相关，但无法证明不存在二阶自相关，模型设置不合理。仅有一步系统和两步系统的 Sargan 过度识别检验的 P 值均大于 0.1，这表明，它们的 GMM 估计所选工具变量有效。综合以上检验，四种估计方法均没有通过检验，因此样本的检验结果不能验证服务性企业负面清单与融入全球价值链程度的关联关系。

其次，关注全球价值链位置与负面清单的动态关系，计算结果见表 8-24。在四种估计方法里，仅有一步系统的 AR（1）P 值小于 0.1，并且 AR（2）的 P 值大于 1，因此，一步系统的结果表明，扰动项目差

表8-23　　　　负面清单—全球价值链参与程度模型估计结果

GMM 估计方法	一步差分	两步差分	一步系统	两步系统
前期参与程度 l.Ln$GVCP1$	0.3967 (1.02)		0.7511*** (20.98)	0.9256*** (22.10)
负面清单 LnNEG	-0.1362 (-0.62)	-0.1733 (-0.70)	0.1777** (2.72)	-0.7900 (-1.10)
AR（1）	-1.66 (P=0.097)	-0.47 (P=0.642)	-2.01 (P=0.044)	0.95 (P=0.342)
AR（2）				
过度识别检验 Sargan test	10.24 (P=0.017)	10.24 (P=0.017)	14.15 (P=0.117)	14.15 (P=0.117)

注：表中变量回归结果的括号内为估计系数的 t 统计量，***、**、* 分别表示在1%、5%、10% 水平上显著；自回归（AR）检验和过度识别检验结果的括号内是 P 值，自相关检验 [AR（1）、AR（2）] 的原假设是不存在一阶或二阶自相关；估计方法选项包括4种：一步差分 GMM 估计、两步差分 GMM 估计、一步系统 GMM 估计、两步系统 GMM 估计。

表8-24　　　　负面清单—全球价值链位置模型估计结果

GMM 估计方法	一步差分	两步差分	一步系统	两步系统
前期位置 l.Ln$GVCP2$	0.4494*** (3.45)	0.9365 (0.72)	0.9197*** (16.40)	-0.5571 (-0.62)
负面清单 LnNEG	-0.3397** (-2.23)	-0.6932 (-1.27)	-0.2514 (-1.07)	0.8028 (0.72)
AR（1）	-0.92 (P=0.358)	-0.33 (P=0.738)	-2.11 (P=0.035)	1.03 (P=0.304)
AR（2）	-2.10 (P=0.036)	-0.63 (P=0.527)	-1.06 (P=0.291)	-0.78 (P=0.432)
过度识别检验 Sargan test	49.31 (P=0.055)	49.31 (P=0.055)	50.71 (P=0.142)	50.71 (P=0.142)

注：表中变量回归结果的括号内为估计系数的 t 统计量，***、**、* 分别表示在1%、5%、10% 水平上显著；自回归（AR）检验和过度识别检验结果的括号内是 P 值，自相关检验 [AR（1）、AR（2）] 的原假设是不存在一阶或二阶自相关；估计方法选项包括4种：一步差分 GMM 估计、两步差分 GMM 估计、一步系统 GMM 估计、两步系统 GMM 估计。

分存在一阶自相关，不存在二阶自相关，模型设置合理。仅有一步系统和两步系统的 Sargan 过度识别检验 P 值均大于 0.1，这表明，它们的 GMM 估计所选工具变量有效。

综合以上检验，下面分析一步系统的估计结果，估计结果没有通过统计 10% 的显著性水平检验，样本的检验结果无法证明服务性企业负面清单与全球价值链位置的关系。

最后关注服务业企业生产率与负面清单的动态关系，计算结果见表 8-25。在四种估计方法里，一步差分和一步系统的 AR（1）P 值小于 0.1，并且它们的 AR（2）P 值大于 1，因此，一步系统和一步差分的结果表明，扰动项的差分存在一阶自相关，不存在二阶自相关，模型设置合理。四个估计方法中的 Sargan 过度识别检验 P 值均大于 0.1，这表明，它们的 GMM 估计所选工具变量有效。

表 8-25　　　　　　负面清单—生产率模型估计结果

GMM 估计方法	一步差分	两步差分	一步系统	两步系统
前期位置 l. LnPRD	1.0000 *** (1.4e+11)		1.0000 *** (3.2e+8)	
负面清单 LnNEG	4.12e-13 (0.11)		5.85e-09 (1.35)	-1.6991 *** (-2.7e+05)
AR（1）	-3.32 (P=0.001)	2.19 (P=0.029)	-4.07 (P=0.000)	
AR（2）	0.03 (P=0.979)	2.21 (P=0.027)	1.47 (P=0.142)	-0.61 (P=0.541)
过度识别检验 Sargan test	30.38 (P=0.252)	30.38 (P=0.252)	29.71 (P=0.583)	29.71 (P=0.583)

注：表中变量回归结果的括号内为估计系数的 t 统计量，***，**，* 分别表示在 1%、5%、10% 水平上显著；自回归（AR）检验和过度识别检验结果的括号内是 P 值，自相关检验［AR（1）、AR（2）］的原假设是不存在一阶或二阶自相关；估计方法选项包括 4 种：一步差分 GMM 估计、两步差分 GMM 估计、一步系统 GMM 估计、两步系统 GMM 估计。

综合以上检验，下面分析一步差分和一步系统的估计结果，估计结果虽然没有通过统计 10% 的显著性水平检验，但是这两个估计方法的系数结果均为正数，因此，样本的检验结果可以证明服务性企业负面清单与生产率的关系，也就是说，服务性企业越归属于负面清单，进口占总产出的比值越低，我国服务业发展的速度就越慢，生产率也越低。

三 服务外包与服务业全球价值链、我国服务业发展

全球价值链和服务外包是国际产业分工发展的产物，企业在价值关系和外包关系的复杂化与网络化使国际分工呈现出基本特征——全球价值链的外包体系。① 吕延方认为，服务外包正在成为发展服务贸易的主要形式，成为当代经济国际化和全球化的新常态。②

但是，学者们指出了服务外包的负面问题，尤其关注了外包对发展中经济的负面效果。程新章指出，核心企业控制整个价值链，实现业务灵活性和业务外包。③ 齐兰也指出了先进国家的跨国企业正是通过外包对全球价值链实行超强控制。④ 因此，我国容易被服务外包套牢在价值链低端。

但是，也应该正确认识服务外包的正面效应，并积极参与服务外包，使外包真正为我国的经济高质量发展服务。陈启斐、刘志彪提出"反向服务外包"（低成本国家作为发包方，在发达国家雇用员工，建立子公司或离岸中心）可以弥补我国服务业发展滞后的劣势，产生"虹吸效应"，完成向价值链攀升的任务。⑤ 吕延方指出，离岸外包为发展中国家融入全球生产分工体系和经济发展战略选择提供了新的机遇，尤其是作为主要服务外包承接国的中国，受惠于外包，吸引了外资、优

---

① 胡军、陶锋、陈建林：《珠三角 OEM 企业持续成长的路径选择——基于全球价值链外包体系的视角》，《中国工业经济》2005 年第 8 期。
② 吕延方：《承接服务外包的驱动因素——基于 2003—2013 年行业面板数据的经验研究》，《经济管理》2015 年第 7 期。
③ 程新章：《全球价值链治理中的质量惯例》，《中国工业经济》2006 年第 5 期。
④ 齐兰：《垄断资本全球化对中国产业发展的影响》，《中国社会科学》2009 年第 2 期。
⑤ 陈启斐、刘志彪：《反向服务外包对我国制造业价值链提升的实证分析》，《经济学家》2013 年第 11 期。

秀的管理人才和先进的技术，对中国经济体制转型起到了重要的推动作用。① 因此，我国应抓住国际资本向服务业和高技术产业转移的历史契机，积极贯彻更为积极开放的产业发展战略，引导中国的经济向产业链中高附加值的部分进一步拓展，实现我国服务业整体水平的提升和结构优化。

总之，有必要认识到外包的双刃作用，分别将正向效应的外包和负向效应的外包与价值链、我国服务业发展联系起来，探讨外包背景下我国服务业结构升级、价值链攀升问题。

四 制造业服务化与价值链升级

刘斌等运用投入产出表、中国工业企业数据和海关进出口企业数据等合并数据，系统考察了制造业服务化对企业价值链升级的影响。② 本章延伸刘斌等的研究，不仅采用行业面板数据，量化分行业的制造业服务投入与企业价值链参与程度、价值链位置之间的协同演进关系，而且采用典型案例，按照从特殊到一般的分析模式，补充行业面板数据的分析结果。

刘斌等研究发现，制造业服务化不仅提高了我国企业价值链的参与程度，而且显著提升了我国企业在价值链体系中的分工地位。从服务投入异质性的视角，运输服务化、金融服务化、分销服务化的价值链提升效应作用明显，而电信服务化的价值链升级效应并不显著，电信服务化改革需要引起更多重视。基于此，提出假说：

假说1：制造业服务化提高了我国工业企业价值链参与程度，并且提升了价值链位置。

假说2：制造业的服务化对价值链参与程度和位置的影响有异质作用。

这里我们用服务业投入占总投入的比例以及服务投入占中间投入的

---

① 吕延方：《承接服务外包的驱动因素——基于2003—2013年行业面板数据的经验研究》，《经济管理》2015年第7期。
② 刘斌、魏倩、吕越、祝坤福：《制造业服务化与价值链升级》，《经济研究》2016年第3期。

比例作为制造业服务化的两个代理指标。这里选取两个产业进行分析：一个是劳动密集型产业的代表——纺织品制造业，另一个是资本密集型产业的代表——金属制造业。

首先，表8-26显示了纺织品制造业服务化两个指标和全球价值链两个指标的面板数据。

表8-26呈现了不同的变化特征，制造业服务化两个指标呈现出明显的波动性，2000年至2002年呈上升趋势，2002年至2007年呈下降趋势，2007年至2012年又转为上升趋势，而纺织业全球价值链指标的面板数据基本上呈上升趋势，只是在金融危机前后呈略微下降的趋势。为了更直观地反映这几个指标的关联性，表8-27呈现了这四个指标的相关系数，系数值显示出制造业服务化两个指标呈明显的相关性，它们之间的相关系数为0.989976，呈现出明显的正相关。同样，在全球价值链两个指标方面，全球价值链参与程度和全球价值链位置指标也呈现出明显的相关性，它们之间的相关系数为0.973095，也呈现出明显的正相关，而制造业服务化指标与全球价值链指标呈现出明显的负相关，服务业投入/中间投入相对于服务业投入/总投入指标，与全球价值链指标的负相关更明显。

表8-26　　纺织品制造业服务业投入与GVC参与程度、位置　　（%）

年份	服务业投入/总投入	服务业投入/中间投入	全球价值链参与程度	全球价值链位置
2000	8.67	11.76	70.64	-2.81
2002	12.10	16.07	71.57	-1.81
2005	11.61	15.07	72.43	7.34
2007	7.36	9.28	76.47	16.70
2010	8.04	10.06	76.17	16.48
2012	10.14	12.68	76.90*	16.91*

*表示，因为OECD最新数据只到2011年，所以这里以2011年的数据来代替。

资料来源：由中国统计年鉴、OECD附加值数据库（TiVA, 2016 Dec.）中的相关数据编制而成。

因此，从纺织品制造业数据来看，其结果不能证明假说1，也就是，纺织品制造业服务化没有提高我国工业企业价值链参与程度，也没有提升价值链位置。

表8-27 纺织品服务业投入与GVC参与程度、位置的相关系数

相关系数	服务业投入/总投入	服务业投入/中间投入	全球价值链参与程度	全球价值链位置
服务业投入/总投入	1			
服务业投入/中间投入	0.989976	1		
全球价值链参与程度	-0.49711	-0.61129	1	
全球价值链位置	-0.48415	-0.60212	0.973095	1

下面再将服务业投入分类别来考虑制造业服务化与全球价值链的关系。表8-28显示了纺织品制造业分类别的服务业投入数据，这里采用了上面与全球价值链指标相关性更密切的指标——分类别服务业投入/中间投入。

表8-28　　　　　纺织品制造业分类别服务业投入　　　　　（%）

年份	建筑业	运输、邮电和计算机服务业	批发零售和住宿餐饮业	房地产、租赁和商务服务业	金融服务业	其他服务业
2000	0.09	2.07	7.23	1.12	1.12	0.14
2002	0.06	2.83	7.24	3.41	1.33	1.20
2005	0.07	4.01	5.55	2.80	0.99	1.65
2007	0.03	2.73	2.40	1.73	1.52	0.88
2010	0.03	3.02	2.45	2.03	1.68	0.84
2012	0.12	2.73	6.91	0.91	1.32	0.69

注：关于2012年的数据，因为OECD最新数据只到2011年，所以这里以2011年的数据来代替。

资料来源：由中国统计年鉴、OECD附加值数据库（TiVA, 2016 Dec.）中的相关数据编制而成。

表 8-29 显示了指标的相关系数。数据基本证明了假说 2：制造业服务化对价值链参与程度和位置的影响有异质作用。首先，运输、邮电和计算机服务业、金融服务业的制造业服务化指标与全球价值链指标呈明显的正相关，也就是，它们能证明偏向运输、计算机和金融的服务化能显著提高我国纺织品企业价值链参与程度，并且能显著提升价值链位置。其次，其他服务业的中间投入能显著提升纺织业的价值链位置，这部分投入一般包括广告、咨询、研发和技术服务等。

因此，对纺织品服务业数据所说明的制造业服务化可以促进全球价值链渗透和提升价值链位置，不能一概而论，应该是偏向新兴服务业的制造业服务化能提升价值链位置，并促进全球价值链的参与程度。

表 8-29　　纺织品分类别服务业投入与全球价值链的相关性

相关	全球价值链参与程度	全球价值链位置
建筑业	-0.02	-0.27
运输、邮电和计算机服务业	0.12	0.34
批发零售和住宿餐饮业	-0.59	-0.76
房地产、租赁和商务服务业	-0.50	-0.29
金融服务业	0.60	0.53
其他服务业	-0.06	0.21

下面再分析金属制造业的服务化指标与全球价值链指标的关系。这里继续选取服务业中间投入与总投入的比值作为反映制造业服务化的代表性指标。表 8-30 显示了金属制造业服务化两个指标和全球价值链两个指标的面板数据。

表 8-30 指标的变化特征更为复杂。制造业服务化指标呈现了升—降—升的变化趋势，呈明显的波动性，2000 年至 2002 年呈上升趋势，2002 年至 2007 年呈下降趋势，2007 年至 2012 年又转为上升趋势；而金属制造业的全球价值链参与程度指标呈现先降后升的变化趋势，2000 年至 2002 年呈下降趋势，2002 年以后又转为上升的总体趋势；金属制造业的全球价值链位置指标呈现先降后升再降的变化趋势，2000 年至

2002 年呈下降趋势，2002 年至 2007 年呈上升趋势，2007 年至 2012 年又转为下降趋势，与服务化指标变化趋势正好相反。

表 8-30　　金属制造业服务业投入与 GVC 参与程度、位置　　　　　　（%）

年份	服务业投入/中间投入	全球价值链参与程度	全球价值链位置
2000	14.79	76.33	0.91
2002	15.72	71.75	-0.05
2005	13.26	75.00	5.85
2007	9.06	76.47	12.13
2010	9.40	77.24	10.57
2012	10.31	77.26*	8.46*

* 表示，因为 OECD 最新数据只到 2011 年，所以这里以 2011 年的数据来代替。

资料来源：由《中国统计年鉴》、OECD 附加值数据库（TiVA, 2016 Dec.）中相关数据编制而成。

为了更直观地反映这几个指标的关联性，表 8-31 呈现了这三个指标的相关系数，系数值显示出制造业服务化指标与全球价值链指标呈明显的负相关，分别是 -0.75427 和 -0.98273，其中服务业投入/中间投入与全球价值链位置指标的负相关更明显。

表 8-31　　金属制造业服务业投入与 GVC 参与程度、位置的相关系数

相关系数	服务业投入/中间投入	全球价值链参与程度	全球价值链位置
服务业投入/中间投入	1		
全球价值链参与程度	-0.75427	1	
全球价值链位置	-0.98273	0.692646	1

因此，从金属制造业数据来看，其结果也不能证明假说 1，也就是，金属制造业服务化没有提高我国工业企业价值链参与程度，也没有提升价值链位置，相反，服务化带来了价值链参与程度的减弱和价值链

位置的下移。

下面再将服务业投入分类别来考虑金属制造业服务化与全球价值链的关系。表8-32显示了金属制造业分类别的服务业投入数据。表8-33显示了三个指标的相关系数。数据也基本证明了假说2：制造业的服务化对价值链参与程度和位置的影响有异质作用。首先，金融服务业的制造业服务化指标与全球价值链指标有明显的正相关，也就是它们能证明，偏向金融的服务化能显著提高我国纺织品企业价值链参与程度，

表8-32　　　　　　　金属制造业分类别服务业投入　　　　　　　（%）

年份	建筑业	运输、邮电和计算机服务业	批发零售和住宿餐饮业	房地产、租赁和商务服务业	金融服务业	其他服务业
2000	0.11	5.45	4.50	1.42	2.92	0.40
2002	0.07	5.38	5.57	2.16	1.16	1.38
2005	0.08	6.13	4.07	0.71	0.83	1.45
2007	0.03	3.53	2.64	0.33	1.43	1.10
2010	0.03	3.46	2.82	0.39	1.59	1.10
2012	0.15	2.99	1.76	0.81	3.35	1.25

注：关于2012年数据，因为OECD最新数据只到2011年，所以这里以2011年的数据来代替。

资料来源：由《中国统计年鉴》、OECD附加值数据库（TiVA, 2016 Dec.）中相关数据编制而成。

表8-33　　　金属制品分类别服务业投入与全球价值链的相关性

相关	全球价值链参与程度	全球价值链位置
建筑业	0.11	-0.39
运输、邮电和计算机服务业	-0.63	-0.75
批发零售和住宿餐饮业	-0.84	-0.86
房地产、租赁和商务服务业	-0.80	-0.93
金融服务业	0.54	-0.05
其他服务业	-0.39	0.23

并且能显著提升价值链位置。其次，其他服务业的中间投入能显著提升纺织业的价值链位置，这部分投入一般包括广告、咨询、研发和技术服务等。

金属制造业服务化数据能说明，制造业服务化可以促进全球价值链渗透和提升价值链位置，但不能一概而论，应该是偏向新兴服务业的制造服务化能提升价值链位置，并促进全球价值链的参与程度。

因此，制造业服务业与全球价值链攀升没有必然关系，而只有偏向高端价值链的服务化才会带来制造业产业质的飞跃，新兴服务业与制造业的融合将对价值链的融入和重塑有重要的影响。

五 服务型制造到价值链创新

首先甄别生产型制造时代、服务型制造时代以及价值链创新时代的典型特征。服务型制造已成为我国制造业转型升级的必然选择，服务型制造是以客户为中心，以关联企业综合发展为目标，制造与服务融合的创新形态，是制造业经营过程中的一种创新制造模式。[①] 图8-9显示了生产型制造时代、服务型制造时代及创新价值链时代的典型特征，服务型制造是生产型制造向价值链中高端攀升的必经之路。

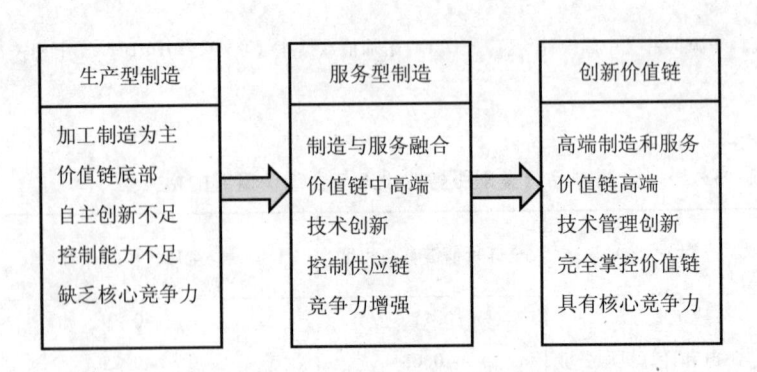

生产型制造	服务型制造	创新价值链
加工制造为主 价值链底部 自主创新不足 控制能力不足 缺乏核心竞争力	制造与服务融合 价值链中高端 技术创新 控制供应链 竞争力增强	高端制造和服务 价值链高端 技术管理创新 完全掌控价值链 具有核心竞争力

图 8-9 生产型制造、服务型制造和创新价值链内涵特征

资料来源：作者自行绘制。

---

① 程东全、顾锋、耿勇：《服务型制造中的价值链体系构造及运行机制研究》，《管理世界》2011 年第 12 期。

近年来，我国生产型服务业、制造业均实现持续攀升态势，其中，生产型服务业更是以高于 GDP、制造业增加值的速度快速攀升，目前，我国生产型服务业已经占据服务业的 50% 以上，占 GDP 的 25% 左右，但是，与发达国家相比还是有较大差距的，例如，近年来德国生产型服务业增加值占 GDP 的比重已经达到 50% 左右，金融服务、物流和供应链服务、信息技术和智能化服务在制造业发展中得到充分融合应用，支撑着德国率先走向工业 4.0 时代。①

服务型制造正是知识经济和信息时代全球制造业创新发展的重要方向，大力发展服务型制造是加快建设制造强国，促进我国产业迈向全球价值链中高端的有效途径，是加快转变发展方式，提高发展质量和效益，培育壮大经济发展新动能的重要举措。目前我国服务型制造整体处在发展的初级阶段，制造企业开展服务创新仍面临一些关键制约。②

我国已经从单纯以生产为主的制造时代转向服务型制造时代，但是下一步应迈向价值链创新时代，重塑价值链，开创服务业与制造业协同发展新模式。吴照云、余长春沿着服务如何增加原有价值和产生新价值这一思路出发，找出了服务科学理论下服务与价值链耦合的八大模块。③ 基于这一思想，有必要对已有的研究成果进行归纳总结，提出服务科学导向下的价值链系统优化战略思路。

第五节 小结

本章基于服务业与制造业互动发展的研究思路，将全球价值链框架应用于服务外包、服务业集群和创新研究，从产业工序融合视角探讨服务在全球价值链不同环节功能的演进特征，诉诸服务创新以发现价值创造的路径，提出服务科学导向下以服务外包为媒介的现代价值链系统优

---

① 何强、刘涛：《我国生产性服务业与制造业协同发展研究》，《调研世界》2017 年第 10 期。

② 李燕：《以服务型制造促进我国产业迈向全球价值链中高端》，国务院发展研究中心，《调查研究报告》2018 年第 41 号。

③ 吴照云、余长春：《用服务科学解析价值链》，《中国工业经济》2011 年第 4 期。

化的总体思路。

主要结论如下：

第一，无论是劳动密集型产业还是资本密集型产业，制造业投入中服务投入比重呈不断上升的趋势，产出中服务的作用愈来愈强。

第二，随着当代知识经济和信息技术的发展，服务业与制造业的关系表现出越来越强的互动发展特征。伴随着制造业结构的不断优化，制造业产出中对服务投入的需求不断增加。一方面服务业有效地把先进的技术和人力资本要素引入制造业；另一方面，服务业的发展也需要依靠制造业的中间需求，来获得专业化和规模经济的利益。

第三，"微笑曲线"显示，发展中国家的加工、组装、制造环节处于价值链低端，而发达国家的研发、设计、营销、品牌等服务处于价值链高端，因此，为了攀升到价值链高端环节，中国制造必须融入研发、品牌、金融等服务要素。全球价值链的"二元结构"特征是造成此问题的主要根源。

第四，尽管我国与发达国家在高端服务价值链方面有差距，但是我国产业结构正从粗放型加工制造向高端制造、高端服务转变，高端制造和高端服务是我国"十三五"规划、十九大报告所要求的高质量发展的重要目标之一。

第五，中国服务业融入全球价值链的渗透率低于制造业，而且上升速度比较迟缓。加入WTO后，我国服务业参与全球价值链明显增强，但是金融危机以后，参与程度又略微下降。

第六，从服务业前向关联度指标来看，中国对"一带一路"沿线国家、新兴市场经济国家（俄罗斯和印度）以及"一带一路"的另一端——欧洲主要国家在全球价值链中的作用正不断增强。而后向关联度数据显示，中国在全球价值链的出口中，依赖其他国家的附加值仍然比较明显。

第七，中国服务业在融入全球价值链的过程中，发展速度较快，竞争力不断提高，但是，价值链位置在动态上有所下降，并且开始从上游位置向靠后的位置演进，因此，不得不认清一个事实：与发达国家相比，我国服务业仍处于全球价值链的低端位置，并且近期下滑趋势比较明显。

第八，从全球价值链参与程度对价值链位置的回归结果基本可以判断，全球价值链参与程度对我国服务业分行业全球价值链位置的作用是正向的，服务性企业融入全球价值链越强，企业位于全球价值链中的位置不是越低，而是越高。服务性企业越归属于负面清单，进口占总产出的比值越低，我国服务业发展速度就越慢，生产率也越低。

第九，服务业集聚可以有效促进制造业升级，工序价值链攀升，需求规模、要素禀赋、创新体系、交易成本、政策环境都是可以有效促进服务业集聚的外生变量，服务业集聚与创新体系存在交互影响变量，创新体系能带动服务业集聚，而服务业有效集聚也会带动创新体系的良好运行。

第十，制造业服务化数据能说明，服务化可以促进全球价值链渗透和提升价值链位置，但不能一概而论，而应该是偏向新兴服务业的制造服务化能提升价值链位置，并促进全球价值链的参与程度。

我国已经从单纯以生产为主的制造时代转向服务型制造时代，但是下一步应迈向价值链创新时代，重塑价值链，开创服务业与制造业协同发展新模式。

第九章　结论和政策推演

在经济发展新常态时期,加快服务外包的发展,推进产业结构的转型升级已经成为中国经济发展所面临的迫切任务。发展服务外包已成为我国"十三五"及更长时期(经济发展新常态阶段)实施区域发展总体战略,完善区域开放格局的一项重要规划。本书深入探索我国服务外包承接驱动机制的理论和方法,不仅对于丰富外包和企业战略管理的理论体系具有重要意义,而且对于深化沿海开放具有深远的实践意义。

第一节　主要结论

一　交易成本对服务外包的影响机制

第一,业务复杂性与除了其他商业服务、特许权和许可费以外的大部分服务业务的跨境外包呈负向关联,其中业务复杂性对计算机和信息服务、通信服务和建筑服务的负向影响较大,但是,随着一个国家经济发展水平的提高,承接复杂服务外包业务的可能性会增加。因此,现阶段,日本企业会倾向于把较简单的服务业务离境外包到我国,而日本境内会倾向于运营较复杂的服务环节,但是,伴随着我国经济发展水平的提高,我国承接日本较复杂的服务环节的相对比较优势会发生变化。

第二,资产专用性与通信服务、其他商业服务、金融服务和建筑服务的跨境外包显著负相关,也就是说,资产专用程度较高的四类服务业务被离岸外包的可能性较小。另外,尽管计算机和信息服务、保险服务及特许权和许可费的资产专用性部分指标没有通过统计显著性水平检验，但是系数符号都符合第四章假设 2 的预期。因此，可以根据经验证据，归纳为"资产专用程度较高的服务业务，因为资产套牢的风险，核心业务被离岸外包的可能性较小"。本书还认为，鉴于主要服务行业的日本境内资产专用性不断降低的趋势，跨国交易双方的"套牢"关系可以演变为一种"互惠"关系。

第三，交易不确定性对异质型服务的跨境外包的影响在统计意义上显著，但是针对不同的服务类别、不同的不确定性指标，影响的方向明显不一致。其中，跨国交易不确定性对大部分类别的服务外包大致呈正向影响，对金融服务及特许权和许可费有微弱的负向影响；国内交易不确定性对多数分类别的服务外包大致呈负向影响，对计算机和信息服务、特许权和使用费有正向影响。因此，本书的经验检验结果也基本符合第四章假设 3 的论断，即"不确定性会显著影响服务外包，但是方向无法确定"。

第四，知识产权对所有异质型服务的跨境外包的影响不仅在统计意义上显著，而且几乎所有的系数符号都为正，符合第四章假设 4 的预期。回归结果证明了"承接国的知识产权保护体系愈完善，承接服务也愈多"。交互变量的估计结果证明了，针对除了保险服务和建筑服务的大部分类型的服务外包外，尽管较复杂的服务业务外包会导致较多的交易成本，但是可以通过承接国家的知识产权保护措施的配套来有效降低跨国交易的风险。

第五，无论从承接国的基础设施绝对指标，还是从对于日本基础设施的相对指标来看，模型 5-5 的大部分估计结果虽然在统计意义上显著，但是仅有少数影响系数的符号符合预期，因此，本书的估计结果不能完全支持第四章假设 5，针对保险、通信、建筑和金融服务，日本跨国企业会倾向于选择通信技术环境较发达的国家或地区作为跨境业务的目的地，但是针对其他的服务类别，例如其他商业服务、计算机和信息服务、特许权和许可费，基础设施不是跨境外包立地选择的主要因素。

第六，从人才建设四个指标来看，本书的估计结果部分支持第四章假设 6，也就是说，承接国的人才总量基础建设会显著促进服务外包承接业务的发展，人才质量建设会对计算机和信息服务、建筑服务和金融服务的跨境外包有明显的促进作用，而相对日本较为发达的优质人才建设会对计算机和信息服务及金融服务的跨境外包有明显的促进作用。

综上所述，本书研究发现，业务复杂性与主要服务业务的跨境外包显著负相关；资产专用性与部分服务的跨境外包显著负相关；交易不确定性对异质型服务外包影响的方向不一致；知识产权与所有异质型服务外包显著正相关；基础设施与部分服务外包显著正相关；人才建设总量会显著促进服务外包的发展，人才质量建设可以促进优质服务业务的转移。本书总体认为，交易成本是影响服务外包业务的重要影响条件，应从交易本体属性和交易对象的主体属性深层次的挖掘和分析可能影响跨境外包交易成本变动的关键因素。

二 多维度距离对服务外包的影响机制

服务外包作为经济新常态时期的一种新兴贸易媒介，不仅受到政府的大力支持，也受到媒体和学界的广泛关注。作为引力模型的核心要素，距离是否会影响服务外包业务的承接效果？第六章首先构建服务外包引力模型，基于国内外前沿文献推理出"有形距离"和"无形距离"假说，第七章则在中国和印度承接主要发达国家的双边面板数据基础上，对距离假说进行系统论证。基于经验结果，可以归纳为以下结论。

第一，第六章的理论假说1不能被证明，即无法判断地理距离对承接服务外包的影响显著性和方向。理论预期是地理距离对承接服务外包影响显著，方向为负。中国案例显示，两个模型的影响方向虽符合预期，但实验结果均无法验证地理距离对承接服务外包的影响显著性。印度案例则不仅证明两个模型的影响方向不符合预期，而且实验结果无法验证地理距离对承接服务外包的影响显著性。

第二，第六章的理论假说2也不能被证明，即无法判断时区距离对承接服务外包的影响显著性和方向。理论预期是时区距离对承接服务外包影响显著，方向为负。中国案例显示，两个模型的影响方向虽符合预期，但实验结果均无法验证时区距离对承接服务外包的影响显著性。印度案例仅有一个模型能证明时区距离对承接服务外包的影响显著，但是

第九章 结论和政策推演

影响方向不符合预期,而且另外一个模型不仅显示影响方向不符合预期,而且在统计意义上影响不显著。

第三,第六章的理论假说3基本能被经验结果所证明,即中国、印度与发达经济体之间的经济距离对承接服务外包有显著影响,且负向影响被证实。理论预期是经济距离对承接服务外包影响显著,方向不能判断。印度案例显示,两个模型的经验结果不仅能证明经济距离对承接服务外包影响显著,符合预期,而且影响方向为负。中国案例也显示,两个模型的影响方向都为负,一个模型的实验结果可以有效验证经济距离对承接服务外包影响的显著性。

第四,第六章的理论假说4能被印度的经验结果所证明,但不能被中国的经验结果所证明,因此,虽然可以判断中国、印度与发达经济体之间的文化距离对承接服务外包有显著影响,但是不能推断文化距离对承接服务外包的影响方向。理论预期是文化距离对承接服务外包影响显著,方向为负。印度案例显示,两个模型的经验结果不仅能证明文化距离对承接服务外包影响显著,而且影响方向为负,都符合预期。中国案例显示,虽然两个模型的实验结果都能有效验证经济距离对承接服务外包影响的显著性,但是影响方向为正,不符合符号为负的预期。

第五,第六章的理论假说5能被中国、印度的总收入模型经验结果所证明,但不能被人均收入的经验结果所证明。理论预期是技术距离对承接服务外包影响显著,方向为正。中国、印度的总收入模型均显示,经验结果不仅能证明技术距离对承接服务外包影响方向为正符合预期,而且在统计意义上的影响都显著。两个国家的人均收入模型则显示,经验结果虽能证明技术距离对承接服务外包影响方向为正符合预期,但是,在统计意义上影响都不显著。

第六,第六章的理论假说6不能被证明,即不能判断中国、印度与发达经济体之间的服务贸易开放距离对承接服务外包有显著影响,也不能推断开放距离对承接服务外包的影响方向。理论预期是开放距离对承接服务外包影响显著,方向为负。中国案例显示,两个模型的实验结果都不能有效验证经济距离对承接服务外包影响的显著性,影响方向为一正一负,仅有一个模型符号符合预期,因此,无法判断影响的显著性和方向。印度案例则显示，两个模型的经验结果虽都能证明技术距离对承接服务外包影响的显著性，但是，影响方向为正，不符合预期。

第七，第六章的理论假说7能被经验结果所证明，即中国、印度与发达经济体之间的制度距离对承接服务外包有显著影响，且正向影响被证实。理论预期是制度距离对承接服务外包影响显著，方向无法判断。中国案例显示，两个模型的实验结果都有效验证了制度距离对承接服务外包影响的显著性，符合预期，而且影响方向为正。印度案例也显示出与中国模型相同的特征。

三 基于全球价值链视角的我国服务外包发展

伴随着中国不断融入全球价值链，目前研究全球价值链框架被应用于服务外包、服务业集群和创新研究，从产业工序融合视角探讨服务在全球价值链不同环节功能的演进特征，诉诸服务创新来发现价值创造的路径，提出服务科学导向下价值链系统优化的总体思路。

主要结论如下：

第一，无论是劳动密集型产业还是资本密集型产业，制造业投入中服务投入比重呈不断上升的趋势，产出中服务的作用愈来愈大。尤其是，随着当代知识经济和信息技术的发展，服务业与制造业的关系表现出越来越强的互动发展特征。伴随着制造业结构的不断优化，制造业产出中对服务投入的需求不断增加。

第二，"微笑曲线"显示，发展中国家的加工、组装、制造环节处于价值链低端，而发达国家的研发、设计、营销、品牌等服务处于价值链高端，因此，为了攀升到价值链高端环节，中国制造必须融入研发、品牌、金融等服务要素。全球价值链的"二元结构"特征是造成此问题的主要根源。同时，尽管我国与发达国家在高端服务价值链方面有差距，但是我国产业结构正从粗放型加工制造向高端制造、高端服务转变，新时期，中国开始承接愈来愈关键的服务高端环节就是一个证明，高端制造和高端服务也是我国"十三五"规划、十九大报告乃至新时期中国特色社会主义思想下经济高质量发展的重要目标之一。

第三，中国服务业融入全球价值链的渗透率低于制造业，而且上升速度比较迟缓，加入 WTO 后，我国服务业参与全球价值链程度明显增强，但是金融危机以后，参与程度又略微下降。而从服务业前向关联度指标来看，中国对"一带一路"沿线国家、新兴市场经济国家（俄罗斯和印度）以及"一带一路"的另一端——欧洲主要国家在全球价值链中的作用正不断增强，而后向关联度数据显示，中国在全球价值链出口中，依赖其他国家的附加值仍然比较明显，尤其是在关键领域，中国离不开发达国家的关键设备和高端服务。

第四，中国服务业在融入全球价值链的过程中，发展速度较快，竞争力不断提高，但是，价值链位置在动态上有所下降，并且开始从上游位置向靠后的位置演进，因此，不得不认清一个事实：与发达国家相比，我国服务业仍处于全球价值链的低端位置，并且近期下滑趋势比较明显。另外，从全球价值链参与程度对价值链位置的回归结果基本可以判断，全球价值链参与程度对我国服务业分行业全球价值链位置的作用是正向的，服务性企业融入全球价值链越强，企业位于全球价值链的位置不是越低，而是越高。服务性企业越归属于负面清单，进口占总产出的比值越低，我国服务业发展速度越慢，生产率也越低。

第五，一方面，服务业集聚可以有效促进制造业升级、工序价值链攀升，需求规模、要素禀赋、创新体系、交易成本、政策环境都是可以有效促进服务业集聚的外生变量，服务业集聚与创新体系存在交互影响变量，创新体系能带动服务业集聚，而服务业有效集聚也会带动创新体系的良好运行。另一方面，制造业服务化数据能说明，服务化能促进全球价值链渗透和提升价值链位置，但不能一概而论，而是偏向新兴服务业的制造服务化能提升价值链位置，并促进全球价值链的参与程度。

我国已经从单纯以生产为主的制造时代转向服务型制造时代，但是下一步应迈向价值链创新时代，重塑价值链，开创服务业与制造业协同发展新模式。

第二节 政策内涵和建议

基于以上结论，可以引申出如下的经济内涵和政策建议。

一 在多边贸易框架下发展多边关系

鉴于"有形距离"理论假说1和假说2不能被证明，可以总结出我国目前所承接的发达国家的服务外包业务不仅跨越了地理区域，而且超越了时区区域。一方面，中国在亚洲东部继续保持区位位置和文化价值理念的优势，相比印度等发展中国家，我国在对日本、新加坡为主的亚洲先进经济体的服务外包承接上具有优势，占据亚洲服务外包市场的大部分份额。另一方面，尽管地理位置相对于其他发展中国家没有绝对的优势，但是，美国、欧洲等主要发达国家经济体已将中国作为亚太乃至全球市场战略中心，由此带来的服务外包需求快速增长，从这一点可以看到，地理位置不再是阻碍中国承接发达经济体服务外包的主要障碍。因此，相对于区域贸易协定，以世界贸易组织协定为核心的多边贸易规则更符合中国可持续性发展服务外包业务的愿景规划，我国应通过建立与美国、欧洲、日本等主要发达经济体的和谐多边关系，跨区域、跨时区地形成服务外包承接需求。

二 东部为主、中西部为辅的梯田辐射

鉴于"无形距离"理论假说3被证明，可以总结出我国与发达经济体的经济差距不断缩小，缩小的经济距离正向影响我国服务外包业务的承接。随着我国国内生产总值超越除了美国以外的主要发达国家经济体，尤其是我国东部沿海发达地区的人均收入与主要发达经济体的差距开始缩小，部分地区开始拥有与发达经济体相似的需求结构，并有条件地输出水平差异的服务类和高技术产品。鉴于我国人均收入模型的结果符号虽符合预期，但在统计意义上仍不显著，我国应在保持优先发展沿海地区的承接服务外包的战略基础上，实现承接服务外包业务分层次梯田型纵深发展，从东部不断辐射至中西部。例如，东部服务外包供应商可以在保证服务质量的基础上将技能要求不强的服务业务分包给中西部的二级供应商，地方政府应建立鼓励分包交易的商业平台。

三 构筑发展战略服务外包软实力

鉴于"无形距离"理论假说4没有被中国数据所证实,可以总结出我国不断缩小的与发达经济体的文化教育差距,还没有正向辐射到对发达国家经济体服务外包业务的承接上。以上经验结论基本证实了我国教育体系还存在与经济可持续发展部分脱离的现状,我国应构建一个向战略服务外包辐射的有效的政府—产业—学校体系,21世纪以来,政府和产业在承接服务外包上已创造了一个良好发展的飞地平台,学校应在此平台上积极应对发展战略,与政府、产业和企业有效衔接,不仅积极主动地培育各类优秀服务外包人才,参与服务外包企业乃至行业的可持续研究规划,而且可以利用文化教育优势,引入风险资本,孵化小型知识型外包企业,从文化教育上构筑我国可持续性发展战略服务外包的重要软实力。

四 在模仿中坚持创新,培育发展前沿技术

鉴于"无形距离"理论假说5部分被中国数据所证实,可以总结出我国不断缩小的与发达经济体的技术差距,还没有正向辐射到对发达国家经济体服务外包业务的承接上。相反,经验结论可以证实,那些愈接近世界技术前沿的发达国家经济体,会更倾向于主动将外包流程和服务转移到中国等发展中国家,中国多数企业仍被动承接那些在同一产业链内技能要求相对低的服务业务。基于此现实问题,中国不仅要与发达经济体合作以继续承接它们能做但成本相对较高的服务业务,而且在学习较前沿的先进知识和技术基础上,在模仿中坚持创新,培育并发展前沿技术,积极主动地吸引发达国家经济体外包它们不能做的服务业务,从真正意义上做到在部分领域拥有与发达国家经济体呈水平差异的服务贸易结构。

五 辅以同步开放的市场环境和自由透明的交易环境

鉴于"无形距离"理论假说6被印度数据所证实但没有被中国数据所证实,可以总结出我国不断缩小的与发达经济体的贸易开放距离,现

阶段还没有正向辐射到对发达国家经济体服务外包业务的承接上。这一结论也可以证实，目前发达经济体对中国转移的服务外包业务主要是基于成本的考虑，积极开放的服务贸易结构虽然会对吸引国外服务外包商有一定作用，但还没有起决定性作用。开放的服务贸易结构，应辅以同步开放的市场环境以及自由透明的交易环境，才能卓有成效地推动先进国家经济体不断向中国转移服务外包业务。在这一点上，可以借鉴印度的商业经验。

六 完善制度体系，缩小交易制度差距

鉴于"无形距离"理论假说 7 被中国数据所证实，可以总结出制度距离会产生交易的不确定性，发达国家的企业会倾向于签订外包服务业务给我国供应商，代替这些企业执行部分跨境交易。但是，这一结论部分证实了我国服务供应商面临的资产套牢和交易不确定性风险。因此，从积极意义上讲，我国应完善支持服务外包承接的正式和非正式制度体系，缩小与发达经济体的交易制度差距，避免国外交易商和我国服务供应商之间的冲突和调节摩擦，最终提高交易制度差距以缩小正向影响服务外包业务的辐射能力。

七 推动服务业从简单粗放型向价值创新型跨越式转变

应抓住离岸服务外包加速发展的历史机遇，推动服务业从简单粗放型向价值创造型的跨越式转变。相对于制造加工产业，我国服务外包产业的发展几乎与世界同步，应该以此为契机，引导我国服务产业战略性转移，从以前仅承接中低端服务环节的"被动承包"努力进入高端价值链，培育承接较复杂服务环节的动态比较优势，构建与发包方的战略合作机制，积极主动利用外包来获得可持续竞争优势。

八 变交易套牢为互利

作为世界上最重要的服务外包目的地，我国应积极构建国家、行业间信息交流平台，在此平台基础上讨论发展服务外包的市场体系、制度环境和人才建设等核心内容，从政策上协调并积极鼓励主要服务

提供商与外方发包方构建一个互惠体，通过战略承接外包来降低双方的交易风险和不确定因素，变"套牢"为"互利"，共同增加价值和获取长期发展的战略优势。低端服务外包已经成为日本和我国的发展瓶颈，下一阶段将是双方紧密合作，探索高端服务跨境转移模式的服务新常态时期。

第三节 本书主要创新之处

纵观现有文献，国内外学者对外包的理论和实证研究已经取得了较为丰富的成果，但与国外研究相比，国内对外包的理论研究还不够细致和深入，而且缺乏通过实证检验来进行规范性的分析。这主要由于数据获取的限制及可参考的外包理论模型的缺少所造成的。系统、深入地总结和归纳国外外包理论模型和方法，并开展创新性实证研究，不仅具有重要的方法论意义和理论意义，同时也是现实的迫切要求。

本书在国内外研究基础上，努力推进了以下工作。

一 创建并完善了服务外包指标，整合不同数据源

本书突破服务行业数据资料不易获取的瓶颈，整合并实现联合国服务贸易数据库、世界贸易组织国际贸易统计数据库、中国统计年鉴、中国就业和人口统计年鉴、中国固定资产统计年鉴等不同数据源行业数据的对接。

第二章在国内外关于外包指标的不同测定方法的基础上，尤其在吕延方所构建的承接外包测度基础上，基于联合国服务贸易数据库，创建并完善承接服务外包测度，即剔除与外包无关的服务类别，例如公共服务、运输、旅行，之后形成的其他商业服务贸易进口额作为衡量我国承接国外服务外包的完成金额，这一新测度现阶段能较为合理地测算我国承接多边服务外包变动情况。

第五章从联合国的服务贸易数据库里，首先获取以主要发包国家日本为数据报告国、中国和印度作为对象国的服务贸易进口双边数据，然后剔除其他与外包无关的服务类别数据，最终形成双边贸易进口额作为

日本对中国、印度等国家离岸服务外包的完成金额数据。第五章进一步解释了通信服务、计算机和信息服务的贸易进口额可以作为信息技术外包的代理指标，其他业务服务的贸易进口额可以作为商务流程外包的代理指标，建筑服务可以作为工程服务外包的代理指标，保险服务、金融服务的贸易进口额可以作为金融服务外包的代理指标，专利和特许权使用费可以作为知识流程外包的代理指标。

第五章还基于发达国家对发展中国家服务离岸外包的立地选择问题，为了保证数据口径的统一性，整合并实现联合国服务贸易数据库、日本内阁府经济社会综合研究所的各年 SNA 产业连关表、世界银行科学技术、基础设施、教育、经济与发展等专业指标数据库等不同数据源行业数据对接，最终形成了主要发包国家日本对包括中国在内的 26 国的多年间七个服务类别的双边面板数据。

第七章在前几章基础上，继续整合并实现联合国服务贸易数据库与其他不同数据源资料的数据对接，例如 infoplease 网站中的城市间地理距离、timeanddate 网站的时区差距距离、世界银行世界发展系列指标数据库等，最终形成了主要服务外包承接国家中国、印度对主要 16 个发达国家多年间的双边面板数据。

二　构建了一个超越比较优势的框架

本书结合新新贸易理论框架和比较优势学说，综合交易成本经济学主要观点，构建了中国承接服务外包驱动因素理论和模型。

本书第三章借鉴国际先进的外包理论与方法，结合 Feenstra（2010）的外包理论模型、国际贸易理论模型，从传统贸易理论、现代新新贸易理论等角度研究了全球产业共生模式下我国承接服务外包业务的渠道机制，有助于掌握外包行为的结构性特征及产生的内在规律。

同时，第四章和第五章在传统比较优势框架下，深入探讨了交易成本核心维度（业务复杂性、资产专用性、交易不确定性）对发包国家向中国等发展中国家离岸服务外包的立地选择问题，最终预测中国承接服务外包的空间能力。研究结果将有助于深入探讨外包这一行为产生的内在机理，丰富现有的外包经济理论，对进一步发展和完善外包业务做出一定的贡献。并且有利于政府和相关部门合理地制定促进我国外包业务健康和谐发展及促进产业结构调整的调控措施。

三 构建了内含多维度距离的双边服务贸易引力模型

第三章借鉴国内外理论和应用研究范式,从服务贸易产品效用函数出发,构建内涵距离、价格和收入的双边服务贸易引力模型,并通过衔接服务外包与服务贸易的概念关系,设计出反映服务外包承接机制的动态面板计量经济模型。从理论上突破引力模型传统地理距离、时区距离等"有形距离"理论假说,创建经济距离、文化距离、技术距离、开放距离、制度距离等"无形距离"假说,并率先基于国家层面视角,运用面板数据系统验证主要距离假说对中国、印度承接服务外包机制的解释效力。本章不仅在一定程度上丰富了服务贸易和服务外包的理论体系,而且,基于理论和经验证据提出了有针对性的政策建议,对于深化改革开放和加快经济发展方式转变具有重要的现实意义。

四 强调面板理论和技术方法在外包领域的应用

本书综合应用面板先进建模理论和分析技术研究交易成本,多维度地呈现了距离与服务外包的动态关联性特征。

第五章依托交易成本理论,尤其是基于服务业务的异质属性和国家特征提出重要假设,然后构建日本对26国2000—2012年7个主要服务类别的动态面板经验模型,此模型侧重反映服务外包与交易行为属性、国家特征的动态关联性,最后运用广义矩估计分析技术验证主要假设对服务外包立地选择问题的解释效果。在研究方法上,还建立了交互变量以反映一些特殊的变量关系,例如,交易业务复杂性指标与经济发展水平的交互变量,不仅随时间和交易对象国而变化,也会随服务类别而变化。

第七章基于中国和印度承接发达国家服务外包的面板数据,设计出反映服务外包承接机制的面板计量经济模型,对第六章的多维度距离假说进行详细和较为系统的论证,不仅针对有形距离两个变量(地理距离、时区距离）进行了动态面板数据模型回归分析，还针对无形距离的五个变量（经济距离、文化距离、技术距离、开放距离、制度距离）进行了动态面板数据模型回归分析。研究结果也证实了，发展中国家承接国外跨国企业的服务外包业务的过程有显著的滞后效应，且是一种连续动态变化过程。

第四节　本书不足和进一步研究之处

本书在已有研究基础上可以有效借鉴的文献有限，这在一定程度上制约了对于贸易政策、外包实践与环境内在关联性的深入研究。受学识、时间所限，本书仍存在不尽如人意的地方，在对某些问题进行阐述时，未能达到一定的深度与广度，在理论基础、方法构建等方面尚需要进一步的完善。研究不足主要包括：

1. 统计度量被认为是服务经济研究中最基础但也是最艰巨的工作。这主要因为国内外主要统计数据的服务业分类存在差异特征，由此造成了部分行业概念界定存在分歧。并且，数据缺失等原因也造成了测度和不同来源数据衔接的困难。本书需通过对服务外包等主要指标的概念界定、筛选，尤其是通过科学界定服务外包概念的核心内涵和外延，构造一定数量灵敏、有效的科学指标。总之，建立一套具有较高稳定性、可靠性的数据采集、整理、统计和分析体系是下一步攻关的主要方向。

2. 现代全球产业共生模式的复杂性以及不同生成机理的外包活动处于动态的过程，在客观上造成所研究的对象具有一定的复杂度。为了度量主要行业承接服务外包的动态变动特征，必须以经济理论为基础并结合当前复杂的经济形势构建适当的模型。因此如何科学地运用经济理论进行逻辑分析和理论模型构建，并设定符合经济现状的面板模型，是后期从不同层次、不同角度和不同途径开展定量研究的首要条件，这是必须面对和解决的关键问题。

3. 关于基于价值链视角的服务外包创新性研究问题，首先，有必要对已有的研究成果进行归纳总结，提出服务科学导向下的价值链系

第九章 结论和政策推演

优化战略思路。这部分将愈来愈成为服务领域研究的重点方向。其次，应基于我国服务外包产业与国外高端服务业的战略共生关系，拓展效率边界，从微观层次上探索并归纳出服务外包对我国服务业价值链升级的重要命题。并且，有必要认识到外包的双刃作用，分别将正向效应的外包和负向效应的外包与价值链、我国服务业发展联系起来，探讨外包背景下我国服务业结构升级、价值链攀升问题。

参考文献

Abramovsky, L. and Griffith, R., 2006, "Outsourcing and Offshoring of Business Services: How Important Is ICT?" *Journal of the European Economic Association*, Vol. 4, No. 2 – 3, pp. 594 – 601.

Acemoglu, D., Zilibotti, F. and Aghion, P., 2003, "Vertical Integration and Distance to Frontier," *Journal of the European Economic Association*, Vol. 1, No. 2 – 3, pp. 630 – 638.

Alonso, W., "Gravity Models," In *The New Palgrave: A Dictionary of Economics*, edited by Eatwell, J., Milgate, M. and Newman, P., The Macmillan Press Limited, 1987.

Amiti, M. and Wei, S. J., 2009, "Service Offshoring and Productivity: Evidence from the US," *World Economy*, Vol. 32, No. 2, pp. 203 – 220.

Anderson, J., 1979, "A Theoretical Foundation for the Gravity Equation," *American Economic Review*, Vol. 69, pp. 106 – 116.

Anderson, E. and Gatignon, H., 1986, "Modes of Foreign Entry: A Transaction Cost Analysis and Propositions," *Journal of International Business Studies*, Vol. 17, No. 3, pp. 1 – 26.

Anderson, J. and van Wincoop, E., 2003, "Gravity with Gravitas: A Solution to the Border Puzzle," *American Economic Review*, Vol. 93, pp. 170 – 191.

Arellano, M. and Bond, S. R., 1991, "Some Tests of Specification for Panel

Data: Monte Carlo Evidence and an Application to Employment Equation," *Review of Economic Studies*, Vol. 58, No. 2, pp. 277 – 297.

Arellano, M. and Bover, O., 1995, "Another Look at the Instrumental-variable Estimation of Error-components Models," *Journal of Econometric*, Vol. 68, No. 1, pp. 29 – 52.

Baldwin, R. and Robert-Nicoud, F., 2014, "Trade-in-Goods and Trade-in-Tasks: An Integrating Framework," *Journal of International Economics*, Vol. 92, No. 1, pp. 51 – 62.

Bertrand, O., 2011, "What Goes Around, Comes around: Effects of Offshore Outsourcing on the Export Performance of Firms," *Journal of International Business Studies*, Vol. 42, No. 2, pp. 334 – 344.

Blundell, R. and Bond, S., 1998, "Initial Conditions and Moment Restrictions in Dynamic Panel Data Models," *Journal of Econometrics*, Vol. 87, No. 1, pp. 115 – 143.

Bristow, G., M. Munday, and P. Gripaios, 2000, "Call Centre Growth and Location: Corporate Strategy and the Spatial Division of Labour," *Environment and Planning A*, Vol. 32, No. 3, pp. 519 – 538.

Bunyaratavej, K., E. D. Hahn and J. P. Doh, 2007, "International Offshoring of Services: A Parity Study," *Journal of International Management*, Vol. 13, pp. 3 – 21.

Bunyaratavej, K., J. Doh, E. D. Hahn, A. Y. Lewin and S. Massini, 2011, "Conceptual Issues in Services Offshoring Research: A Multidisciplinary," *Group & Organization Management*, Vol. 36, No. 1, pp. 70 – 102.

Canals, C., and F. Sener. 2014, "Offshoring and Intellectual Property Rights Reform," *Journal of Development Economics*, Vol. 108, pp. 17 – 31.

Chongvilaivan, A., Hur, J., and Riyanto, Y. E., 2010, "Outsourcing Types, Relative Wages, and the Demand for Skilled Workers: New Evidence from U. S. Manufacturing," *Economic Inquiry*, Vol. 47, No. 1, pp. 18 – 33.

Coase, R. H., 1937, "The Nature of the Firm," *Economica*, No. 4, pp. 386 – 405.

Contractor, F. J. , Kumar, V. K. , Sumit, K. and Pedersen, T. , 2010, "Reconceptualizing the Firm in a World of Outsourcing and Offshoring: The Organizational and Geographical Relocation of High-Value Company Functions," *Journal of Management Studies*, Vol. 47, No. 8, pp. 1417 – 1433.

Corbett, M. , 2004, "Dispelling the Myths about Outsourcing," *Fortune*, May 31.

Deardorff, A. V. , 1998, "Determinants of Bilateral Trade: Does Gravity Work in a Neoclassical World?" In *the Regionalization of the World Economy*, edited by Frankel, J. A. , University of Chicago Press.

Dibbern, J. , J. Winkler, and A. Heinzl, 2008, "Explaining Variations in Client Extra Costs between Software Projects Offshored to India," *Mis Quarterly*, Vol. 32, No. 2, pp. 333 – 366.

Ellram, L. M. , W. L. Tate, and C. Billington, 2008, "Offshore Outsourcing of Professional Services: A Transaction Cost Economics Perspective," *Journal of Operations Management*, Vol. 26, No. 2, pp. 148 – 163.

Egger, H. , and Egger, P. , 2001, International Outsourcing and the Productivity of Low Skilled Labour in the EU, Austrian Institute Economic Research Working Paper, No. 152.

Farrell, D. , M. A. Laboissiere, and J. Rosenfeld, 2006, "Sizing the Emerging Global Labor Market: Rational Behavior from Both Companies and Countries can Help It Work More Efficiently," *Academy of Management Perspectives*, Vol. 20, No. 4, pp. 23 – 34.

Feenstra, R. C. and Hanson, G. H. , 1996, "Globalization, Outsourcing, and Wage Inequality," *American Economic Review*, Vol. 86, No. 2, pp. 240 – 245.

Feenstra, R. C. and Hanson, G. H. , 1999, "The Impact of Outsourcing and High-Technology Capital on Wages: Estimates for the United States, 1979 – 1990," *The Quarterly Journal of Economics*, Vol. 114, No. 8, pp. 907 – 940.

Feenstra, R. C., 2010, *Offshoring in the Global Economy: Theory and Evidence*, MIT Press.

Fleury, A. and M. T. L. Fleury, 2009, "The Brazilian Multinationals: Surfing the Waves of Internationalization," In *Emerging Multinationals: From Emerging Countries*, edited by Ramamurti, R. and Singh, J., Cambridge University Press.

Gereffi, G., J. Humphrey and T. Sturgeon, 2005, "The Governance of Global Value Chains," *Review of International Political Economy*, Vol. 12, No. 1, pp. 78 – 104.

Ghemawat, P., 2001, "Distance Still Matters: The Hard Reality of Global Expansion," *Harvard Business Review*, Vol. 79, No. 9, pp. 137 – 147.

Gooris, J. and Peeters, C., 2014, "Home-Host Country Distance in Offshore Governance Choices," *Journal of International Management*, Vol. 20, No. 1, pp. 73 – 86.

Gorg, H., Hanley, A., and Strobl, E., 2008, "Productivity Effects of International Outsourcing: Evidence from Plant-Level Data," *Canadian Journal of Economics*, Vol. 41, No. 2, pp. 670 – 688.

Handley, S. M., and W. C. Benton, 2013, "The Influence of Task-and Location-Specific Complexity on the Control and Coordination Costs in Global Outsourcing Relationships," *Journal of Operations Management*, Vol. 31, No. 3, pp. 109 – 128.

Hansen, L. P., 1982, "Large Sample Properties of Generalized Method of Moment Estimators," *Econometrica*, Vol. 50, No. 4, pp. 1029 – 1054.

Hanson, G. H, Mataloni, R. J. and Slaughter, M. J., 2005, "Vertical Production Networks in Multinational Firms," *Review of Economics & Statistics*, Vol. 87, No. 4, pp. 664 – 678.

Head, K., Mayer, T., and Ries, J., 2009, "How Remote Is the Offshoring Threat?" *European Economic Review*, Vol. 53, pp. 429 – 444.

Helpman, E., 1984, "A Simple Theory of International Trade with Multinational Corporations," *Journal of Political Economy*, Vol. 92, No. 3, pp. 451 – 471.

Helpman, E. and Krugman, P., 1985, *Market Structure and Foreign Trade*, MIT Press.

Helpman, E., Melitz, M. and Rubenstein, A., 2008, "Estimating Trade Flows: Trading Partners and Trading Volumes," *Quarterly Journal of Economics*, Vol. 123, No. 2, pp. 441 – 488.

Hitt, M. A., Ireland, R. D. and Hoskisson, R. E., 2005, *Strategic Management: Competitiveness and Globalization (concepts and cases)*, South-Western, Thomson.

Hummels, D. Ishii, J., and Yi, K. M., 2001, "The Nature and Growth of Vertical Specialization in World Trade," *Journal of International Economics*, Vol. 54, No. 1, pp. 75 – 96.

Ishido, H., 2017, "Global Value Chains and Liberalization of Trade in Services Implications for the Republic of Korea," *Journal of Korea Trade*, Vol. 21, No. 1, pp. 38 – 55.

Jain, N. K., S. K. Kundu, and F. A. Niederman, 2008, "Offshoring Propensity in Information Technology Services: A Firm and Country Level Analysis," *Management International Review*, Vol. 48, pp. 447 – 461.

Jayaraman, V., S. Narayanan, Y. D. Luo, and J. M. Swaminathan, 2013, "Offshoring Business Process Services and Governance Control Mechanisms: An Examination of Service Providers from India," *Production and Operations Management*, Vol. 22, No. 2, pp. 314 – 334.

Jensen Peter D. Ørberg and T. Pedersen, 2012, "Offshoring and International Competitiveness: Antecedents of Offshoring Advanced Tasks," *Journal of the Academy of Marketing Science*, Vol. 40, No. 2, pp. 313 – 328.

Kandilov, I. T. and Grennes, T., 2012, "The Determinants of Service Offshoring: Does Distance Matter?" *Japan and the World Economy*, Vol. 24, No. 1, pp. 36 – 43.

Kaplinsky, R., 2000, "Globalisation and Unequalisation: What can be Learned from Value Chain Analysis?" *Journal of Development Studies*,

Vol. 37, No. 2, pp. 117 – 146.

Khara, N. , A Primer to Outsourcing, In *Strategic Outsourcing*, edited by Dogra Balram, Khara Navjote & Verma Rajesh, New Delhi, India: Deep & Deep Publications Pvt. Ltd. , 2007, 3 – 18

Kleibert, J. M. , 2014, "Strategic Coupling in 'Next Wave Cities': Local Institutional Actors and the Offshore Service Sector in the Philippines," *Singapore Journal of Tropical Geography*, Vol. 35, No. 2, pp. 245 – 260.

Krugman, P. R. , 1979, "Increasing Returns, Monopolistic Competition, and International Trade," *Journal of International Economics*, Vol. 9, No. 4, pp. 469 – 479.

Kshetri, N. , 2007, "Institutional Factors Affecting Offshore Business Process and Information Technology Outsourcing," *Journal of International Management*, Vol. 13, No. 1, pp. 38 – 56.

Leamer, E. , 2007, "A Flat World, a Level Playing Field, a Small World After All, or None of the Above?" *Journal of Economic Literature*, Vol. 45, pp. 83 – 126.

Levy, F. and R. Murnane, How Computerized Work and Globalization Shape Human Skill Demand, IPC Working Paper series MIT-IPC-05-006, 2005.

Lewin, A. Y. , S. Massini, and C. Peeters. 2009, "Why Are Companies Offshoring Innovation? The Emerging Global Race for Talent," *Journal of International Business Studies*, Vol. 40, No. 6, pp. 901 – 925.

Linder, S. B. , 1961, *An Essay on Trade and Transformation*, Wiley and Sons.

Liu, R. , D. J. Feils, and B. Scholnick, 2011, "Why Are Different Services Outsourced to Different Countries?" *Journal of International Business Studies*, Vol. 42, No. 4, pp. 558 – 571.

Markusen, J. R. and Venables, A. J. , 1999, "Foreign Direct Investment as a Catalyst for Industrial Development," *European Economic Review*, Vol. 43, No. 3, pp. 335 – 356.

Masten, S. , J. Meehan, and E. Snyder, 1991, "The Costs of Organization,"

Journal of Law, *Economics & Organization*, Vol. 7, pp. 1 – 25.

Nachum, L. and Zaheer, S., 2005, "The Persistence of Distance? The Impact of Technology on MNE Motivations for Foreign Investment," *Strategic Management Journal*, Vol. 26, pp. 747 – 767.

North, D. C., 1990, *Institutions, Institutional Change, and Economic Performance*, Cambridge University Press.

OECD, 2007, *Offshoring and Employment: Trends and Impacts*, OECD Publishing.

Olsen, K. B., 2006, Productivity Impacts of Offshoring and Outsourcing: A Review, Sti Working Paper, No. 2006/1.

Peltrault, F. and Venet, B., Intra-industry Trade and Economic Distance: Causality Tests Using Panel Data, Economic Papers from University Paris Dauphine, No. 123456789/122, 2005.

Sen, K., 2009, "International Trade and Manufacturing Employment: Is India Following the Footsteps of Asia or Africa," *Review of Development Economics*, Vol. 13, No. 4, .

Stewart, J. Q., 1947, "Suggested Principles of 'Social Physics'," *Science*, Vol. 106.

Stewart, J. Q., 1948, "Demographic Gravitation: Evidence and Application," *Sciometry*, Vol. 1.

Tate, W. L., 2014, "Offshoring and Reshoring: US Insights and Research Challenges," *Journal of Purchasing and Supply Management*, Vol. 20, No. 1.

Tomiura, E., 2007, "Foreign Outsourcing, Exporting, and FDI: a Productivity Comparison at the Firm Level," *Journal of International Economic*, Vol. 72, No. 1.

Volberda Henk W., Morgan Robert E., Reinmoeller Patrick, Hitt Michael A., Ireland R. Duane, Hoskisson Robert E., *Strategic Management: Competitiveness and Globalization (Concepts only)*, Singapore: South-Western Cengage Learning, 2011.

Williamson, O. E., Markets and Hierarchies: Analysis and Antitrust Implications, New York: Free Press, 1975.

Williamson, O. E., The Economic Institutions of Capitalism, New York: Free Press, 1985.

Windmeijer, F., 2005, "A Finite Sample Correction for the Variance of Linear Efficient Two-step GMM Estimators," *Journal of Econometrics*, Vol. 126, No. 1, pp. 25 – 51.

Wu, X. L. and Zhang, F. Q., 2014, "Home or Overseas? An Analysis of Sourcing Strategies under Competition," *Management Science*, Vol. 60, No. 5, pp. 1223 – 1240.

Yeats, A. J., Just How Big is Global Producton Sharing, World Bank Policy Research Working Paper, No. 1871, 1998.

Zorzini, M., M. Stevenson, and L. C. Hendry, Coordinating Offshored Operationsin Emerging Economies: A Contingency-Based Study, International Journal of Production Economics, 2014, Vol. 153, pp. 323 – 339.

巴泽尔：《产权的经济分析》，上海三联书店、上海人民出版社1997年版。

陈菲：《服务外包动因机制分析及发展趋势预测——美国服务外包的验证》，《中国工业经济》2005年第6期。

陈启斐、刘志彪：《反向服务外包对我国制造业价值链提升的实证分析》，《经济学家》2013年第11期。

陈咏梅：《企业外包决策及模型——一个文献综述》，《财贸经济》2009年第6期。

程大中：《中国增加值贸易隐含的要素流向扭曲程度分析》，《经济研究》2014年第9期。

程东全、顾锋、耿勇：《服务型制造中的价值链体系构造及运行机制研究》，《管理世界》2011年第12期。

程新章：《全球价值链治理中的质量惯例》，《中国工业经济》2006年第5期。

程新章、胡峰：《基于外包成本分析的企业外包最优决策》，《经济管理》2004 年第 3 期。

杜培枫：《业务外包战略的发展趋势及成因分析》，《管理世界》2004 年第 8 期。

［美］托马斯·弗里德曼：《世界是平的：21 世纪简史》，何帆等译，湖南科学技术出版社 2006 年版。

郭根龙、冯宗宪：《过境交付服务贸易的发展及其影响》，《国际贸易问题》2006 年第 2 期。

何强、刘涛：《我国生产性服务业与制造业协同发展研究》，《调研世界》2017 年第 10 期。

洪银兴：《科技创新阶段及其创新价值链分析》，《经济学家》2017 年第 4 期。

胡军、陶锋、陈建林：《珠三角 OEM 企业持续成长的路径选择——基于全球价值链外包体系的视角》，《中国工业经济》2005 年第 8 期。

霍景东、夏杰长：《离岸服务外包的影响因素：理论模型、实证研究与政策建议——基于 20 国面板数据的分析》，《财贸经济》2013 年第 1 期。

姜爱华、李辉：《印度政府在服务外包产业发展中的作用及借鉴》，《宏观经济研究》2008 年第 9 期。

江小涓等：《服务经济——理论演进与产业分析》，人民出版社 2014 年版。

寇宗来：《需求不确定性、生产能力投资和外包》，《世界经济》2004 年第 9 期。

李惠娟、蔡伟宏：《离岸生产性服务外包与东道国产业结构升级——基于跨国面板数据的中介效应实证分析》，《国际贸易问题》2018 年第 3 期。

李慧中：《服务业发展：不在速度在结构》，《大众日报》2015 年 6 月 3 日。

李雷鸣、陈俊芳：《理解企业外包决策的一个概念框架》，《中国工业经济》2004 年第 4 期。

李燕：《以服务型制造促进我国产业迈向全球价值链中高端》，国务院发展研究中心,《调查研究报告》2018年第41号。

李勇坚、夏杰长:《我国经济服务化的演变与判断——基于相关国际经验的分析》,《财贸经济》2009年第11期。

刘斌、魏倩、吕越、祝坤福:《制造业服务化与价值链升级》,《经济研究》2016年第3期。

刘明宇、芮明杰、姚凯:《生产性服务价值链嵌入与制造业升级的协同演进关系研究》,《中国工业经济》2010年第8期。

刘绍坚:《影响我国承接国际软件外包的因素研究》,《国际贸易问题》2008年第2期。

刘奕、夏杰长:《全球价值链下服务业集聚区的嵌入与升级——创意产业的案例分析》,《中国工业经济》2009年第12期。

卢锋:《我国承接国际服务外包问题研究》,《经济研究》2007年第9期。

路红艳:《生产性服务与制造业结构升级——基于产业互动、融合的视角》,《财贸经济》2009年第9期。

吕延方:《全球化背景下中国承接和对外外包趋势、成因及其效应的定量研究》,东北财经大学出版社2011年版。

吕延方:《比较优势理论能否有效解释承接外包的产生机理——基于中国工业的经验研究》,《经济管理》2011年第10期。

吕延方:《中国承接服务外包的驱动因素——基于2003—2013年行业面板数据的经验研究》,《经济管理》2015年第7期。

吕延方、陈磊:《面板单位根检验方法及稳定性的探讨》,《数学的实践与认识》2010年第40卷第21期。

吕延方、王冬:《承接外包对中国制造业全要素生产率的影响——基于1998—2007年面板数据的经验研究》,《数量经济技术经济研究》2010年第11期。

吕延方、王冬:《参与不同形式外包对中国劳动力就业动态效应的经验研究》,《数量经济技术经济研究》2011年第9期。

吕延方、王冬:《基于中国经验的制造外包主要影响因子研究》,《资源科学》2012年第3期。

吕延方、王冬:《中国承接跨国外包的演化机理及其动态效应》,中国社会科学出版社2013年版。

吕延方、赵进文:《中国承接服务外包影响因素分析——基于多国面板数据的实证检验》,《财贸经济》2010年第7期。

马鹏、肖宇:《服务贸易出口技术复杂度与产业转型升级——基于G20国家面板数据的比较分析》,《财贸经济》2014年第5期。

裴长洪、彭磊:《中国服务业与服务贸易》,社会科学文献出版社2008年版。

裴长洪、杨志远、刘洪愧:《负面清单管理模式对服务业全球价值链影响的分析》,《财贸经济》2014年第12期。

平新乔:《产业内贸易理论与中美贸易关系》,《国际经济评论》2005年第5期。

平新乔:《重视对服务经济的理论研究——读江小涓等〈服务经济——理论演进与产业分析〉》,《经济研究》2015年第3期。

齐兰:《垄断资本全球化对中国产业发展的影响》,《中国社会科学》2009年第2期。

宋丽丽:《信息技术国际服务外包东道国选择影响因素实证研究》,《国际贸易问题》2008年第4期。

宋丽丽、薛求知:《国际服务外包供应商选择影响因素研究——基于在华服务承接企业的实证分析》,《财贸经济》2009年第8期。

谭力文、田毕飞:《美日欧跨国公司离岸服务外包模式的比较研究及启示》,《中国软科学》2006年第5期。

王朝阳:《服务经济研究的动态与热点——基于25位经济类重要学术杂志的统计分析》,《经济学动态》2012年第9期。

王冬、吕延方:《交易环境属性、主体特征与纵向一体化》,《中国工业经济》2012年第1期。

王津港:《动态面板数据模型估计及其内生结构突变检验理论与应用》,博士学位论文,华中科技大学,2009年。

王岚、李宏艳:《中国制造业融入全球价值链路径研究——嵌入位置和增值能力的视角》,《中国工业经济》2015年第2期。

王猛、姜照君:《服务业集聚区、全球价值链与服务业创新》,《财贸经济》2017年第1期。

王晓红:《新一轮服务业离岸外包的理论分析》,《财贸经济》2007年第9期。

吴刚、晏启鹏、游宗君:《基于交易费用的反向物流外包机理研究》,《中国软科学》2008年第3期。

吴照云、余长春:《用服务科学解析价值链》,《中国工业经济》2011年第4期。

徐从才、丁宁:《服务业与制造业互动发展的价值链创新及其绩效——基于大型零售商纵向约束与供应链流程再造的分析》,《管理世界》2008年第8期。

徐毅、张二震:《外包与生产率:基于工业行业数据的经验研究》,《经济研究》2008年第1期。

杨治、张俊:《相互投资与人力资本投资对研发外包决策影响研究》,《管理工程学报》2011年第4期。

殷国鹏、杨波:《我国服务外包企业承接能力评估模型研究——基于北京的实证调查与分析》,《科学学研究》2010年第3期。

原小能等:《全球服务价值链与中国现代服务业发展战略》,经济科学出版社2016年版。

曾铮、熊晓琳:《生产"零散化"、生产成本和离岸外包:一般理论和美、中、印三国的经验研究》,《世界经济》2008年第12期。

张芙楠:《大变革:全球价值链与下一代贸易治理》,中国经济出版社2017年版。

张会清、唐海燕:《发展中国家承接国际外包的决定因素——兼论中国的比较优势》,《国际贸易问题》2010年第8期。

张莉、鲍晓华:《外包量化方法的新进展:文献述评》,《财贸经济》2010年第2期。

张秋菊、朱钟棣:《跨国外包的承接与我国技术进步关系的实证分析——基于VECM的长、短期因果检验》,《世界经济研究》2008年第6期。

张少军、刘志彪：《全球价值链与全球城市网络的交融——发展中国家的视角》，《经济学家》2017年第6期。

张宗明、刘树林、解慧慧、廖貅武：《不确定条件下的IT外包时机选择问题研究》，《管理科学》2012年第2期。

赵楠、李静：《中国发展服务外包的路径选择》，《经济学家》2007年第3期。

甄炳禧：《经济全球化背景下的国际服务外包》，《求是》2005年第9期。

郑吉昌、朱旭光：《全球服务产业转移与国际服务贸易发展趋势》，《财贸经济》2009年第8期。

周蕾：《生产性服务贸易与全球价值链提升》，浙江大学出版社2013年版。

周子剑：《价值链管理的内涵概念辨析》，《财会月刊》2009年第27期。

朱智、赵德海：《基于生产性服务业视角的服务外包理论及实践演进》，《经济管理》2010年第3期。